服务礼仪

（第三版）

■ 主　编　赵　影　郝建萍
■ 副主编　石洪凡　李文婷
■ 参　编　孙苏苏　陈　颖　刘旭颖　于　辉

中国人民大学出版社
·北京·

前言

中国自古就有“礼仪之邦”的美誉，“修身、齐家、治国、平天下”，古人把修身放在首位。现代文明社会，人际交往频繁，讲究礼仪不仅是个人自身良好修养的体现，也是影响交际成败的关键因素之一。以正确的礼仪待人接物，不但反映了个人的道德修养和个性特征，而且从一定意义上讲，也反映了一个国家、一个民族的文明程度。在日益扩大的社会交往中，得体的礼仪使个人生活充满信任、友爱和愉悦，使社会充满平等、尊重与和谐。因此，注重礼仪具有十分重要的意义。

本书深入贯彻党的二十大精神，全面融入社会主义核心价值观，传承中华优秀传统文化，弘扬正能量，寓价值观教育于知识体系和能力培养之中，落实立德树人的根本任务，体现育人与育才相结合的教学目标。本书旨在通过切实有效的礼仪教育，培养人们宽容、理解、谦虚、诚恳的待人态度，与人为善、助人为乐的做人品行，庄重大方、热情友好、谈吐文雅的行为举止。无论是服务行业从业人员还是一般职场人士，都应通过提升自身的文明礼仪素养来实现与人和善相处、敬人律己、提高服务质量与工作效率的目的。本书不仅可作为大学生礼仪课程的教材，也适用于企业进行员工礼仪培训。

本书由赵影、郝建萍担任主编，石洪凡、李文婷担任副主编，孙苏苏、陈颖、刘旭颖、于辉参与编写。赵影负责大纲编写、文稿统纂、最终审定工作。第三版修订工作由赵影、李文婷完成。各章的编写分工为：第一章、第三章、第四章、第五章、第七章由赵影编写，第二章由陈颖、于辉、石洪凡编写，第六章由孙苏苏、赵影编写，第八章由石洪凡编写。郝建萍、刘旭颖负责各章中实训项目部分的编写。

在编写过程中，我们参考、借鉴了许多专家学者的优秀研究成果，参考和引用了他们的部分资料，如金正昆教授等，他们的研究为本书提供了思路和编写材料，极大地丰富了本书的内容，在此特做说明并谨致谢忱。感谢王亚莉、李丁对本书图片的支持。

由于时间匆忙及编者自身学识和水平的限制，书中难免有不妥和疏漏之处，恳请专家与读者不吝赐教。

编者

目录

第一章 礼仪概述

学习目标

通过研究礼仪的起源与发展，认识东西方礼仪的异同，了解礼仪的内涵、特性与功能，进而树立起学习礼仪知识的信念。

第一节 礼仪的起源与发展

中国素有“礼仪之邦”的美誉，礼仪在中华文化的历史演进过程中，起着积极的推动作用。今天，经济的全球化和信息共享的网络化把现代人带到了一个无限伸展而又不断浓缩的空间，这就是地球村。在这个有着70多亿居民的村庄里，交往和沟通日益频繁，说服和理解越发重要，因此，作为交际“第一印象”的礼仪就更显得不可或缺。礼仪修养，不仅是人们必备的基本素质，而且是社会交往、商务活动和其他各项事业成功的一个重要条件。

一、中华礼仪的渊源

古人有言：中国有礼仪之大，故称夏，有章服之美，谓之华。古代华夏族正是以其丰富的礼仪文化而受到周边其他民族的赞誉。早在孔子以前，已有夏礼、殷礼、周礼三代之礼，因革相沿，到周公时代的周礼已经比较完善。孔子是我国历史上第一位礼仪学专家，他把“礼”作为治国安邦的基础。他主张“为国以礼”“克己复礼”，并积极倡导人们“约之以礼”，做“文质彬彬”的君子。孟子也重视“礼”，并把仁、义、礼、智作为基本道德规范，他还认为“辞让之心”和“恭敬之心”是礼的发端和核心。荀子则比孟子更重视“礼”，他专门论证了礼的起源和社会作用。他说：“礼者，人道之极也。”把礼看作做人的根本目的和最高理想，把识礼、循礼与否作为衡量人的贤愚和高低贵贱的尺度。因而他强调：“人无礼则不生，事无礼则不成，国无礼则不宁。”管仲则把礼看作人生的指导思想和维持国运的支柱。他说：“礼义廉耻，国之四维，四维不张，国乃灭亡。”从这些思想家的言论中，不难看出，礼仪是适应调节人际关系的需要而产生和发展的。

我国古代“礼”的概念，包含着丰富的内容，大体可归结为三个层面：一是指治理奴隶制、封建制国家的典章制度；二是古代社会生活所形成的行为规范和交往仪式的礼制及待人接物之道；三是对社会成员具有约束力的道德规范（包括自身修养）。纵观我国礼仪内容和形式的演变与发展，可以看出“礼”和“德”不但是统治者权力的中心支柱，而且其在几千年的历史发展中形成了许多有广泛社会性与强大号召力的优良道德规范和人际交往的礼节仪式及生活准则，并且已成为中华民族共同的财富。

二、中国礼仪的起源

礼仪的历史是漫长而久远的，它随着人类社会的产生而产生，随着经济的发展、社会的进步而不断前进。

人类学家考证，“礼”字古时通“履”字，意为鞋子，穿上鞋更好走路，但大了不行，小了也不行，因此“礼”一定要适度，正所谓“礼贵从宜，事难泥古”。

在原始社会，人类还处在蒙昧时代，生产力水平极端低下，靠“天”吃饭，人们对许多自然现象无法解释而进行祭祀，这时就产生了最早的也是最简单的以祭天、敬神（即“图腾”）为主要内容的“礼”。当时只有简单的人际交往，只要不违背“图腾”，就可以继续交往下去。

礼仪起源于原始的宗教祭祀活动。考古学的研究成果表明，礼仪起源于人类最原始的两大信仰：一是天地信仰；二是祖先信仰。从“礼”（禮）字的造字结构可以看出，礼的本意是敬奉神明的。“禮”字左边是“示”字旁，为祭祀的容器；右边加上一个“豊”字，表示粮食。在原始社会，人类尚处于愚昧无知的状态，对于千变万化的自然现象无法解释，于是把自然力量神秘化、人格化，按照人的形象想象出各种神灵作为崇拜的偶像。他们希望行了礼，来年就可逃避天灾人祸，就会五谷丰登，有一个好的收成。

随着原始社会的解体，人类进入了奴隶社会，“礼”开始被打上阶级的烙印，礼的含义也有所变化。在我国周代，礼除了用于祭祀之外，还作为治国之本。孔子认为，“为国以礼”。《礼记·经解》上说：“朝觐之礼，所以明君臣之义也；聘问之礼，所以使诸侯相尊敬也；丧祭之礼，所以明臣子之恩也；乡饮酒之礼，所以明长幼之序也；昏（婚）姻之礼，所以明男女之别也。”由此可见，周礼不仅内容已大为增加，而且还包含着社会政治制度的结构形式和社会生活行为规范。礼已成为阶级统治的工具，成为社会等级制度的表征，成为区分贵贱、尊卑、顺逆、贤愚的准则。

三、中国礼仪的形成与发展

春秋时期，“礼崩乐坏”。有人提出了“仪”这一概念。据《左传·昭公五年》记载，鲁昭公到晋国去访问，晋平公对女叔齐说：“鲁昭公很懂得礼。”女叔齐却不以为然，答曰：“鲁昭公哪里知礼?”晋平公觉得很奇怪，就反问道：“鲁昭公从效劳一直到赠馈，从没有失礼之处，为何说他不知礼?”女叔齐说：“鲁昭公在外交上善于应酬，那只不过是仪，根本算不上礼。”在女叔齐看来，礼乃立国治政的大法，仪是指一种礼节、仪式、仪文。这在当时是较为流行的观点。如齐国的晏子认为：“在礼，家施不及国，民不迁，农不移，工贾不变，士不滥，官不滔，大夫不收公利。”礼可以治国，礼能改变政局发展的趋势。在先秦时代，人们心目中的礼和仪的含义是不同的。不过，在当时礼和仪也很难明确区分，其实他们所谓的“礼”中也包含着一定成分的“仪”。所以，礼仪的正式形成，应当始于奴隶社会。为了维护奴隶主的统治，奴隶主将原始的宗教礼仪发展成符合奴隶社会政治需要的礼制，并专门制定出一套礼的形式和制度。如：周代出现的《周礼》《仪礼》《礼记》（简称“三礼”），即被后世称道的“礼学三著作”。礼仪的内涵也由单纯的祭祀天地、鬼神、祖先的形式，跨入了全面制约人们行为的领域。比如：“三纲五常”（三纲：君为臣纲、父为子纲、夫为妻纲；五常：仁、义、礼、智、信）。

到了封建社会，礼仪逐渐成为统治阶级进行封建统治的工具，有些还以法律形式固定下来，形成“礼制”，成为束缚人们行为的工具。

宋代将封建礼仪推向了一个新的高峰，出现了以程颢、程颐和朱熹的理学为代表的天理论。这种理论认为，自然界天地万物无不体现天理，而人性的本质就是天理的体现。“家礼”的兴盛是宋代礼仪的又一特点。“三从四德”成为这一时期的道德礼仪标准。“三从”即“在家从父”“出嫁从夫”“夫死从子”；“四德”是指“妇德”（即一切言行要符合忠、孝、节、义）、“妇言”（即说话要小心谨慎）、“妇容”（即容貌打扮要整齐美观）、“妇功”（即要把侍奉公婆和丈夫当作最重要的事情来做）。

明、清两朝延续了宋代以来的封建礼仪并有所发展，家庭礼制进一步严明，将人的行为限制到“非礼勿视，非礼勿听，非礼勿言，非礼勿动”的范畴。

辛亥革命在推翻封建帝制的同时，也结束了封建礼制，五四新文化运动使中华民族开始了新文化建设的征程。随着无产阶级的觉醒，社会主义礼仪具备了雏形。无产阶级是历史上最先进、最革命的阶级，以解放全人类为己任，他们具有高尚的情操。

早在民主革命时期，中国共产党领导的人民军队区别于国民党部队的显著标志之一就是讲“三大纪律、八项注意”。其中的“说话要和气”“买卖要公平”“不许打人骂人”“不许调戏妇女”“不虐待俘虏”等，都是适应当时斗争需要的纪律，也可视为公德、礼仪的组成部分。当时在各解放区均形成了一种新型的人际关系和新的道德风尚。人心的向背，决定了共产党领导的新民主主义革命的胜利。当时的社会公德和风尚，实质上具有社会主义公德和礼仪规范的雏形，我们今天的社会主义新风尚，正是在此“雏形”的基础上壮大和发展起来的。

新中国成立以后，随着社会制度的彻底变革，人与人的关系也出现了前所未有的变化。在人民内部，合作代替了对抗，互助互利代替了尔虞我诈，建立起真正平等、亲密的同志关系，由此建立起的礼仪规范为世人所称赞，人们至今仍对 20 世纪 50 年代良好的社会风尚留有深刻的印象。在当时的人际社会交往过程中，人们真正做到了只有分工不同，没有高低贵贱之分，诚挚相处、互谅互尊的优良礼仪传统得到充分弘扬，不少外国友人对此惊叹不已。

改革开放以来，人们对礼仪重新进行了文化审视和理性思考，汲取了西方文明的优秀成果，使东西方文化和东西方礼仪有机交融，逐步地完善和发展。当前我国社会通行的礼仪规范，除少部分保留了传统礼仪要素外，大部分均与国际礼仪一致。

四、西方礼仪的起源

在西方，“礼仪”一词最早见于法语的 Etiquette，原意为“法庭上的通行证”。但它被引入英文后，就有了礼仪的含义，意为“人际交往的通行证”。西方的文明史，同样在很大程度上表现着人类对礼仪的追求及其演进的历史。人类为了维持与发展血缘亲情以外的各种人际关系，避免“格斗”或“战争”，逐步形成了各种与“格斗”“战争”有关的动态礼仪。如为了表示自己手里没有武器，让对方感觉到自己没有恶意而创造了举手礼，后来演进为握手礼。为了表示自己的友好与尊重，愿在对方面前“丢盔卸甲”，于是创造了脱帽礼等。

在古希腊的文献典籍中，苏格拉底、柏拉图、亚里士多德等先哲有很多关于礼仪的论述。中世纪更是礼仪发展的鼎盛时代。文艺复兴以后，欧美的礼仪有了新的发展，从上层社会对遵循礼节的烦琐要求到 20 世纪中期对优美举止的赞赏，一直到适应社会平等关系的比较简单的礼仪规则。历史发展到今天，传统的礼仪文化不但没有随着市场经济的发展和科技现代化而被抛弃，反而更加多姿多彩。各个国家有各国的礼制，各个民族有各民族独特的礼仪习俗，各行各业都有自己的礼仪规范程式，国际上也有各国共同遵守的礼仪惯例等。有的国家和民族对不遵守礼仪规范者，还制定了一些处罚规则，有的已把礼仪作为公民就业前的“入门课”，被企业录用的大学毕业生必须先经过严格的礼仪训练，才能上岗工作。

从上述关于礼仪的含义及源流的叙述中，我们可以清楚地看到：第一，礼仪在中国作为社会秩序的一部分而受到中华民族历代贤良的广泛重视和提倡。第二，礼仪是为维系和发展人际关系而产生的，并随着人际关系和其他社会关系的发展变化而发展变化。它不仅是社会交往的产物，也是国际文化交流的产物。第三，礼仪是施礼者与受礼者的情感互动过程。正如《礼记·曲礼上》所云：“礼尚往来，往而不来，非礼也；来而不往，亦非礼也。”第四，礼仪是一种程序，有一定的规则，不是毫无联系的某些行为的堆积组合。第五，礼仪规范、程序是一定社会的人们约定俗成、共同认可的。第六，遵行礼仪是现代文明行为的重要组成部分，是人际交往的重要手段和途径。

第二节　礼仪的内涵

礼仪作为一种文化现象，属于上层建筑领域。它随着社会经济的发展而变化，随着人类文明的进步而不断发展和完善。礼仪从属于伦理道德，即现代礼仪必须符合伦理道德的准则规范。礼仪影响着社会风化，社会的文明程度主要是通过礼仪来体现的。所以国民是否按照礼仪的规范立身处事，直接反映着国家文明程度的高低。礼仪规范着每个人的行为，是否懂礼节、讲礼貌直接反映着一个人的综合素养。

一、礼仪的含义

现代礼仪是指现代人们在社会交往中共同遵守的行为准则和规范。它既可以单指为表示敬意而隆重举行的某种仪式，又可以泛指人们交往中的礼节、礼貌。礼仪的科学体系，主要是在现代形成并逐步完善的。

礼貌，一般指人们在人际交往中，通过言语、动作向交往对象表示谦虚和恭敬。它侧重于表现人的品质和素养。礼节，通常是指人们在交际场合，相互表示尊重、友好的惯用形式。它实际上是礼貌的具体表现方式。礼仪，是人们在社会交往中共同遵守的行为准则和规范。

礼貌、礼节和礼仪三者之间的关系：礼貌是礼仪的基础，礼节则是礼仪的基本组成部分。礼仪在层次上要高于礼貌、礼节，其内涵更深、更广。从个人修养的角度看，礼仪是一个人内在修养的外在表现；从道德的角度看，礼仪是为人处世的行为规范或标准做法、行为准则；从交际的角度看，礼仪是人际交往中的一种艺术，是人与人之间沟通的桥梁；从民俗的角度看，礼仪是人际交往中必须遵循的一种惯例；从美学的角度看，礼仪是一种行为形式美，是人的心灵美的一种外化。

（一）礼节

礼节是人们在交际过程中逐渐形成的约定俗成的和惯用的各种行为规范之总和。礼节是社会外在文明的组成部分，具有严格的礼仪性质。它反映了一定的道德原则的内容，反映了对人、对己的尊重，是人们心灵美的外化。在旧社会，由于不同阶级的人在利益上的根本冲突，礼节多流于形式。在当今社会，由于人与人之间地位平等，礼节从形式到内容都体现出人与人之间互相平等、互相尊重和互相关心。

现代礼节主要包括：介绍的礼节、握手的礼节、打招呼的礼节、鞠躬的礼节、拥抱的礼节、亲吻的礼节、举手的礼节、脱帽的礼节、致意的礼节、作揖的礼节、使用名片的礼节、使用电话的礼节、约会的礼节、聚会的礼节、舞会的礼节、宴会的礼节等。当今世界是个多元化的世界，不同国家、不同民族、不同地区的人们在各自的生存环境中形成了不同的价值观、世界观和风俗习惯，其礼节从形式到内容都不尽相同。

（二）礼貌

礼貌主要包括口头语言的礼貌、书面语言的礼貌、态度和行为举止的礼貌。礼貌既是个人道德品质修养的简单、直接体现，也是人类文明行为的最基本要求。在现代社会，使用礼貌用语、对他人态度和蔼、举止适度、彬彬有礼、尊重他人已成为日常的行为规范。

（三）仪表

仪表是指人的外表，包括仪容、服饰、体态等。仪表属于美的外在因素，但却能反映人的精神状态。仪表美是一个人心灵美与外在美的和谐统一，它和人的精神境界融为一体。端庄的仪表既是对他人的一种尊重，也是自尊、自重、自爱的一种表现。

（四）仪式

仪式指行礼的具体过程或程序，它是礼仪的具体表现形式。仪式是一种比较正规、隆重的礼仪形式。人们在社会交往中，为了体现对某人、某事的重视或为了纪念等，常常要举办各种仪式。常见的仪式包括成人仪式、结婚仪式、安葬仪式、凭吊仪式、告别仪式、开业或开幕仪式、闭幕仪式、欢迎仪式、升旗仪式、入场仪式、签字仪式、剪彩仪式、揭匾挂牌仪式、颁奖授勋仪式、宣誓就职仪式、交接仪式、奠基仪式、捐赠仪式等。仪式往往具有程序化的特点，这种程序有些是人为地约定俗成的。在现代礼仪中，仪式中的有些程序是必要的，有些则可以简化。目前，仪式也有越来越简化的趋势，但是有些仪式的程序是不可省略的。

（五）礼俗

礼俗即民俗礼仪，它是指各种风俗习惯，是礼仪的一种特殊形式。不同国家、不同民族、不同地区在长期的社会实践中形成了各具特色的风俗习惯。“十里不同风，百里不同俗。”不但每一个民族、每一个地区的礼俗不同，甚至一个小小的村落都可能形成自己的礼俗。

二、礼仪的特性

礼仪是在漫长的社会实践中逐步形成、演变和发展的，它具有文明性、共通性、多样性、变化性、规范性和传承性等特性。

（一）文明性

礼仪是人类文明的结晶，是人类文明进步的重要标志之一，是现代文明的重要组成部分。人类自诞生起就有对文明和美的追求，礼是人们步入文明社会的“通行证”。人类从茹毛饮血到共享狩猎成果，从盲目迷信、敬畏鬼神到崇尚科学、论证无神，从战争到和平，都是在走向文明。

孔子说：“礼者，敬人也。”文明的体现是尊重，包括对人、对己的尊重，这种尊重总是同人们的生活方式有机、自然、和谐地融合在一起，成为人们日常生活和工作中的行为规范。这种行为规范包含着个人的文明素养，如待人接物热情周到、彬彬有礼；人们彼此间互帮互助、和睦相处；注重个人卫生，穿着适时得体等。总之，礼仪是人们内心文明与外在文明的综合体现。

（二）共通性

无论是服务礼仪、交际礼仪、商务礼仪还是公关外交礼仪，都是人们在社会交往过程中形成并得到共同认可的行为规范。虽然全世界的人们分散居住于五大洲、四大洋的不同角落，但是许多礼仪却是世界通用的，是人类社会共通的行为准则，得到了普遍认可与遵守。例如，问候、打招呼、各种庆典仪式、签字仪式等。虽然各个国家、各个地区、各个民族形成了许多特有的风俗习惯，但就礼仪本身的内涵和作用来说，仍具有共通性。正是由于礼仪具有共通性，才形成了国际交往礼仪。

（三）多样性

世界是丰富多彩的，礼仪也是五花八门、绚烂多姿的。各地的民俗礼仪千奇百怪，几乎没有人能说清楚世界上到底有多少种礼仪形式。从语言的礼仪到文字的使用礼仪，从举止礼仪到规范化礼仪，从服饰礼仪到仪表礼仪，从风俗礼仪到宗教礼仪，在不同的国家、不同的场合，礼仪的表达方式也有所不同。比如在国际交往礼仪中，仅见面礼就有握手礼、点头礼、亲吻礼、鞠躬礼、合十礼、拱手礼、脱帽礼等。

（四）变化性

礼仪并不存在永恒模式，随着时间的推移和社会政治、经济、环境的变化，礼仪也会发生巨大的变化。可以说，每一种礼仪都有其产生、形成、演变和发展的过程。礼仪在运用时也具有灵活性。一般来说，在非正式场合，有些礼仪可以省略，随意性较大。在正式场合，讲究礼仪规范是十分必要的。但如果双方已非常熟悉，即使是在较正式的场合，有时也不必过于讲究礼仪规范。

（五）规范性

礼仪的规范性，是指人们在交际场合待人接物时必须遵守的行为规范。这种规范性，不但约束着人们在一切交际场合的言谈举止，而且也是人们在一切交际场合必须采用的一种“通用语言”，是衡量他人、判断自己是否自律、敬人的一种尺度。

精彩案例

有一次，在瑞士，中国加入世界贸易组织的首席谈判代表龙永图与几个朋友去公园散步，上厕所时听到隔壁的卫生间传出“砰砰”的响声，他有点纳闷。出来之后，一位女士很着急地问他有没有看到她的儿子，她的儿子进厕所十多分钟了，还没有出来，她又不能进去找。龙永图想起了隔壁卫生间里的响声，便进去打开厕所门，看到一个七八岁的孩子正在修马桶，可那个马桶怎么弄都冲不出水来，急得他满头大汗。原来，这个孩子觉得他上完厕所不冲水是违背礼仪规范的。

这个孩子自觉遵守礼仪规范的精神是很值得我们学习的。礼仪是约定俗成的一种自尊、敬人的惯用形式，任何人要想在交际场合表现得合乎礼仪、彬彬有礼，都必须对礼仪无条件地加以遵守。另起炉灶、自搞一套或是只遵守个人适应的部分而不遵守不适应的部分，都是难以被交往对象接受和理解的。

（六）传承性

任何国家的礼仪都具有自己鲜明的特色，任何国家的当代礼仪都是在本国古代礼仪的基础上继承、发展起来的。离开了对本国、本民族既往礼仪成果的传承和摒弃，就不可能形成当代礼仪。这就是礼仪传承性的特定含义。作为一种人类的文明积累，礼仪将人们在交际应酬之中的习惯做法固定下来、流传下去，并逐渐形成自己的特色，这不是一种短暂的社会现象，而且不会因为社会制度的更替而消失。对于礼仪遗产，正确的态度应当是有摒弃，有继承，更有发展。

三、礼仪的功能

礼仪是人类社会文明发展的产物，是人们进行社会交际活动时应遵循的共同准则。礼仪具有多方面的功能，主要表现在如下几个方面：

（一）弘扬礼仪传统

文明古老的中华民族，以其聪颖的才智和勤奋的力量，创造了人类历史上最灿烂的文化。几千年来，我国各民族人民创造了一整套独具特色的礼节、仪式、风尚、习俗、节令、规章和典制。这些礼仪习俗，反映了中华民族的传统美德与优良品质，勾画了中华民族的历史风貌。

阅读材料

《三字经》是我国流传时间最长、范围最广、影响最大的一本启蒙教材，相传为南宋学者王应麟所撰。《三字经》已经被翻译成英、法、俄等多种文字，还被联合国教科文组织选作儿童道德教育丛书。书中写道："为人子，方少时。亲师友，习礼仪。"意思是：做儿女的，正当年少时，就要拜师访友，学习礼仪。

清代李毓秀撰辑的《弟子规》也详细规定了学生在言谈举止方面的礼仪规范，其中有仪表方面的要求：冠必正，纽必结，袜与履，俱紧切；有仪态方面的要求：步从容，立端正，揖深圆，拜恭敬；有禁酒的要求：年方少，勿饮酒，饮酒醉，最为丑；有语言方面的要求：奸巧语，秽污词，市井气，切戒之。此书在礼仪教育方面的内容是十分丰富具体的。

我国近现代历史上有许多伟大人物，在礼仪修养上堪称楷模。例如，周恩来总理是世界公认的最有风度的领导人和外交家之一，他的一举一动都给人留下深刻的印象，人们用"富有魅力""无与伦比"等优美的词语来赞美他的翩翩风度。在外事活动中，周总理十分注重礼节。他病重时，脚因为过度肿胀而穿不上原来的鞋子，只能穿拖鞋走路。工作人员疼惜周总理，让他穿着拖鞋参加外事活动，认为外宾是能够理解的，但周总理不同意，他说："这不行，要讲个礼貌嘛！"于是，他请工作人员为他特制了一双鞋，在接见外宾时穿。

讲究礼仪，按照礼仪要求规范我们的行为，对于继承我国礼仪传统、弘扬我国优良的礼仪风范有着十分重要的作用。

（二）提高自身修养

在人际交往中，礼仪往往是衡量一个人文明程度的准绳。它不但反映着一个人的交际技巧与应变能力，而且反映着一个人的气质风度、阅历见识、道德情操、精神风貌。因此，在这个意义上，完全可以说礼仪即教养，而有道德才能高尚，有教养才能文明。也就是说，通过观察一个人对礼仪的运用，可以知晓其文明程度和道德水准。良好的文明礼仪修养能够协调人与人之间的关系，形成融洽和谐的气氛，使人们互相施礼、互相尊重，友善相处。

精彩案例

修养的作用

有一批应届毕业生共22个人，实习时被导师带到北京的国家某部委实验室参观。全体学生坐在会议室里等待部长的到来。这时，秘书过来给大家倒水，同学们表情木然地看着她忙前忙后，其中一个同学还问了句："有绿茶吗？天太热了。"秘书回答说："抱歉，刚刚喝完了。"林晖看着有点别扭，心里嘀咕：人家给你倒水还挑三拣四。轮到给他倒水时，他轻声说："谢谢，大热天的，辛苦了。"秘书抬头看了他一眼，满含着惊奇，因为这虽然是很普通的客套话，但却是她今天唯一听到的一句。

门开了，部长走进来和大家打招呼。不知怎么回事，会议室里静悄悄的，没有一个人回应。林晖左右看了看，犹犹豫豫地鼓了几下掌，同学们这才稀稀落落地跟着拍手。部长挥了挥手，说："欢迎同学们到这里来参观。平时这些事一般都是由办公室负责接待的，因为我和你们的导师是老同学，非常要好，所以这次我亲自来给大家讲一些有关情况。我看同学们好像都没有带笔记本，这样吧，王秘书，请你去拿一些我们部里印的纪念手册，送给同学们作纪念。”接下来，更尴尬的事情发生了，大家都坐在那里，很随意地用一只手接过部长双手递过来的手册。部长的脸色越来越难看，来到林晖面前时，已经快要没有耐心了。就在这时，林晖礼貌地站起来，身体微倾，双手握住手册，恭敬地说了一声：“谢谢您!”部长闻听此言，不觉眼前一亮，伸手拍了拍林晖的肩膀：“你叫什么名字?”林晖如实作答，部长微笑着点头，回到自己的座位上。早已汗颜的导师看到这儿，稍稍松了一口气。

两个月后，毕业分配表上，林晖的去向栏里赫然写着国家某部委实验室。有几位颇感不满的同学找到导师：“林晖的学习成绩最多是中等，凭什么选他而没选我们?”导师看了看这几张尚属稚嫩的脸，笑道：“是人家点名来要的。其实你们的机会是完全一样的，你们的成绩甚至比林晖还要好，但是除了学习之外，你们需要学的东西还太多，修养是第一课。”

学习礼仪、运用礼仪有助于形成一种具有较强约束力的道德力量，有助于提高个人修养，有助于“用高尚的精神塑造人”，真正提高个人的文明程度，使人能自觉地将自己的言行纳入符合时代之礼的轨道，顺应社会发展潮流与时代要求。

（三）完善个人形象

个人形象是一个人仪容、表情、举止、服饰、谈吐、教养的集合，是个人道德品质、文化素养、教养良知等精神内涵的体现。而礼仪对上述诸方面都有详尽的规范，使人表里如一、内外一致。因此学习礼仪、运用礼仪无疑将有益于人们更好、更规范地设计个人形象、维护个人形象，更好、更充分地展示个人良好的教养与优雅的风度。从大的方面看，个人形象也是衡量一个企业乃至一个国家文明程度的指标之一。

精彩案例

小节的象征

有家知名的服务企业面向社会招聘一名勤杂工，由于该服务企业知名度高，有六十多人前来应聘，人事主管看中了一位年轻的小伙子小李。

主管的朋友问他：“为什么您选中那位年轻人？一则他没有独特的简历，二则又没有任何熟人推荐。”

这位主管笑着告诉他的朋友：“这位年轻人的言谈举止就是最好的介绍信。当这位年轻人进入公司大门时，我就注意到，他先在公司大门口的地毯上把他皮鞋上的灰尘蹭掉，进大门之后随手把门轻轻带上。这个举动说明他是位讲究细节的人。当面试人员都坐在大厅走廊的椅子上等待面试时，进来一位跛脚老人，年轻人连忙欠身为老人让座，这说明这位年轻人是位有爱心、乐于助人的人。轮到他面试时，他敲门之后很有礼貌地进入房间。我当天特意做了个试验，把一份报纸丢在地上，前来面试的人不是从报纸上跨过去，就是假装地上没有任何东西，唯独这位年轻人把报纸捡起来掸掉灰尘后恭谨地放在桌上。这说明这位年轻人不是那种事不关己，高高挂起的人。我让他入座，他道谢之后才坐，说明他讲究礼貌，懂得尊重他人。"

主管接着说："我问了他几个问题，他都表述清楚。这位年轻人虽然没有穿华丽的衣服，但我注意到，他穿戴整洁，头发梳理整齐，就连十个指甲都修剪得干干净净、整整齐齐。难道您觉得他没有带来合适的介绍信吗?"这位主管反问他的朋友。接着他又严肃地说："我认为勤杂工对于这位年轻人来说，只是他人生的第一步，我相信他以后一定会大有作为。"

从上面这个案例我们可以看出，小李之所以能引起主管的注意，获得主管的好感，从六十多人中脱颖而出并最终被录用，正是因为他讲究礼貌、注重细节。任何一个人在人际交往过程中，其着装修饰、举手投足所遵循的行为规范，都是个人道德品质、文化素养等精神内涵的外在表现。

（四）改善人际关系

没有社交活动，人类的生活是不可想象的。人们参加社交活动，多为调节生活、建立友谊、交流感情、融洽关系、增长见识、扩展信息。随着社会的发展，物质生活日益丰富，社交越发显现出它的价值，而处在社交活动中的每个人的仪表、仪态及对礼仪知识的了解也变得极其重要。一个人只要同其他人打交道，就不能不讲礼仪。运用礼仪，除了可以使个人在交际活动中充满自信、胸有成竹、处变不惊外，其最大的好处就在于它能够帮助人们规范彼此的交际活动，更好地向交往对象表达自己的尊重、敬佩、友好与善意，增进彼此之间的了解与信任。

（五）塑造组织形象

良好的组织形象是每一个组织所追求的目标，组织形象的塑造处处都需要礼仪。比如，你想和某一单位联系业务，当你拨打对方办公室电话一直无人接听或铃响五六声之后才有人接听时，你会对该单位产生这样的印象：工作效率不高，制度不健全，员工素质差等。反之，当你拨通电话时，听到对方和蔼可亲的问候、简洁干练的回答，你立即会产生一种亲切之感。

组织形象常常是在不经意间体现并塑造出来的。整洁幽雅的环境，宽敞明亮、井然有序的办公室，独具个性、富有哲理的价值观，彬彬有礼的员工，富于特色的广告等，都会给公众留下深刻的印象。礼仪则是通过组织内员工的仪容仪表、言谈举止、礼貌礼节等表现出来的，它是塑造组织形象的基础工程。任何不讲究礼仪的组织，都不可能拥有良好的组织形象。

组织通过各种规范化的礼仪，还可以激发员工对组织的认同感，增强组织的凝聚力、向心力。目前，我国的许多企业通过统一企业标识、统一企业服装、统一色彩等，塑造组织统一的社会形象，并使员工自觉地维护组织形象；通过开业庆典、周年纪念、表彰大会等仪式，加深员工对组织的了解、热爱。

（六）建设精神文明

世界各国和各民族都十分重视交往时的礼节，把它视为一个国家和民族文明程度的重要标志。在社会主义精神文明建设中，讲究礼节、注重礼貌是最基本的要求，它是精神文明建设的基础。

随着我国改革开放的深入和社会主义市场经济体制的确立及加入世界贸易组织，我国经济发展与国际接轨的步伐已经迅速加快，这些都对我国精神文明建设提出了更高的要求。只有提高中华民族整体的文明礼貌素质，才能塑造一个良好的社会环境，吸引更多的外资和促进国际贸易，从而推动我国经济的发展。提倡讲究礼仪、注重礼貌，必将有力地促进社会主义精神文明建设。如大连市就是通过礼仪教育提高市民的文明素质，从而推动大连市的精神文明建设的。之前，说脏话、乱吐口香糖、践踏草坪等不文明行为直接影响了大连市的对外形象和城市的整体美感，于是大连市精神文明办等部门开展了文明用语活动，大力倡导讲普通话，不讲方言土语，杜绝脏话；用“家园意识”整治乱吐口香糖的行为，组织市民上街清洗口香糖污渍；组织学校、居委会建立义务护绿队，教育市民爱护绿地，美化城市。市民的良好行为和文明素养使这个环境优美的城市更放异彩，精神文明之花随处盛开。

四、礼仪的原则

礼仪的原则即具有普遍性、共同性、指导性的礼仪规律，掌握这些原则有助于更好地学习礼仪、运用礼仪。

（一）遵守的原则

在交际应酬中，每一位参与者都必须自觉、自愿地遵守礼仪，以礼仪去规范自己的一言一行、一举一动。对于礼仪，不仅要学习、了解，更重要的是要将其付诸个人的社交实践。任何人，不论身份高低、职位大小、财富多寡，都有自觉遵守、应用礼仪的义务，否则，就会受到公众的指责，交际就难以成功，这就是遵守的原则。没有这一条，就谈不上礼仪的应用、推广。

（二）自律的原则

从总体上看，礼仪规范由对待个人的要求与对待他人的做法两大部分构成。对待个人的要求，是礼仪的基础和出发点。学习、应用礼仪，最重要的就是要自我要求、自我约束、自我控制、自我对照、自我反省，这就是自律的原则。古语云："己所不欲，勿施于人。"若是对自己没有要求，不讲慎独与克己，遵守礼仪就无从谈起。

（三）敬人的原则

孔子曾经对礼仪的核心思想做过高度概括，他说："礼者，敬人也。"《礼记》中说："夫礼者，自卑而尊人。"所谓敬人的原则，就是要求人们在交际活动中，与交往对象既要互谦互让、互尊互敬、和睦共处，又要将对交往对象的重视、恭敬、友好放在第一位。在礼仪的两大构成部分中，对待他人的做法这一部分比对待个人的要求更为重要，这一部分实际上是礼仪的重点与核心。而对待他人的诸多做法中最重要的一条，就是要敬人之心常存，处处不可失敬于人，不可伤害他人的个人尊严，更不能侮辱他人的人格。掌握了这一点，就等于掌握了礼仪的灵魂。

（四）宽容的原则

宽容的原则的基本含义，是要求人们在交际活动中运用礼仪时，既要严于律己，又要宽以待人。在人际交往中，要多容忍他人、多体谅他人、多理解他人，不要求全责备、斤斤计较、过分苛求、咄咄逼人，要容许他人有独立进行自我判断的自由。对不同于己、不同于众的行为应容忍，不必要求他人处处与自己保持一致，这实际上也是尊重对方的一个表现。

（五）平等的原则

在具体运用礼仪时，允许因人而异，根据不同的交往对象，采取不同的方法。但是，必须强调指出：在礼仪的核心点，即尊重交往对象、以礼相待这一点上，对任何交往对象都必须一视同仁，给予同等程度的礼遇。不允许因为交往对象彼此之间在年龄、性别、民族、性格、文化、职业、身份、地位、财富以及与自己的关系亲疏远近等方面有所不同，就厚此薄彼，给予不同待遇。

（六）从俗的原则

由于国情、民族、文化背景的不同，在人际交往中，实际上存在着"十里不同风，百里不同俗”的情况。对这一客观现实要有正确的认识，不要自高自大、唯我独尊，简单否定其他人不同于己的做法。必要时，必须坚持入国问禁、入乡随俗、入门问讳。遵守从俗原则，会使礼仪的应用更加得心应手，有助于人际交往。

（七）真诚的原则

礼仪上所讲的真诚的原则，就是指在人际交往中运用礼仪时，务必待人以诚、言行一致、表里如一。只有如此，自己在运用礼仪时所表达的对交往对象的尊敬与友好，才会更好地被对方所理解、所接受。倘若仅把运用礼仪作为一种道具和伪装，在具体操作礼仪规范时口是心非、言行不一、弄虚作假、投机取巧，或是当面一个样、事后另一个样，有求于人时一个样、被人所求时另一个样，则是有悖礼仪的基本宗旨的。

（八）适度的原则

适度的原则要求应用礼仪时，为了确保取得成效，必须注意技巧、合乎规范，特别要注意做到把握分寸。这是因为凡事过犹不及，运用礼仪时，假如做得过了头，或者做得不到位，都不能正确地表达自己的自律、敬人之意。当然，运用礼仪时要真正做到恰到好处、恰如其分，只有勤学多练、积极实践，此外别无他途。

（九）沟通的原则

沟通是人际交往中人与人之间互动的桥梁。沟通的原则要求人们在人际交往中，既要了解交往对象，又要为交往对象所了解。礼仪的主旨是“尊重”，而欲尊重他人，就必须先了解他人，并使自己为他人所了解。只有这样，才能实现有效的沟通。

（十）互动的原则

在人际交往中如果想取得成功，就必须无条件地遵守互动的原则。所谓“互动”，包括两点要求：一是人们在其交往中必须主动进行换位思考，善解人意。换位思考的基本点，就是要求人们必须善于体谅交往对象的感受。二是人们在其交往中要时时、处处努力做到“以对方为中心”。

五、学习礼仪的方法

（一）联系实际

礼仪本身就是一门应用学科，学习礼仪务必坚持知和行的统一。要注重实践，将知识运用于实践，不断地向实践学习，这是学习礼仪的最佳方法。

（二）重复渐进

学习礼仪应当有主有次，抓住重点。若从与自己生活最密切的地方开始，往往可以事半功倍。需要注意的是，学习礼仪是一个渐进的过程，一些礼仪规范、礼仪要求只有反复运用、重复体验，才能真正掌握。

（三）自我监督

古人强调提高个人修养要注意反躬自省，“吾日三省吾身”。学习礼仪也应进行自我监督，这样有助于自己发现缺点、找出不足，将学习、运用礼仪真正变为个人的自觉行动和习惯做法。

（四）多头并进

在学习礼仪时，不应将其孤立于其他学科，而应当将这种学习与其他科学、文化知识的学习结合起来。这样不但可以全面提高个人素质，而且有助于个人更好地掌握、运用礼仪。

从总体上看，礼仪是由一系列的规范、程式、活动所构成的。学习礼仪，要讲究全面性、系统性，但是不能搞烦琐哲学，不能脱离实际，死抱着条条框框不放。要是把礼仪搞得过分复杂、琐碎，是不利于礼仪的普及、推广的。要是将礼仪搞成繁文缛节，必将使礼仪脱离群众，曲高和寡。学习礼仪，最切实可行的方法是抓住其重点。礼仪的重点，就是那些对交际活动具有普遍指导意义的各项原则。

问题探究

1. 中国现代礼仪是怎样形成的？
2. 礼貌、礼节、礼仪之间的关系是什么？
3. 学习礼仪有什么作用？
4. 结合自身，分析、理解礼仪的十大原则。

第二章

个人礼仪

学习目标

通过本章的学习，了解服务行业从业人员个人服务形象的重要性，以及个人服务形象的基本要求，掌握仪容、仪表、仪态等方面的基本礼仪规范，提升个人外在形象与素养。

第一节　个人仪容

个人仪容，是指个人在人际交往过程中向他人所展示出来的外观、外貌，重点是人的容貌。我们应按照一定的规则，对自己的仪容进行必要的整理、修饰和维护，主要包括面部、发型、肢体等方面的修饰。

在仪容修饰方面有五点注意事项：其一，仪容要干净；其二，仪容要整洁；其三，仪容要卫生；其四，仪容要简约；其五，仪容要端庄。

一、干净、清爽的面部修饰

（一）面部修饰的基本要求

面部是他人所注视的重点部位，合理、自然地修饰个人面部是塑造个人形象的首要问题。在进行面部修饰时，应遵循的基本原则是洁净、自然、卫生。

1. 注意面部的干净整洁

面部不整洁是不礼貌的行为，也是对自己及他人不尊重的表现。在进行个人面部修饰时不能简单地“敷衍了事”，应认真细致地做到“使人舒服”，即无灰尘、无泥垢、无分泌物、无汗渍等。

2. 注重面部的自然修饰

面部修饰既要注重美观，又要讲求自然，应结合自己所从事行业的规范及特点进行合理、自然的修饰。不要打扮得过于隆重，以免与场合不相适应。

3. 养成良好的卫生习惯

要养成良好的卫生习惯，并随时注意检查个人卫生情况，如午休完毕、流汗流泪、接触灰尘、外出归来后，都应及时洗脸或进行检查。在清洁个人面部时要认真、细致，切勿忽视“卫生角落”。工作中可利用进出卫生间的时机检查面部清洁情况，及时清理。

（二）眉部修饰

眉毛，是面部修饰中不可忽视的一个重要组成部分。眉毛虽没有眼睛引人注目，但也是衡量面部是否美观的主要标准之一。眉部形状对面部五官比例结构起着重要作用，所以不可忽视眉部的修饰。在进行眉毛修饰时，应结合自身脸形及眉形的特点，将眉毛修理得美观大方，形态自然、优美。不同眉形的人也应按这一标准进行修饰，如淡眉、短眉应通过眉笔、眉粉或用文绣眉的方法补全。“杂乱不堪”的眉毛要及时进行修整。不论男性还是女性，都应养成梳理眉毛的习惯，以防眉部出现灰尘、皮屑等。服务行业的男性要摒弃“化妆是女性的事”这种传统观念，要适当地修饰自己的面部，这既是为了个人的形象美，也是对服务对象的尊重。男性杂乱的眉毛如能适当修整，会使面部更为整洁。

（三）眼部修饰

眼睛是面部被他人注视最多的部位，在修饰眼部时应注意以下三点：眼部保洁、防治眼病、合理佩戴眼镜。

眼睛常常有些许分泌物，如果没有及时清理干净将会使个人的形象大打折扣，严重影响美观，因此在外出前、上岗前应仔细检查、及时清理眼部分泌物。

社交场所、服务场所都是公共区域，如果我们没有很好地保护眼睛，就容易感染病菌。特别是服务人员，如果患有传染性眼病，应及时治疗、休息，避免传染给他人。带病上岗也会遭到客人的厌恶。

有些人因个人的需要在工作岗位上要佩戴眼镜，那就应该选择适合自己的工作环境、个人脸形的眼镜。选择眼镜时一般选用无框或金属框的，尽量弱化眼镜在脸上的存在感。同时，也要注意眼镜的清洁卫生，坚持每天擦拭眼镜，定期进行清洗。这里还要指明的是，有些服务单位对服务人员佩戴眼镜有特殊要求，如不能佩戴有框眼镜，为了更好地工作，服务人员可佩戴隐形眼镜。

（四）鼻部修饰

鼻部修饰，主要需要注意和掌握的是鼻部及其周围皮肤的清洁、鼻毛修剪这两项工作。鼻部及其周围皮肤的毛孔一般较为粗大，在进行皮肤清洁时，应重点清理。油性皮肤的人鼻头处易产生黑头，要定期清理，以使皮肤光洁。还应注意，对于鼻孔内侧卫生的清理要在私下进行，切勿当众挖鼻孔、擤鼻涕。男性还应及时修剪鼻毛，一旦发现其冒出鼻孔，应立即对其进行修剪，切不可当众用手去揪拔自己的鼻毛。

（五）口部修饰

1. 健康的牙齿

拥有一口洁白的牙齿，无论是讲话时还是微笑时都会显得很美。要使自己拥有一口洁白、健康的牙齿，那就要做好洁牙、护牙工作，保持良好的口腔卫生，养成勤刷牙、饭后漱口的好习惯。

2. 清新的口气

为了拥有清新的口气，在工作或外出的时候就要适当地“禁食”部分食物，如大葱、大蒜、韭菜等。如果吃了这些食物，那么饭后应及时做好补救工作，如使用“口气喷雾剂”。男性还应注意要戒烟戒酒。有胃疾的人，在选择食物时应尽量避免产生大量胃气的食物，以免产生口气。

3. 美观的口部形象

美观的口部形象应是健康的唇部、干净利落的口腔周围。健康的唇部标准是“唇红齿白”，应该让自己的唇部保持润泽，不应出现脱皮、爆裂的情况。冬季天气干燥时应使用润唇膏使唇部滋润有光泽。

（六）耳部修饰

耳部易产生分泌物，要及时清理干净，同时要将耳后的耳垢清理干净。对于耳孔内生长的耳毛，也要及时进行修剪。女性可选戴适合个人气质、脸形、发型及工作环境的耳钉，但一次仅能佩戴一副，不能戴耳环。男性工作中不适宜佩戴耳钉，无论是双耳佩戴还是只戴一只，均是不适宜的。

二、整洁、利落的发型修饰

与他人接触时，对方最先关注的必然是你的头部。拥有整洁利落的发型，能使人看上去神采奕奕，因此，发型的修饰也尤为重要。

（一）头发的整洁

1. 合理养护

健康、秀美的头发要靠平时的保养和护理，而养护头发要从梳理、按摩、清洗等几方面入手。头发的洁净对护发是十分重要的，要养成周期性洗发的习惯，洗发周期的长短可根据环境、季节的变化而变化，也可根据个人头皮皮脂的分泌情况而定。

2. 定期修剪

头发每天都在生长，为了让自己保持一个健康、完美的形象，需要定期修剪头发。男性可根据个人头发生长的速度选择半个月或一个月修剪一次头发。女性依照个人发型的选择而自行决定是否需要修剪头发，如果留有刘海就要坚持定期修剪，以免刘海过长遮挡视线影响工作。

（二）发型的选择

所谓发型，是头发经过一定修饰后所呈现的形状。为自己选择发型时，必须优先考虑的是自己的职业。具体来说，服务人员在选择发型时，男性服务人员发型应以短发为主，女性服务人员发型应以简约、大方为主。

1. 男性服务人员发型选择

对男性服务人员头发的具体长度，应规定上限与下限。头发长度的上限，是指头发最长时的极限。按照常规，绝对不允许男性服务人员在工作时长发披肩，或者扎辫子。头发长度的下限，指的是它在最短时的极限。出于美观，同时也出于卫生方面的考虑，男性服务人员不宜剃光头。因为在通常情况下，一位男性如果是光头，不但不符合人们日常的审美习惯，而且还会给人以滑稽古怪的感觉。

男性服务人员在修饰头发时必须做到：前发不覆额头，侧发不掩耳朵，后发不触衣领。所谓前发不覆额头，主要是要求男性服务人员不应使自己前面的头发垂在前额之上；所谓侧发不掩耳朵，主要是要求男性服务人员不应使自己两侧的头发遮挡耳朵，不应当蓄留鬓角；所谓后发不触衣领，则主要是要求男性服务人员脑后的头发不宜长至衬衣的衣领，免得将通常为白色的衣领弄脏。定期修剪的发际线应清晰整齐，给人清爽、利落、大方之感。

2. 女性服务人员发型选择

爱美是女性的天性，女性的发型有千万种变化，可对于女性服务人员来讲，在选择时尚、前卫的发型时就要考虑是否符合其工作形象。

女性服务人员的发型一般为短、中、长发，而具体的长度应依照服务过程中的方便、卫生要求而定。女性服务人员的头发长度也应有上限与下限。具体来说，短发应前发不覆额头，侧发不掩耳朵，后发不过肩膀，当然也不能过短，如剃光头、剪男式的板寸头，这些发型在工作中是极不适宜的；中发是介于短发与长发之间的头发长度，是最不易打理的，因此女性服务人员要注意，如果头发已经触及肩部，应将头发束起来或剪短；长发是很多女性服务人员的首选，长发的服务人员应将头发盘起来、束起来或编起来，配以适宜的发饰或置于工作帽之内，整理出端庄、秀丽的发型，如图 2－1 所示。

图 2－1 女性服务人员的发型

女性服务人员在选择个人的发型时，也可根据个人的脸型和气质去选择一款既适合个人风格特点又不影响工作的发型。一般来讲，女性服务人员在为自己选择发型时，必须有意识地以简约、大方、明快而见长。

女性服务人员在整理、塑造个人发型时，合理地借助和选择发饰对美化整体形象可以起到画龙点睛的作用。选择发饰的目的在于“管束”自己的头发，而不是刻意打扮。因此，女性服务人员在选择发饰时，宜选黑色、藏蓝色且无任何花色图案的头花、发卡、发网等。发饰的选择应注意结合个人的头形、脸形，避免“不伦不类”的形象。发饰要尽可能少，款式简单，戴在头上不醒目。

此外，对于现代美发中比较流行的烫发、染发，服务人员可以根据自身需要合理选择，但不要将头发烫得过于华丽，同时应慎选染发的颜色。

三、卫生、得体的肢体修饰

服务人员应注重个人肢体的修饰，总体原则是卫生、得体。

（一）手臂的修饰

手臂是服务人员使用最多的肢体部位，被服务行业人员称为服务人员的“第二张名片”。递送物品、指示方向、接收钱物等，都必须使用手臂。如果餐饮服务人员用一双脏兮兮的手去为客人服务，一定会使客人大倒胃口，也会因此而影响客人对餐厅的整体印象。手臂的修饰应从保洁、护理、修饰等方面进行。

1. 保洁

手臂保洁，要求服务人员要保证手臂的干净卫生，特别是裸露部分，如胳膊肘、手指缝隙等难清洗的部位要清洗干净。同时，要保证在以下情况时洗手：一是上岗前，二是手脏后，三是接触食物前，四是规定洗手时，五是上卫生间后，六是下班前。养成勤洗手、勤剪指甲的好习惯，才能保证客人和自己的健康。一般情况下，指甲的长度以从手心看不长过指尖 2mm 为宜，防止过长而断裂。

2. 护理

手臂护理，要求服务人员在干燥的季节或对敏感的皮肤合理地进行护理。秋冬季，我们的皮肤常常会干燥，易开裂，如果不很好地护理，不但会皲裂还易生疮，这样会大大影响工作形象。服务人员在干燥的秋冬季节应选择一些高油脂的护手霜对手臂进行护理。

3. 修饰

手臂修饰，应以简约、朴素为宗旨。服务人员在工作岗位上，手部的修饰应以朴素、庄重为美，不可蓄长指甲、涂过于鲜艳的指甲油、戴奇异的或与身份不符的手部饰物等，可以戴手表，但手表的设计应保守简单，表带以银色、金色的金属或皮质表带为宜，宽度不超过 2cm，颜色以黑棕、棕褐、蓝、灰等为主。

（二）下肢的修饰

下肢是服务人员常常忽略的部分，然而它的修饰也一样重要。虽然下肢常被服装包裹起来，但服务人员也应注意合理地保洁和美化下肢。就个人形象塑造而言，愈是细节之处愈要引起注意，这更能体现个人的修养。

1. 保洁

下肢的污垢常躲在不被人发现的角落，极易被忽略。服务人员不但不应忽视下肢的保洁，反倒应认认真真对待，要勤洗脚、勤换袜子、勤换鞋子。适当护肤，保持腿部、脚部皮肤润泽。

2. 美化

下肢的美化包括体毛的处理、鞋袜的选择等方面。服务人员在需要裸露下肢时，应对体毛进行适当遮掩。根据常规，服务人员在工作之时，是不允许赤脚穿鞋的，这样既不卫生，也影响美观，一般应穿上袜子。女性服务人员在工作时还要注意不要选择凉鞋，而应选择双包型的船式鞋；穿裙装时，应搭配适宜的长筒丝袜，而不能穿短袜，否则会显得极为不雅，缺乏美感。

四、简约、端庄的化妆修饰

在现代社会，化妆已成为生活中的一门艺术，大多数女性每天都离不开化妆品，化妆的基本要领已成为现代职业女性必须要掌握的一门技巧。适度得体的妆容，可以体现女性端庄、美丽、温柔、大方的独特气质。女性在工作、政务、商务和社交活动中，运用化妆品以化妆技巧来装扮自己，可以达到振奋精神和尊重他人的目的。服务行业要求女性在工作中必须带妆示人，这既是为了敬人，也是为了自尊。因此，每一名女性服务人员都必须掌握一定的化妆技巧。

（一）化妆的意义

1. 健康形象的基本保障

“爱美之心人皆有之。”“柳叶眉”“樱桃口”“唇红齿白”“明眸皓齿”等都是对女性健康审美的要求。在现代社会，随着人们文明水平的日益提高，人们越来越注重个人形象的塑造和修饰。“蓬头垢面”“无精打采”常被人们视为不健康的形象。任何一家服务企业都希望塑造健康的企业形象，要求服务人员化妆上岗，以使其企业形象更为鲜明、更具特色。

2. 尊人爱己的基本要素

化妆最实际的意义是使自己更加美丽，更为光彩照人。化妆之后，人们大都可以拥有良好的自我感觉，身心愉快、精神振奋，可缓解来自外界的种种压力，可在人际交往、工作中表现得更为开放、更为自尊自信、更为洒脱自如。这既是尊重自己的表现，也是尊重他人的基本表现。在国外的很多地方，不化妆参加活动，会被交往对象理解为蔑视对方，或是一种侮辱。所以，有人说：化妆是使人放弃自卑，与憔悴无缘的一味良药。

（二）化妆的基础知识

要想掌握化妆技巧，首先必须对化妆品的种类、化妆品的用法、化妆的程序及手法等有一定的正确认识。

1. 认识化妆品

依照化妆品的功能和特点，化妆品可分为以下四大类型：

（1）润肤型化妆品，用于护理面部、手部、身体等部位的皮肤，为皮肤护理提供基本的保障。常见的有润肤霜、洁面乳、护肤乳液等。

（2）美发型化妆品，用于头发的护理、保养、造型等。常见的有洗发水、啫喱水、发泥、烫发水、染发膏、发胶、发蜡、发膜等。

（3）芳香型化妆品，用于溢香去味、防虫叮咬等。常见的有香水、体香露、花露水等。

（4）修饰型化妆品，用于修饰肤色等。常见的有粉底、粉饼、眼影、眉笔、胭脂、口红、睫毛膏、眼线笔等。

2. 认识皮肤类型

要正确选择适合自己的化妆品，就要对自己的皮肤有所认识，以便结合个人特点选择适宜的化妆品。

皮肤可分为油性、中性、干性、混合性、敏感性五种类型。

（1）油性皮肤。皮脂分泌多，皮肤表面有油亮的光泽，纹理粗、毛孔大。这类皮肤不易生皱纹，但由于皮脂过剩易使污垢附着在皮肤上面生粉刺。

（2）中性皮肤。皮脂分泌适中，皮肤表面光滑、润泽，是比较理想的肤质。

（3）干性皮肤。皮肤毛孔细小，皮脂分泌少，皮肤表面缺少弹性和光泽，易产生细小皱纹。

（4）混合性皮肤。有些人额头、鼻子、下巴处分泌皮脂较多，形成 T 形皮脂带，这些部位属于油性皮肤，其他部位属于偏中性或干性皮肤。这就是混合性皮肤。

（5）敏感性皮肤。皮肤对光照、某种化妆品、某种食物等有过敏反应，出现红肿、斑疹、痒痛等现象。此类皮肤要避开过敏源，不能乱用化妆品。初次使用某种化妆品时要小心试用，避免过敏反应，不要经常换用化妆品，不用香味浓烈的化妆品。

了解了皮肤的类型，那么如何才能分辨自己的皮肤属于哪种类型呢？皮肤的类型可以通过以下两种方法鉴别：一种方法是：洗净脸后（不涂任何化妆品）皮肤会有紧绷感，20 分钟后皮肤紧绷感消除的为油性皮肤，30 分钟后皮肤紧绷感消除的为中性皮肤，30 分钟以上紧绷感消失者，则为干性皮肤。另一种方法为触摸试验：上床睡觉前把脸洗干净（可用洗面奶），但不擦任何保养品去睡觉，到早上起床后不洗脸，用指腹触摸脸部，有粗糙感的属于干性皮肤，感觉光滑的为中性皮肤，感觉油腻的为油性皮肤。

皮肤的性质不是一成不变的，它随着年龄、季节、生活环境的变化而变化。一般人冬季皮肤偏干，夏季皮肤偏油；年轻时是油性皮肤，随着年龄的增长，皮肤油脂分泌会慢慢减少，变成中性或干性皮肤。因此，应根据个人皮肤的特点，选用适当的护肤品、化妆品，切不可盲目选用。这里为大家介绍不同肤质对于护肤品的选择，如表 2-1 所示。

表 2-1　不同肤质对于护肤品的选择

护肤品类型	油性皮肤	中性皮肤	干性皮肤	敏感性皮肤
洗脸用品	以富含柠檬、矿物质的洁面乳为佳，或抑制油脂分泌的洁面乳	中性保湿洁面乳	滋润型洁面乳	中药、含维生素 E 成分的、草本的洁面乳
化妆水	清爽型化妆水，酸性化妆水	平衡保湿型、碱性化妆水	营养、滋润型化妆水，保湿、碱性化妆水	中草药抗过敏的化妆水
乳液	不含油脂或油脂含量低的乳液	中性乳液	含动植物精华的高保湿乳液	营养乳液
滋润营养霜	不需用	营养日霜	加强保护型营养霜，抗干燥、抗老化型营养霜	不需用

3. 护肤的基本步骤

（1）卸妆。用卸妆油涂抹眼、唇、面部，眼、唇部位使用棉签一点点擦干净，面部使用化妆棉轻轻抹去。眼、唇部位要卸干净，以免彩妆残留。

（2）清洁皮肤。使用洗面奶洗脸，直接用手将洗面奶揉搓至起泡后在面部轻揉，或使用洗脸仪清洗。

（3）保湿。使用化妆棉沾爽肤水后涂抹面部，多涂几遍，至皮肤不感到干燥为止。即使是油性皮肤也一定要做好保湿补水工作，肌肤干燥会刺激油脂分泌。

（4）涂眼霜。一般建议用无名指将眼霜轻抹在眼部，上下眼皮均要涂到，并用手指轻轻按摩，促进吸收。

（5）涂精华霜（露）。用指腹部位将精华霜（露）涂抹于面部。精华霜（露）可在一定程度上延缓面部肌肤的衰老，年轻者可省略此步骤。

（6）涂面霜。根据个人肌肤特点选择适合的面霜，用指腹涂抹于整个面部。涂抹时用由下向上推的方式提升肌肤，避免由上向下拉。

认真护肤能使肌肤润泽、光洁，更容易上彩妆，彩妆也会更持久。但任何护肤品都是建立在肌肤健康的基础上，只有身体健康、保证充足的睡眠才能保证肌肤的健康。

4. 化彩妆的基本步骤

做好基础护肤工作后，方可化彩妆。切勿直接在清洁后的面部化彩妆，这不仅对面部肌肤的伤害很大，彩妆也不会服帖，很容易脱妆。化彩妆的基本步骤如下：

（1）使用隔离霜或妆前乳调整肤色、保护肌肤。皮肤偏黄（大部分中国人都属于皮肤偏黄或黑黄色）的建议选用紫色隔离霜，皮肤偏红的建议选用绿色隔离霜，肤色隔离霜适合白皙的肌肤。

（2）遮瑕。如果皮肤上有较为明显的痘印、斑点等，使用遮瑕膏将这些部位遮盖，使面部肤色更为均匀。如果皮肤本来就比较光洁则无须遮瑕。

（3）上粉底液。用手指或海绵蘸一点粉底液，用按压的手法点涂。粉底液应选择与自身肌肤底色相差不大的色号，以免涂上去面部与脖子等部分“泾渭分明”。粉底液一般分为干性肌肤用和油性肌肤用两种类型。大部分品牌的粉底液均为干性肌肤用。油性肌肤如果找不到专用粉底液，建议使用粉质颗粒较大的粉底液，因为油性肌肤毛孔粗大，粉质细腻的粉底液涂上去会有浮在脸上的感觉，不能与皮肤贴合，也容易脱妆。

（4）擦粉饼或散粉（蜜粉）。用粉扑蘸粉饼后在脸上按压，用过粉饼后可再用散粉刷蘸取散粉或蜜粉轻扫面部，这会使面部肌肤看起来更为柔和自然。此步骤也可在彩妆基本完成后进行，起到定妆的效果。

（5）画眉。从眉头开始轻柔地描画，眉笔落笔尽量落在眉毛的毛发上，而不是皮肤上。一般眉头和眉尾的颜色淡，眉峰颜色浓一些。眉毛长度要适宜，眉尾的位置位于相应一侧鼻翼与外眼角连线的延长线处即可。选用眉笔的颜色时应注意要浅于头发的颜色，以避免头发颜色浅、眉毛颜色重，显得眉毛突兀，破坏五官的协调感。

（6）涂眼影。浅色眼影涂于眼窝处（面积大一些），深色眼影涂于双眼皮上，单眼皮者则涂于睫毛以上 1mm～2mm 处。使用眼影刷轻柔涂眼影，深浅颜色过渡要自然柔和，最后用海绵棒蘸取深色眼影在眼皮中间靠近睫毛部分轻点，以加重此处色彩，突出黑眼珠，使眼睛看起来更有神。各种规格的眼影刷应多备几只，以免使用一个眼影刷蘸取不同颜色眼影使颜色混在一起。职业女性一般不建议选用色彩过于亮丽的眼影，一是考虑与服装颜色相协调，二是考虑与职业特点相适应。例如，灰色系、蓝色系、大地色系（咖啡色系）的眼影，职业女性选用较多，更能突显职业女性的知性美。亚洲人普遍眼窝不够深，过于亮丽的眼影色彩有膨胀的效果，会使眼睛显得呆滞无神。

（7）画眼线。使用黑色或其他深色系眼线笔（眼线液）紧贴睫毛根部从眼头部位逐渐画到眼尾，眼尾部位稍微向上挑一点，会显得眼角上扬，使人看起来更有神采。眼线不适宜画得过长、过粗，以免产生戏剧妆的效果。刚开始化妆者建议使用眼线笔，比较好掌握力度，画错了容易擦掉。单眼皮的人由于上眼皮较长，睫毛根往往被上眼皮遮住一部分不能全部露出来，画眼线时根据自己眼睛的实际情况离开睫毛根 1mm～2mm 的部位描画，具体位置要多次实践，画完后睁开双眼仅能在上眼皮的边缘看到一条极细的边缘，使眼睛看起来更大、更深邃，切勿显露出一条粗线。下眼线一般不画，喜欢画下眼线的也仅画在下眼皮后三分之一处。

（8）涂腮红。涂腮红一是为了使面庞红润，显得气色好；二是修饰脸型。涂腮红的位置一般是颧骨上或颧骨下方，涂在颧骨上苹果肌的位置显得青春活泼，适合年轻人与休闲场合；职业女性一般将腮红涂在颧骨下方、苹果肌的下半部分，用腮红刷蘸取腮红粉后从耳根处开始向嘴角方向轻扫，苹果肌部分颜色稍重。具体位置根据自己的脸型多次实践后确定。化妆技巧熟练的可选用腮红膏，腮红膏的效果比腮红粉更为持久，但技巧不纯熟的容易涂抹不均匀，所以不建议初学者使用。

(9) 散粉定妆。使用散粉刷轻扫面部，或用粉扑蘸散粉后按压面部。用散粉定妆后面部会显得更为细腻光洁，脸颊处涂过腮红的部位会有白里透红的自然红润感。

(10) 涂睫毛膏。先按 Z 字形来回刷睫毛，将睫毛向内眼角方向刷，可使面部有收敛的感觉；再顺着睫毛的生长方向每根都刷到。睫毛短的可先使用睫毛打底液（透明状，涂抹后能拉长睫毛）使睫毛增长后再涂睫毛膏。职业妆一般选用黑色睫毛膏。购买时可请导购根据你的睫毛的浓密、长短推荐合适的睫毛膏。

(11) 涂口红。嘴唇的边缘要涂整齐，不要溢出。对自己唇形不满意的可先用唇线笔勾画唇线，可适当改变唇形，再涂口红。口红颜色与腮红尽可能在一个色系内，建议多备几只各种色号的口红以便搭配衣服。职业妆选用的口红一般以哑光为好，不适宜选用带有珠光的口红。口红一定要试用，由于每个人的嘴唇底色不同，同一色号涂在不同人的唇上效果会有差异。

5. 掌握化妆技巧

掌握化妆技巧的目的是突出五官中最美的部分，掩饰和校正不足，扬长避短，让自己更美丽。只有掌握化妆技巧，才有可能使自己的化妆达到预期的目的。对于职业女性而言，化妆应少而精，以淡妆为宜。

阅读材料

化妆用品及其使用技巧

(1) 粉底。粉底具有遮盖性，能掩盖皮肤的瑕疵、调整肤色。常用的有粉底液、粉底霜等。打粉底前要先清洗好面部，并且拍上适量的化妆水、乳液，然后再选择适宜的粉底，借助海绵均匀地涂抹在面部及颈部。

(2) 散粉。散粉主要用于定妆，使用时要选择与粉底颜色相近的散粉，用粉扑均匀地扑在涂抹了粉底的皮肤上。

(3) 眉笔。眉笔用于加强眉色，增加眉毛的立体感和生动感。描眉前要先对眉毛进行修剪并整理出适宜的形状，然后结合个人眉毛的特点适当进行补充。

(4) 眼影。眼影有加强眼部立体效果、修饰眼形的作用。眼影有粉状和膏状两种类型，使用时结合个人眼部特点及服饰的特殊要求在眼睑处着色。对于中国人来说，化工作妆时选用深色的眼影，往往收效较好。

(5) 眼线笔。画眼线有修饰、调整眼部轮廓，增强眼睛神采的作用。使用眼线笔时应结合个人眼部特点从内眼角朝外眼角方向描画，并于睫毛根部着色。上眼线看上去要稍长一些，这样才会使双眼显得大而充满活力。

(6) 胭脂。胭脂又称腮红，有改善肤色、修正脸形的作用。胭脂有粉状和膏状两种类型，选择时应选优质腮红，要与唇膏同一色系，且适合本人的肤色，于面部微笑肌（即颧骨下方）处均匀涂抹。

(7) 唇膏。应选择适宜的唇膏颜色按照唇部线条覆盖整个唇部。

(8) 睫毛膏。睫毛膏可增加睫毛的密度、长度，可根据个人喜好选择不同类型的睫毛膏。使用时，将睫毛刷置于睫毛根部，由内向外刷睫毛膏。

对于服务行业的人员来说，其形象很重要。如航空公司的空乘人员和酒店的服务人员，其妆容颜色和发型发色都有一定的规矩。如果装扮不合格，乘客或顾客有权投诉。这样的高标准、严要求，要普及到每一个服务行业中。

化妆的基本要求是既不能太浓，也不能太淡，以简约庄重为主要原则。当距离稍远时，别人根本看不出你化了妆，只有面对面时才能感觉到。“不能太浓也不能太淡”是对服务行业女性服务人员妆容的基本要求，很多人在刚化妆时有点摸不着头脑，其实这基本可解释为“七分裸妆＋眼唇修饰”。职业妆也需考虑工作环境，例如空中乘务员在客舱内工作，由于舱内灯光明亮，就应将妆化得稍浓些，特别是腮红与口红的浓度比一般地面服务员要浓一些，以免在强光下显得气色不好、没有活力。

职业女性要力求塑造“清洁”的妆容，如眼线不要画得过宽，用眼线笔贴着睫毛根部轻画便可；睫毛不要刷得过于浓密，否则很容易造成“苍蝇腿”或花掉。

（三）化妆的禁忌

职业女性在化妆时，应从以下四个方面加以注意：

1. 忌“奇”

“奇”，即离奇出众。职业女性在化工作妆时，切忌追求怪异、神秘、特别的妆容，而脱离个人的职业角色，这样的妆容有损企业形象和个人形象。

2. 忌“新”

“新”，即追逐新潮。职业女性在化工作妆时，切忌盲目地追求时尚、前卫的妆容，而不顾及该妆容是否符合个人特点及职业身份。

3. 忌“劣”

“劣”，即拙劣残妆。职业女性在工作时没顾及妆面效果，使得妆面残缺示人，这也是不合适的。职业女性工作时不但要坚持化妆，而且要注意及时进行补妆。如果疏忽了这一点，容易使妆面出现“残妆”。

4. 忌“补”

“补”，即工作中补妆。很多职业女性在工作中常常不顾及他人而当众补妆，这不但错误理解了“补妆”的作用，也大大损害了企业形象和个人形象。化妆是一种私人行为，不能旁若无人地当着他人的面化妆，这样既不尊重他人，也不尊重自己。补妆应该在卫生间或其他私密空间进行。

（四）仪容妆饰的礼仪

1. 妆饰的礼节

（1）整洁。整洁是最基本的礼貌，它显示出一个人的自重自爱，也包含了对他人的尊重。

（2）正式场合要施妆。在进入正式场合之前，无论男女，都应进行适当的面容修饰，让自己容光焕发、富有活力。

（3）不能在公共场所化妆。很多女性不分场所，在众目睽睽之下化妆，殊不知这样做是非常失礼的。无论是在办公室、宴会席间，还是在营业厅、大街上，这样做既不尊重自己，也有碍于他人。要化妆或补妆，应选择在化妆间或其他无人场所，切勿当众表演，尤其是有男士在场时，更不可这样。

（4）不借用他人化妆品。千万不要借用他人的化妆品，除非是主人心甘情愿为你提供方便；否则，既不礼貌，也不卫生。

（5）不非议他人的妆容。对别人，尤其是对外宾的妆容不要评头论足，也不要同外宾切磋化妆技术。

（6）吊唁、丧礼场合不可化浓妆。在哀伤、沉痛的场合只允许化淡妆，且不宜抹口红。这是对逝者及亲属的尊重。

2. 妆饰的注意事项

（1）化妆要有立体观念。就是要恰当地用亮色和暗色进行“立体雕刻”，尽量完善自我形象。亚洲人面部较为扁平、立体感不强，更需要通过光影的变化来塑造面部的立体感。

（2）化妆不要一味掩饰。适度妆饰能帮助自己变得更美，但不要追求完美，否则容易弄巧成拙。能够突出自己面部一两处优点即可，这样也会淡化其他不完美之处。

（3）男士施妆勿露妆痕。男士使用化妆品不宜过多，化妆品色彩以接近原肤色为佳；否则，会让人难以接受或觉得“男扮女装”了。

（4）临睡前应卸妆。化妆品对皮肤都有一定程度的伤害，不要让化妆品留在面部过夜；卸妆后应用晚霜或营养霜保护面部皮肤。

（五）不同脸形的化妆技巧

1. 椭圆脸的化妆技巧

椭圆脸可谓公认的理想脸形，化妆时宜注意保持其自然形状，突出其可爱之处，不必通过化妆去改变脸形。胭脂应涂在颊部颧骨的最高处，再向上、向外揉开。唇膏除嘴唇唇形有缺陷外，应尽量按自然唇形涂抹。眉毛可顺着眼睛的轮廓修成弧形，眉头应与内眼角齐平，眉尾可稍长于外眼角。正因为椭圆形脸比较完美，不需要太多掩饰的，所以化妆时一定要找出脸部最动人、最美丽的部位，而后突出之，以免给人平平淡淡、毫无特点的印象。

2. 长脸形的化妆技巧

长脸形的人在化妆时力求达到的效果应是：增加面部的宽度。胭脂应注意离鼻子稍远些，在视觉上拉宽面部；在涂抹时，可沿颧骨的最高处与太阳穴下方所构成的曲线部位，向外、向上抹开。若双颊下陷或者额部窄小，应在双颊和额部涂以浅色调的粉底，造成光影，使之变得丰满一些。眉毛修成弧形，切不可有棱有角，眉毛的位置不宜太高，眉毛尾部切忌高翘。

3. 圆脸形的化妆技巧

圆脸形给人以可爱、玲珑之感，若要修正为椭圆形并不困难。胭脂可从颧骨起始涂至下颌部，注意不能简单地在颧骨突出部位涂成圆形。唇膏可在上嘴唇涂成浅浅的弓形。粉底可用来在两颊造阴影，使圆脸看起来消瘦一点，应选用暗色调粉底，沿额头靠近发际处向下窄窄地涂抹，至颧骨下部可加宽涂抹的面积。眉毛可修成自然的弧形，不可太平直或有棱角，也不可过于弯曲。

4. 方脸形的化妆技巧

方脸形的人以双颊骨突出为特点，因而在化妆时要设法增加柔和感。胭脂宜涂抹得与眼部平行，切忌涂抹在颧骨最突出处，可涂抹在颧骨稍下处并往外揉开。粉底可用暗色调在颧骨最宽处造成阴影，令脸部的方正感减弱。下颚部宜用大面积的暗色调粉底造阴影，以改变面部轮廓。唇膏可涂得丰满一些，强调柔和感。眉毛应修得稍宽一些，眉形可稍微弯曲，不宜有角。

5. 三角脸形的化妆技巧

三角脸形的特点是额部较窄而两腮较宽，整个脸部呈上小下宽状。胭脂可由外眼角处起始，向下涂抹，令脸部上半部分拉宽一些。粉底可用较深色调的，在两腮部位涂抹。眉毛宜保持自然状态，不可太平直或太弯曲。

6. 倒三角脸形的化妆技巧

倒三角脸形的特点是额部较宽大而两腮较窄小，呈上宽下窄状。人们常说的“瓜子脸”“心形脸”，即指这种脸形。胭脂应涂抹在颧骨最突出处，向上、向外揉开。粉底可选用较深色调的涂抹在过宽的额头两侧，而用较浅色调的涂抹在两腮及下巴处，达到掩饰上部、突出下部的效果。唇膏宜选用稍亮些的，以加强唇部柔和感。眉毛应顺着眼部轮廓修成自然的眉形，眉尾不可上翘，描眉时从眉心到眉尾宜由深渐浅。

五、个人仪容礼仪实训

（一）实训安排

如表 2－2 所示。

表 2－2　　实训安排

实训时间	1 课时。
实训目的	掌握皮肤护理和化妆的基本知识。
实训要求	1. 掌握发型设计的要点。 2. 了解皮肤类型的自我测试方法。 3. 掌握皮肤护理的操作程序。 4. 掌握一般的化妆方法。

（二）实训准备

洗脸盆、毛巾、清洁纸巾、洗面奶、化妆水、化妆棉、隔离霜、粉底液、粉饼或散粉、胭脂、眼影、眉笔、眼线笔、睫毛膏、唇膏等。

（三）操作规范

1. 发型设计

（1）头发护理与设计要点。头发每隔 3～5 天清洗一次，不可过于频繁。发型设计要朴实大方，男性不留长发，不留大鬓角；女性不梳披肩发，以短发为宜，还要注意避免选用色彩鲜艳的发饰。

（2）各种脸型的适合发型，见表 2－3。

表 2-3　　各种脸形的适合发型

脸形	主要不足	适合发型	效果
梨形	面颊与颌较前额宽。	短发，头发尽量梳高，并覆盖前额和太阳穴，两鬓紧贴双耳。	使颌与前额平衡。
圆形	苹果般的面孔和丰腴的下巴。	把头发都梳到一边，并盖住耳朵，避免从中间分开头发。如果是短发就用浓密的刘海遮脸；如果是长发，则使颈部的头发浓密一些，以转移别人视线。	头发的不对称，会使脸看起来长一些。
正方形	显得过于刚毅。	头发不宜从中间分开，刘海可向一侧吹起一个高波，两鬓向后平掠，卷曲和波纹会转移别人对脸形边缘的视线。	使脸的轮廓变柔和。
瓜子形	下巴显得尖。	额前覆盖一些头发，其余头发可在身后散开。	会使下巴丰润一些。
三角形	前额宽，颧骨高。	披肩长发。	使前额看起来较修长。
长方形	前额的宽度与颧骨和腮边一样。	斜角的刘海或两旁头发较浓密。	产生宽度上的错觉。

2. 皮肤类型的自我测试

人的脸部皮肤分油性、干性、中性、混合性和敏感性 5 种类型。要知道自己的皮肤类型，可以向化妆师、美容师咨询，也可以自我测试。前 4 种皮肤类型可自我测试，测试应在早晨起床前进行，准备三张干纸片，分别贴在额头、鼻子、面颊上，两分钟后揭下，放在亮处观察，测试结果描述如表 2-4 所示。

表 2-4　　皮肤类型的自我测试

纸片油迹状况	对应的皮肤类型
满纸油迹	油性皮肤
极少油迹	干性皮肤
额头、鼻子部位有油迹，脸颊上几乎没有	中性皮肤
额头、鼻子部位有较多油迹，脸颊上没有	混合性皮肤

3. 皮肤护理

皮肤护理的操作标准和基本要求如表 2-5 所示。

表 2-5　　皮肤护理的操作标准和基本要求

实训内容	操作标准	基本要求
洁肤	1. 将脸用温水打湿。 2. 取适量洗面奶置于手心，搓至起泡。 3. 由下巴向额头，用手指轻轻地按摩清洗 1～2 分钟。 4. 用清水洗净。 5. 用纸巾或毛巾把多余的水分吸干。	1. 自下而上“推”皮肤。 2. 忌用毛巾在脸上无规则乱搓。

续前表

实训内容	操作标准	基本要求
爽肤	1. 取一小块化妆棉，把化妆水倒在化妆棉上。 2. 把化妆棉上的化妆水擦于脸上。 3. 用手轻拍脸颊。	1. 手法自上而下。 2. 最好使用无尘化妆棉。
护肤	1. 涂精华霜。 2. 涂护肤霜。	1. 清晨用日霜。 2. 临睡用晚霜。 3. 夏日户外活动时可用防晒霜。 4. 精华霜根据年纪选用，年轻女子可不用。 5. 使用适合不同肌肤类型的护肤品。
特殊护理（家庭）	1. 深层清洁，使用磨砂洗面奶。 2. 涂面膜。 3. 撕/洗面膜。 4. 爽肤和护肤。	1. 涂面膜手法由下而上。 2. 撕/洗面膜手法由上而下。 3. 每周1～2次。

4. 面部化妆程序及规范

如表2－6所示。

表2－6　面部化妆程序及规范

步骤	目的	操作要点	注意事项
打粉底	调整面部肤色。	1. 涂隔离霜，调整肤色并隔离彩妆以保护面部肌肤。 2. 用海绵取适量粉底液涂抹均匀。 3. 扑散粉。	1. 粉底液与肤色反差不宜过大。 2. 在颈部涂抹粉底，以免面部与颈部“泾渭分明”。
画眼线	使眼睛生动有神，更富有光泽。	1. 笔法先粗后细，由浓而淡。 2. 上眼线从内眼角向外眼角画。 3. 下眼线从外眼角向内眼角画，一般只画下眼线的外侧一半，不宜画满。	1. 画眼线时应一气呵成。 2. 上下眼线不可在外眼角处交会。 3. 眼线应紧贴睫毛描画，不要过粗，以免显得突兀。
涂眼影	强化面部立体感，使双眼明亮有神。	1. 选择与个人肤色相协调的眼影颜色，并参考上半身服装的主要色调。 2. 由浅而深，展示眼影的层次感。	1. 眼影色彩不宜过于鲜艳。 2. 工作妆应选用浅咖啡色眼影。
描眉形	突出或改善个人眉形。	1. 修眉，拔除杂乱无序的眉毛，并将眉毛适当剪短。 2. 描眉形。	1. 使眉形有立体感。 2. 两头淡、中间浓，上边浅、下边深。 3. 眉毛的颜色应浅于头发的颜色。
抹腮红	使面颊更加红润，脸部轮廓更加柔和。	1. 选择合适的腮红。 2. 延展晕染腮红。	1. 腮红与唇膏或眼影应属于同一色系。 2. 腮红与面颊肤色的过渡应自然。
涂唇膏	改变不理想唇形，使双唇更加娇媚。	1. 以唇线笔描好唇线。 2. 涂上唇膏。 3. 用纸巾吸去多余的唇膏。 4. 用无色透明唇彩在上下唇正中稍做涂抹，以使唇部饱满。	1. 描唇线时先描上唇，后描下唇，从左右两侧向中间画。 2. 涂完唇膏后检查一下牙齿上有无唇膏的痕迹。

续前表

步骤	目的	操作要点	注意事项
涂睫毛膏	拉长睫毛长度，使之更为浓密，使眼部更加深邃有神。	1. 用睫毛夹将睫毛夹弯并使之上翘。 2. 用透明的睫毛打底膏拉长睫毛。 3. 从睫毛根部以“Z”字形涂抹睫毛膏，在睫毛尾部向外拉长。	1. 睫毛膏一般选择黑色，工作妆不宜选择彩色睫毛膏。 2. 每根睫毛均需涂到。
喷香水	掩盖不雅体味。	1. 选择适宜的香水。 2. 喷涂于腕部、耳后、颌下、膝后等适当之处。	1. 香水切勿使用过量。 2. 香水应气味淡雅清新。

第二节　个人仪态

仪态，又称“体态”，是指身体在站、坐、行、蹲时所呈现的样子，是以内在素质为基础的长期生活习惯、性格、品质、文化、道德和修养的自然流露。

人们常会借助身体的各种姿态来表达感情，这就是通常所说的“体态语言”。它是一种无声的“语言”，传递的个人信息非常直观，在生活中被广泛运用。服务行业也有非常标准的“职业肢体语言”，服务人员通过美的仪态能使人愿意与之接近、与之沟通。举止得体、风度优雅的服务人员，必然受到服务对象的欢迎和尊重。因此，我们也常说用优美的仪态表情达意，往往比语言更让人感到真实、生动。

依照服务礼仪的规范化要求，服务人员在自己的工作岗位上，务必要高度重视体态语言的正确运用。

一、表情

表情是一个人内心情感在面部的表现。服务人员在工作中的表情如何，在服务对象看来，往往与其工作态度、职业素质等直接相关。美国心理学家艾伯特·梅拉比安把人的情感表达表示为：

情感表达＝语言（7%）＋声音（38%）＋表情（55%）

可见，表情在人际交往中占有重要的位置。

（一）眼神

1. 注视的时间

在交谈过程中，有些人让人感觉舒服，有些人则令人不自在，甚至让人感觉厌恶，这主要与注视的时间长短有关。一般来说，与对方目光接触的时间超过了全部谈话时间的2/3时，要么被认为很吸引人，要么被认为怀有敌意。因此，对于不太熟悉的人，不可长时间地盯着对方的眼睛，以免引起对方的不安；如果感觉与对方谈得来，可以一直看着他，让他意识到你喜欢与他交往。如果谈话时心不在焉、东张西望，或由于紧张、羞怯不敢正视对方，目光注视的时间不到整个谈话时间的1/3，那一定不容易被人信任。当然，谈话时注视时间的长短还要考虑到文化背景，如对南欧人注视时间过久就是冒犯。

2. 注视的位置

谈话时注视对方的位置不同，所传达的信息有所区别，营造的气氛也不同。在人际交往中，人们一般在0.5m～1.5m的交际距离内进行交流，在此距离内，如果是公事公办中的注视，目光所及区域应在额头至双眼之间；如果是社交注视，则目光所及区域在双眼到嘴之间；亲密注视的目光所及区域可在双眼到胸之间。超过此距离，特别是远距离交流时，可不受此限制。

交流时，注视不同的部位，代表不同的含义：

（1）注视对方的双眼：表示全神贯注，同时表示对对方所讲的内容感兴趣。

（2）注视对方的面部：与对方较长时间交谈时，为避免尴尬，可选择整个面部为注视区域。

（3）注视对方的全身：与对方相距较远时，一般注视对方全身。

（4）注视对方的局部：工作中的特殊需要，或根据交谈的内容选择。

3. 注视的角度

（1）正视：与对方正面相向。服务人员在与客人接触时，都应采用正视，如果因体位非正面面向客人，应转动身体使正面面向客人。

（2）平视：身体与对方处在相似的高度时使用。如果服务人员身高高于客人，难以平视对方，应适当躬身，使头部降低，以便平视客人。

（3）仰视：给对方以重视、信任、尊敬之感，在向老人服务时可采用。

（4）俯视：既可表示对晚辈的宽容、怜爱，也可表示对他人的蔑视，服务人员在工作中要杜绝此种注视角度。服务人员在站立姿态下使用俯视角度的眼神时，上半身应微微前倾，以示对对方的尊重。

（5）兼顾多方：这是服务人员最常使用的。在服务中，服务人员要兼顾每一位服务对象，适当地注视每一位服务对象，与谁说话眼神就停留在谁的身上。

4. 注意要点

（1）客人沉默不语时，不要盯着客人，这会让客人感受到压力，加剧对方的不安。

（2）服务人员在工作岗位上为多人提供服务时，要按照先来后到的顺序对先来的客人多加注视，又要同时以略带歉意、安慰的眼神去环视一下等候在身旁的其他客人，这样既表现出善解人意与一视同仁，又可以让后到的客人感到宽慰，使其不产生被疏忽、被冷落的感觉。

（3）服务人员切忌对客人上上下下、反反复复地进行扫视。这既是疑虑的目光，又有防范的意味，会让客人产生抗拒的情绪。

（4）在服务过程中，要特别注意不能使用翻眼皮向上看的目光，这种目光给人以目中无人、骄傲自大的感觉；更不能东张西望、目光游离不定，给人以缺乏教养、不稳重、不懂得尊重别人的印象。

（二）微笑

微笑是一种令人感觉愉悦的面部表情，它可以缩短人与人之间的心理距离，为深入沟通与交往创造温馨和谐的气氛。人们把微笑比作人际交往中的“润滑剂”。服务人员在工作岗位中，一般都应当面带笑容，努力为服务对象创造出一种轻松的氛围，使其在享受服务的过程中感到愉快、欢乐和喜悦。现在，很多国家的服务企业在对其从业人员进行岗前培训时，都将微笑列为重点培训科目之一。因此，我们也常说“微笑是服务人员最好的名片”，我们要提倡“微笑服务”。

1. 掌握微笑的要领

据专家统计，人的面部表情肌有30多种，能做出大约25种不同的表情。就拿人类的笑来说，就可以分为微笑、欢笑、大笑、狂笑、苦笑、奸笑、傻笑、狞笑、嘲笑等。

一个人在微笑时，应当目光柔和，双眼略为睁大；眉头自然舒展，眉毛微微向上扬起。这就是人们常说的“眉开眼笑”。微笑时应避免耸动鼻子和耳朵。

微笑的基本动作要领是：不发声、不露齿、肌肉放松、嘴角两端向上略微提起、面带笑意、亲切自然。其中，亲切自然最重要，它要求微笑出自内心、发自肺腑，而无任何做作之态。也只有这种发自内心的微笑，才能使一切与你接触的人都感到轻松和愉快。

人们微笑时，首先表现在嘴的两端要匀称地向上翘起。在练习时，为使双颊肌肉向里，可念着普通话的“一”字音。笑的关键在于善于用眼，要让人看到你眼睛里的神采，方能感受到你服务的用心。如果一个人的嘴角上翘时，眼睛仍是冷冰冰的，就会给人假、虚伪、不真诚的感觉。眼睛里的“笑容”的训练方法是：取厚纸一张，遮住眼睛下边部位，对着镜子，在心里尽情回忆过去的美好生活，使笑肌抬升收缩。

2. 养成微笑的服务意识

“微笑服务”是众多服务企业所推崇的一项服务标准，微笑不仅关系到个人的形象，也关系到企业的形象。微笑服务，是服务人员和服务企业形象、声誉的内在要求；微笑服务，是服务人员爱岗敬业、顾客至上的职业价值理念的具体表现；微笑服务，是服务人员的自信、涵养等内在特质在工作中的外显，也是其个人形象的最佳体现途径。

心理学家指出，微笑多在交往双方初次面对面地接触时出现。微笑是人们领会得最快的一种表情，其普遍含义是接纳对方、热情友善。因此，微笑是人际交往中的敲门砖，最容易得到交往对象的认同、喜欢。服务人员在工作中若能始终面带微笑，必然会赢得服务对象的赏识，获得良好的服务效果。

二、站姿

站姿是指人在自然直立时所采取的姿势。站姿是其他姿势的基础，如果一个人的站姿不够标准，其他姿势很难做到优雅、标准。

（一）基本站姿

站姿的基本要求是挺、直、高。具体而言应做到：站得端正、自然、挺拔、高雅，给人以精神饱满、信心十足、积极向上的感觉。具体要领：头正目平，面带微笑，微收下颌，肩平胸挺，双肩展开向下沉，头顶上方向上提拉，使颈部拉直，延长锁骨向两侧延伸。收腹、立腰、提臀，双腿并拢，膝盖挺直，小腿往后发力，身体重心在前脚掌。

女性在站立时，要表现出女性轻盈、妩媚、娴静、典雅的韵味，要努力给人以一种“静”的优美感。女性标准站姿：四指并拢，虎口张开，双臂自然放松，将右手搭在左手上，拇指交叉放于腹前，形成“心”字形，脚跟并拢，脚尖分开，双脚成丁字形或V字形，如图2-2、图2-3所示。女性站立时讲究线条美，四肢讲究“收”，即双腿尽量靠拢，特别应强调的是“不开膝”，手臂也应尽量向身体中间收，不要让人有“散”的感觉。

图2-2　女性丁字形站姿

图2-3　女性V字形站姿

男性在站立时，要表现出男性刚健、潇洒、英武、稳健的风采，要力求给人一种壮美感。男性标准站姿：双手相握叠放于腹前，或在背后交叉相握，双脚分开与肩同宽，如图2-4所示。男性站立时讲究“型”和“扩”，即通过开肩、肩胛骨向内收、立腰使胸膛挺起来并有舒展的感觉，体现男性的健康之美。

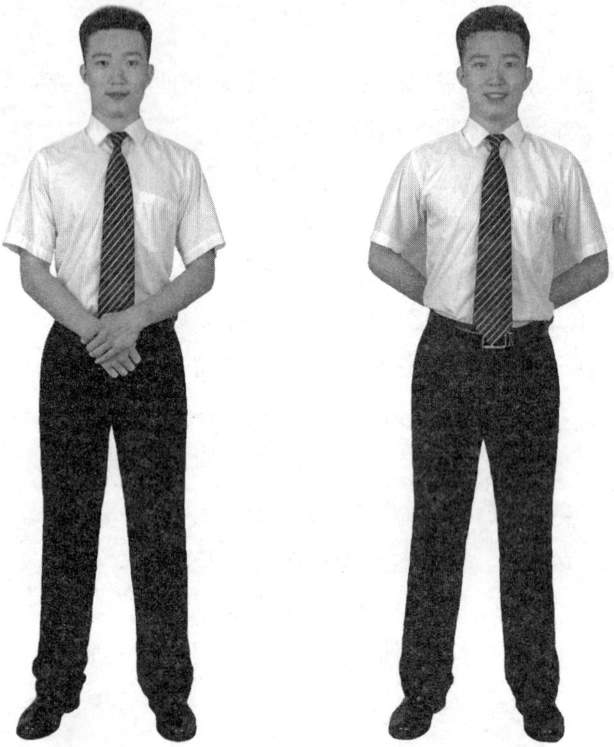

(a)　　　　(b)

图2-4　男性标准站姿

要想站得挺拔，可配合呼吸控制身体姿态：吸气时收紧腹部、挺起胸膛，把身体拉高，背部挺直，腰部用力向后上方提起；呼气时通过鼻腔将气体慢慢呼出。要注意呼气时胸膛继续保持挺起的状态，腰腹部不要松懈、向下垮，胃部以下无呼吸起伏。经过多次长时间的练习后，身体可自然地配合此种深呼气保持挺拔状态，让人看起来精神抖擞、充满活力。

（二）纠正不良的站姿

服务人员在工作岗位上要注意避免下列站姿：双手叉在腰间或抱在胸前，驼背弓腰，一肩高一肩低，双腿不停抖动，将手插在裤袋里等。也不可将双腿分得过开，给人过分张扬之感；更不要下意识地做小动作，这样会显得拘谨，给人缺乏自信和经验的感觉，有失庄重。

三、走姿

行进中的步态称为走姿。在行走时，要做到既优雅稳重，又保持正确的节奏，以体现动态的美感。

（一）走姿的基本要求

走姿的基本要求为女子轻盈高雅，男子从容稳健。具体要领如下：

（1）基本体态正确：以站姿为基础，面带微笑，眼睛平视。

（2）身体协调：双肩平稳，双臂前后自然、有节奏地摆动，摆幅以 35°～45°为宜，双肩、双臂都不应过于僵硬。跨出的步子应是脚跟先着地，膝盖不能弯曲，脚腕和膝盖要灵活，不可过于僵直。

（3）重心放准：起步时身体微向前倾，身体的重量落在前脚掌上，行走时左右脚重心反复地前后交替，使身体向前移。

（4）方向明确：行走时，要保持明确的行进方向，女性行走时两只脚内侧走的线迹为一条直线，每走一步，脚跟都应落在这条直线上；男性行走时双脚走的线迹为两条平行线。

（5）步幅适当：步幅即每一步的长度，是前脚的脚跟与后脚的脚跟相距的长度，一般女性每步约 36cm，男性每步约 40cm。步幅因个人身高不同会略有差异。此外，着装不同，步幅也不同。走路时应有一定的节奏感，一般每分钟 60 步～100 步。

（二）不良的走姿

服务人员在工作中应避免以下几种不良走姿：

（1）内八字，外八字。

（2）弯腰驼背，摇头晃脑，扭腰摆臀。

（3）膝盖弯曲，重心交替不协调。

（4）左顾右盼，走路时抽烟或双手插裤袋。

（5）身体松垮，无精打采。

（6）摆臂过快，幅度过大或过小。

四、坐姿

按照礼仪规范的要求，服务人员工作时是否采取坐姿应视具体情况来定，允许采用坐姿时才可坐下。

（一）正确的坐姿

正确的坐姿能给人以端正、大方、自然、稳重之感。

1. 入座

入座时要轻、要稳，先侧身走到座位左侧前，背对座椅，右腿后退一点，以小腿确认一下座椅的位置，随势轻稳地坐下。女士入座时，若是穿裙装，应用手将裙摆稍稍拢一下，不要坐下后再站起来整理衣服；男士入座后解开西服扣。就座时，要减慢速度，放轻动作，尽量不要使座椅发出声响，以免干扰他人。

2. 坐态

坐在椅子上时，上身应保持站姿的基本姿势，双膝并拢，双脚平行，鞋尖方向一致。可根据所坐椅子的高低适当调整坐姿，双脚可正放或侧放，并拢或交叠。但必须切记，女士的双膝应并拢，任何时候都不能分开，双手可自然弯曲放在膝盖或大腿上。女士以坐满椅子的1/2为宜。女士基本坐姿如图2－5所示。如果坐在有扶手的沙发上，男士可将双手分别搭在扶手上，而女士最好只搭一边扶手，以显示高雅。男士以坐满椅子的2/3为宜。男士基本坐姿如图2－6所示。一般情况下，坐在椅子上时不要靠椅背，休息时可轻轻靠椅背。

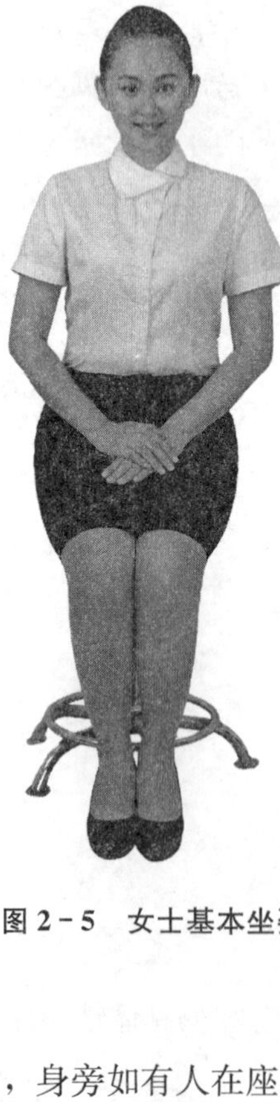

图2－5　女士基本坐姿

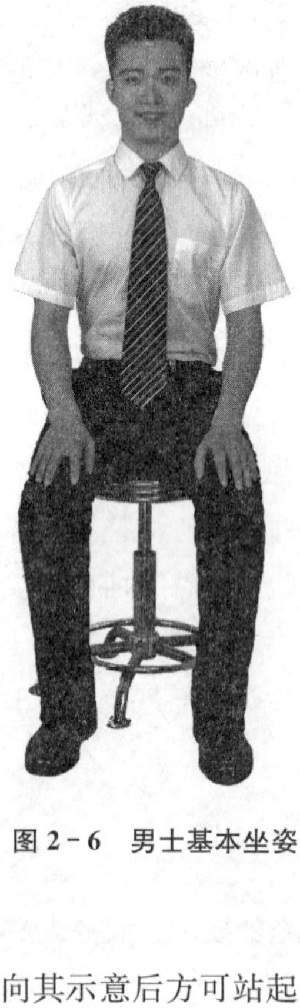

图2－6　男士基本坐姿

3. 离座

离开座椅时，身旁如有人在座，应以语言或动作向其示意后方可站起身来。与他人同时离座时，须注意起身的先后次序：地位低于对方时，应稍后离座；地位高于对方时，可先离座；双方地位相当时，方可同时起身离座。

起身离座时，应一只脚往回收半步，用小腿的力量将身体支起，不要用双手撑着腿站起，要保持上身的直立状态，然后从座椅左侧离开，应注意动作轻缓，不要发出声响。

（二）体位的变化

1. 上身的体位变化

（1）头部保持端正。

坐好后的标准头位应是头部抬直，双目平视，下颌内收，整个上半身看上去如同一条直线。在与人交谈时，可以面向正前方，或者面部侧向对方，但不准将后脑勺对着对方。

（2）躯干保持直立。

坐好后，身体的躯干部位也要端端正正，躯干要挺直，胸部要挺起，腹部内收，腰部和背部一定要直立，最好不要倚靠椅背。

（3）手臂正确摆放。

入座后可根据实际需要摆放好个人的手臂，可放在两条大腿上，也可放在一条大腿上，可放在皮包、文件上，也可放在身前桌子上或身旁扶手上。

2. 下肢的体位变化

入座后，人的下肢大都落入别人的视野之内，因此必须要重视下肢体位的摆放。合适的下肢体位既能展现文明礼貌，也会使自己比较舒适。

（1）双腿垂直式。

双腿垂直式的基本做法是，双腿垂直于地面，双脚的脚跟、膝盖直至大腿都需要并拢在一起，双手叠放在左（右）大腿上。这是正式场合的基本坐姿，特别是在谋职面试、与领导或长辈谈话时，应保持双 L 形，即大腿与小腿成直角，臀部与背部成直角，而且不能倚靠椅背。这种坐姿可给人以诚恳、认真的印象。女士双腿垂直式坐姿和男士双腿垂直式坐姿如图 2－7、图 2－8 所示。

（2）双腿叠放式。

这种坐姿要求上下交叠的膝盖不可分开，双腿交叠应呈一条直线，脚踝处不要弯折，应使小腿、脚踝、脚面在一条直线上，这样才会给人以纤细的感觉。双脚与地面呈 45°斜放。采用这种姿势时，切勿双手抱膝，更不能双膝分开。女士双腿叠放式坐姿如图2－9所示。

（3）双腿斜放式。

坐在较低的沙发上时，若双腿垂直放置的话，膝盖不可高过腰，否则极不雅观。这时最好采用双腿斜放式，即双腿并拢后，双脚同时向右侧或左侧斜放，并与地面形成 45°左右的角。这样，就座者的身体就会呈现优美的 S 形，这种坐姿适宜女性。女士双腿斜放式坐姿如图 2－10 所示。

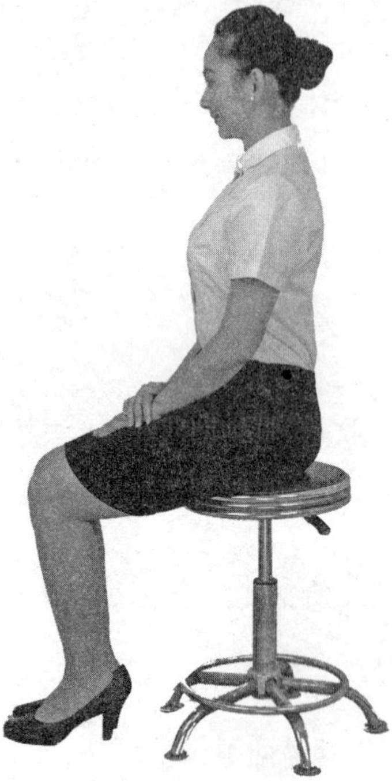
图 2－7　女士双腿垂直式坐姿

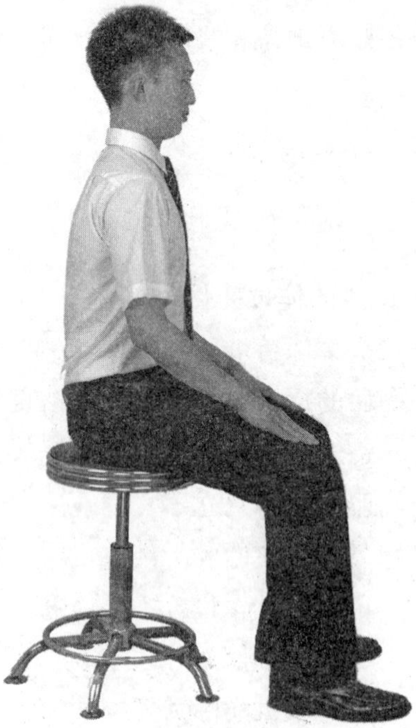
图 2－8　男士双腿垂直式坐姿

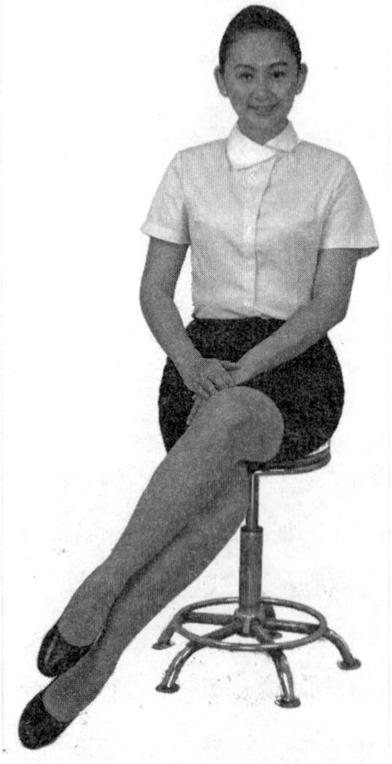
图 2－9　女士双腿叠放式坐姿

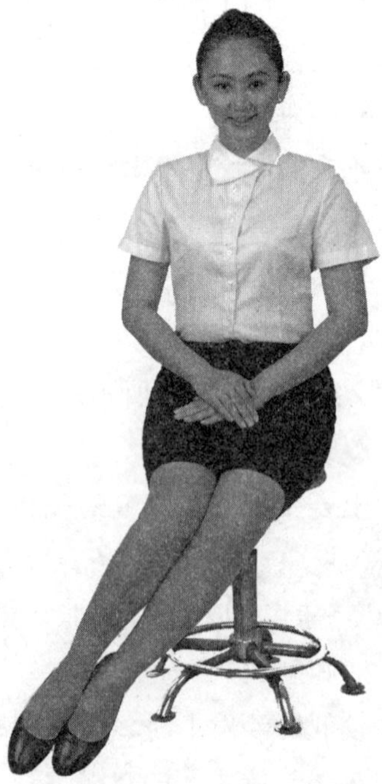
图 2－10　女士双腿斜放式坐姿

（4）双脚交叉式。

基本做法是双腿并拢，双脚在踝部交叉之后略向左侧斜放。坐在主席台上、办公桌后面或公共汽车上时，比较适合采用这种坐姿。女士双脚交叉式坐姿如图 2－11 所示。

（5）双脚内收式。

基本做法是两条小腿向后侧屈回，双脚脚掌着地，膝盖以上并拢，双脚稍微张开。这也是变化的坐姿之一，尤其在并不受注目的场合，这种坐姿显得轻松自然。

（6）前伸后屈式。

这是适宜女性的一种优美坐姿。基本做法是大腿并紧之后，向前伸出一条腿，并将另一条腿屈后，双脚脚掌着地，双脚前后要保持在一条直线上。女士前伸后屈式坐姿如图2－12所示。

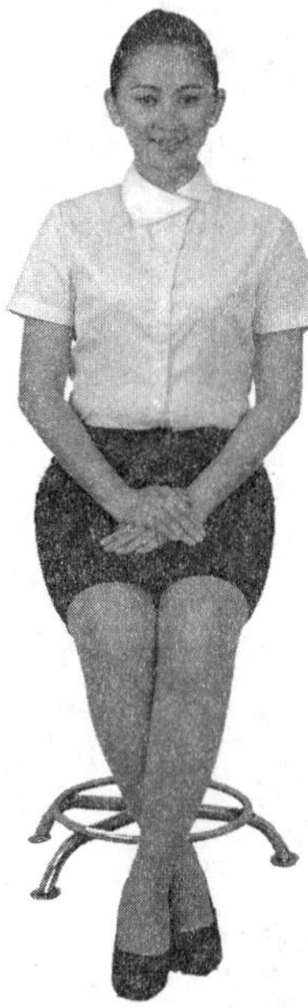

图 2－11　女士双脚交叉式坐姿

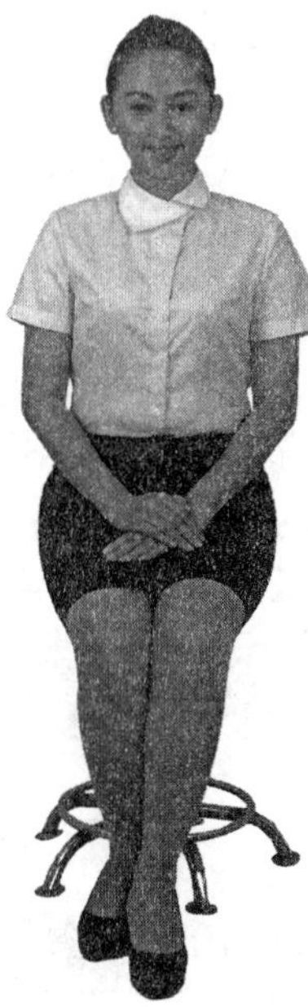

图 2－12　女士前伸后屈式坐姿

（三）不良的坐姿

在社交或服务场合不应出现以下不良坐姿：

（1）与人交谈时，双脚不停地抖动。

（2）坐姿不符合环境要求，如与职位高者、长者交谈时叠腿。

（3）双脚搭到椅子、沙发、桌子上。

（4）叠腿姿势呈“4”字形。

（5）坐下后脚尖相对，或双腿拉开呈“八”字形，或将脚伸得很远。

五、蹲姿

一般来说，一个人采用蹲姿的时间不宜太久，否则人体会感觉不舒适。因此，蹲姿只是人们在比较特殊的情况下采取的一种暂时性体位。在采取蹲姿时要注意身体的正确位置，根据需要采取适宜的蹲姿。

（一）适用情况

服务人员在遇到以下情况时，可酌情采用蹲的姿势：

（1）整理工作环境时，可采用蹲姿。

（2）给予客人帮助时，如与小朋友交流时可采用蹲姿。

（3）提供必要服务时，如当客人处于较低位或向坐在座位上的客人提供服务时可采用蹲姿。

（4）捡拾地面物品时，如当自己或他人的物品掉到地上需要捡起时，可采用蹲姿捡拾，如图 2－13 所示。

图 2－13　女士穿裙装捡拾物品的基本姿势

（5）自己照顾自己时，如需要整理鞋袜时可采用蹲姿。

应采用蹲姿的场合绝不能用弯腰翘臀的姿势代替，一是极为不雅，二是在多次弯腰搬运较重物品时，容易拉伤腰部肌肉。

（二）正确的蹲姿

1. 高低式蹲姿

下蹲时双腿紧靠，左脚掌基本全部着地，右脚脚跟提起，右脚掌着地，臀部向下。女士应双腿靠紧，男士双腿可适度分开，基本上以右腿支撑身体，如图 2－14、图 2－15 所示。

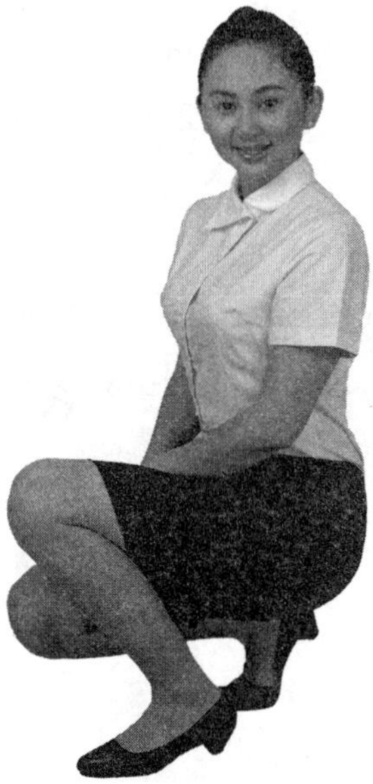

图 2－14　女士高低式蹲姿

图 2－15　男士高低式蹲姿

2. 交叉式蹲姿

下蹲时左脚在前，右脚在后，左小腿垂直于地面，全脚着地，右腿在后与左腿交叉重叠，右膝由后面伸向左侧，右脚跟抬起，脚掌着地，双腿靠紧，臀部向下，上身稍向前倾。这种蹲姿通常适用于女性，特别是在穿短裙时，如图 2－16 所示。

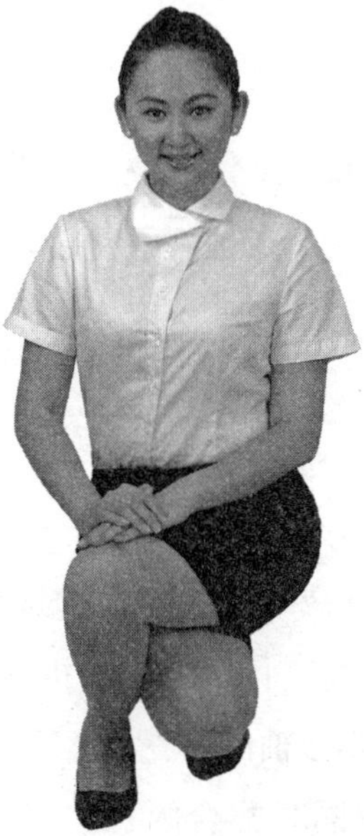

图 2－16　女士交叉式蹲姿

3. 半蹲式蹲姿

半蹲式蹲姿，多在行进之中临时采用。它的正式程度不及前两种蹲姿，但在需要应急时亦可采用。在下蹲时，上身稍许弯下，但不宜与下肢构成直角或锐角；臀部向下，双膝略微弯曲，弯曲角度根据需要可大可小，一般为钝角；身体的重心放在一条腿上，双腿不宜分开过大。它的基本特征是身体半立半蹲。

4. 半跪式蹲姿

半跪式蹲姿，又叫单跪式蹲姿。它是一种非正式蹲姿，多用于下蹲时间较长，或为了用力方便时。下蹲后，一腿单膝点地，臀部坐在其脚跟上，用脚尖着地；另一条腿全脚着地，小腿垂直于地面，双腿尽力靠拢。它的基本特征是双腿一蹲一跪。

（三）蹲姿禁忌

（1）不要突然蹲下；

（2）不要距人过近；

（3）不要方位失当；

（4）不要毫无遮掩；

（5）不要随意滥用；

（6）不要蹲在椅子上；

（7）不要蹲着休息。

六、手势

无论是在日常生活中，还是在服务工作岗位上，手臂都是人们运用得最多的一个身体部位。手势即手臂的姿势，指的是人们在运用手臂时，所呈现的具体动作与体位。使用手势时应注意与全身配合协调，同时动作幅度不应太大，要给人一种优雅、含蓄、彬彬有礼的感觉。

（一）做手势的基本要领

做手势时，一般使用右手，五指要并拢伸直，拇指轻贴在四指上，女性为优雅起见，可微微压低食指。指示左右方位时靠小臂摆动，指示远近方位时靠大臂摆动。在表示“请”的时候，可以用右手以肘关节为轴向右摆动，到身体右侧稍向前的地方停住，不要把手摆到体侧或体后。做手势时应同时配合眼神、表情和其他体态，使手势显得协调大方。正确的手势如图 2 - 17 所示，错误的手势如图 2 - 18 所示。

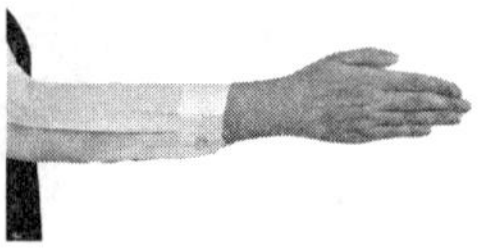

图 2-17　正确的手势

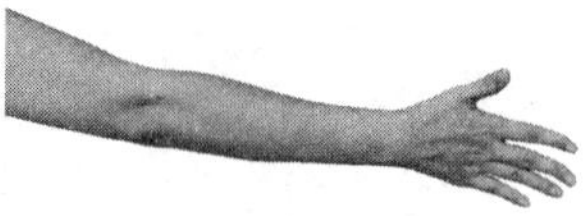

图 2-18　错误的手势

（二）服务人员需要掌握的几种手势礼

（1）正常垂放：双手要自然、大方、适宜地放置于身体前侧或后侧。

（2）手持物品：双手在持物品时应稳妥、自然、到位，同时注意物品的卫生，如图2-19所示。

（3）递接物品：与服务对象递接物品时应用双手，并要主动将方便留给对方，如图2-20所示。

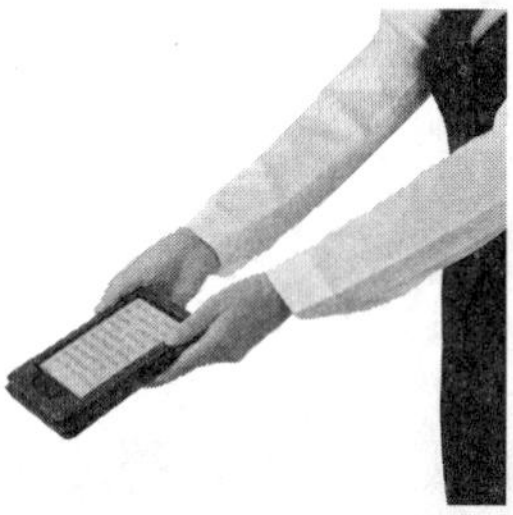

图 2-19　手持物品手势

图 2-20　递接物品手势

（4）展示物品：展示物品时要注意服务对象的位置，要求便于对方观看，如图 2-21 所示。

（5）招呼别人：常用的手势有如下四种：

横摆式：手臂向外侧横向摆动，指尖指向被引导或指示的方向，表示“请”，如图2-22所示。

直臂式：手臂向外侧横向摆动，抬至肩高，指尖指向前方，用于引导、指示方向，如图 2-23 所示。

图 2－21　展示物品手势

图 2－22　横摆式手势

图 2－23　直臂式手势

曲臂式：手臂弯曲，由体侧向体前摆动，手臂高度在胸以下，请人进门时使用，如图 2－24 所示。

斜臂式：手臂由上向下斜伸摆动，用于请人入座，如图 2－25 所示。

图 2－24　曲臂式手势

图 2－25　斜臂式手势

（三）做手势时应避免的错误

在掌握了常用的手势之后，在工作中还应避免出现以下几种错误的手势：

（1）指指点点：工作中用手指点别人是不尊重别人的表现，不应使用。

（2）随意摆手：接待服务对象时，随意向对方摆手有不耐烦之意，不应使用。

（3）双臂抱起：双臂抱起端放胸前这一手势有自我放松、保护自己、拒绝别人之意，会令人不悦。

（4）双手抱头：有些人没事喜欢双手抱在脑后，有自我放松之意，过于随意，不应使用。

（5）摆弄手指：工作中手指时常动来动去，会给人心不在焉之感。

（6）手插口袋：服务人员将手插在口袋中，会给人忙里偷闲之感。

（7）搔首弄姿：即在工作时整理服饰、梳妆打扮，会给人矫揉造作之感。

（8）抚摸身体：有人习惯性地抚摸自己的身体，这是缺乏公德意识、不讲卫生的表现。

七、致意礼

人们在工作、生活中常需要向他人表示问候、致敬、感谢之意，在使用语言的同时常伴之以肢体语言，可使对方感觉受到尊重，同时能更好地建立和谐的关系。常见的致意礼有以下三种。

（一）点头致意

点头致意是致意问候中最简单、使用最普遍的礼节动作，适用于一般的社交场合，在向对方表示一般问候时使用。点头致意适用于双方距离较远或对方身旁有交流对象等情况下。点头致意的动作要领是头部向致意对象方向微微轻点，点头幅度不必过大，控制在15°之内即可。

（二）鞠躬致意

鞠躬一般用于庄严肃穆或喜庆欢乐的仪式中，也适用于一般的社交场合，用以表达对他人的深深敬意或感激之情。

1. 正确的鞠躬姿势

鞠躬以站姿为基础，双手在体前搭好或垂于身体两侧，双眼注视对方，面带微笑。鞠躬时，以臀部为轴心，将身体挺直地向前倾斜，倾斜度一般有 90°、45°、30°、15°，目光随着身体的倾斜而自然下落至脚尖前 1.5m 处，如图 2－26 所示。鞠躬完成，恢复站姿，目光再回到对方脸上。行鞠躬礼应注意以腰为轴，后脑勺、脖子、后背呈一条直线向前倾斜，特别是脖子不要晃动。身体向前倾时目光自然向下，不要抬起眼睛看人，会给人不安分的偷窥之感。当身体恢复直立状态时，眼睛再注视对方。

鞠躬时，应同时问候“您好”“欢迎光临”等，声音要热情、亲切，且与动作协调。受礼者若是平辈应还礼，长辈和上级欠身点头即算还礼。

2. 准确运用鞠躬礼

90°鞠躬：一般用于三鞠躬，属最高礼节。

45°鞠躬（送客）、30°鞠躬（迎客）：下级向上级、学生向老师、晚辈向长辈、服务人员对来宾表示致意。

15°鞠躬：用于一般的应酬，如问候、介绍、握手、递物、让座、让路等。

行鞠躬礼一般应站着；如果坐着见到客人、领导、长辈应起立鞠躬致意；如果在办公室里见到一般的客人而又不便起身时，可坐着行 15°鞠躬礼。

(a)　　(b)

图 2－26　鞠躬礼

（三）挥（举）手致意

挥手致意，是向他人表示问候、致敬、感谢、道别之意。当服务人员看见熟识的服务对象，但无暇分身时，可向其举手、挥手致意，以消除对方的被冷落感。

行挥（举）手致意礼时要注意如下四点：

（1）面向对方。致意时应全身直立，面向对方，至少上身与头部要朝向对方。在目视对方时，须面带笑容。

（2）手臂上伸。致意时，手臂应自下而上向侧上方伸出。手臂既可略微弯曲，也可全部伸直。

（3）掌心向外。致意时须掌心向外，指尖朝向上方。

（4）手臂切勿左右乱摆。

八、个人仪态礼仪实训

（一）站姿的训练

1. 实训安排

如表 2－7 所示。

表 2-7　站姿实训安排

实训时间	2 课时。
实训目的	为各项服务工作打下基础。
实训要求	掌握规范的站姿，能自纠错误站姿直至形成习惯。

2. 实训准备

准备一间形体训练室，四面墙上安装长度及地的镜子，能从头到脚照到训练人员。

3. 操作规范

如表 2-8 所示。

表 2-8　站姿操作规范

<table>
<tr><th>实训内容</th><th>操作标准</th><th>基本要求</th></tr>
<tr><td>侧立式站姿</td><td>1. 头抬起，面朝正前方，双眼平视，下颌微微内收，颈部挺直，双肩放松，呼吸自然，腰部直立。
2. 脚掌分开呈“V”字形，脚跟靠拢，双膝并严，双手放在腿部两侧，手指稍弯曲，呈半握拳状。</td><td rowspan="5">站得端正、自然、稳重、挺拔，即要做到“站如松”。</td></tr>
<tr><td>前腹式站姿</td><td>1. 同“侧立式站姿”操作标准第 1 条。
2. 脚掌分开呈“V”字形，脚跟靠拢，双膝并严，双手相交放在小腹部。</td></tr>
<tr><td>后背式站姿</td><td>1. 同“侧立式站姿”操作标准第 1 条。
2. 双腿分开呈“V”字形，双脚平行，比肩宽略窄些，双手在背后轻握。</td></tr>
<tr><td>丁字式站姿</td><td>1. 同“侧立式站姿”操作标准第 1 条。
2. 一脚在前，将脚跟靠于另一脚内侧，双脚脚尖向外略展开，形成一个斜写的“丁”字，双手在腹前相交，身体重心在双脚上，此站姿限于女性使用。</td></tr>
<tr><td>站得太累时自行调节</td><td>双腿微微分开，将身体重心移向左脚或右脚。</td></tr>
</table>

4. 站姿训练的方法

（1）按照操作标准训练站姿，可以靠墙训练，后脑勺、双肩、臀部、小腿及脚后跟都紧贴墙壁站立；也可两人一组，背靠背站立，还可在两人身体相贴处夹一张白纸，限定时间内要求纸片不能掉落，以训练站得稳、直。

（2）配轻音乐，训练四种站姿。

（二）坐姿的训练

1. 实训安排

如表 2-9 所示。

表 2-9　　**坐姿实训安排**

实训时间	2 课时。
实训目的	为各项服务工作打下基础。
实训要求	掌握规范的坐姿，能自纠错误坐姿直至形成习惯。

2. 实训准备

准备一间形体训练室，四面墙上安装长度及地的镜子，能从头到脚照到训练人员。

3. 操作规范

如表 2-10 所示。

表 2-10　　**坐姿操作规范**

<table>
<tr><th>实训内容</th><th>操作标准</th><th>基本要求</th></tr>
<tr><td>基本坐姿</td><td>1. 入座时要轻而缓，走到座位前右脚后退半步，然后轻轻地坐下。
2. 女性穿裙装时需用手将裙摆向前拢一下。
3. 坐下后，上身直正，头正目平，嘴巴微闭，面带微笑，双手相交放在腹部或双腿上，双脚平落在地面。男子双膝间的距离以一拳为宜，女子双膝不能分开。</td><td rowspan="6">坐得端正、稳重、自然，给人以舒适感，即要“坐如钟”。</td></tr>
<tr><td>双手摆法</td><td>1. 有扶手时，双手轻搭或一搭一放。
2. 无扶手时，双手相交或轻握放于腹部；也可左手放在左腿上，右手搭在左手背上，双手呈八字形放于腿上。</td></tr>
<tr><td>双腿摆法</td><td>1. 凳高适中时，双腿相靠或稍分开，但不能超过肩宽。
2. 凳面低时，双腿并拢，自然倾斜于一方。
3. 凳面高时，可一腿搁于另一腿上，脚尖向下。</td></tr>
<tr><td>双脚摆放</td><td>1. 脚跟与脚尖全靠在一起。
2. 双脚也可一前一后。</td></tr>
<tr><td>“S”形坐姿</td><td>上体与腿同时转向一侧，面向对方，形成一个优美的“S”形坐姿。</td></tr>
<tr><td>叠膝式坐姿</td><td>一脚内收与前腿膝下交叉，双脚一前一后着地，双手稍微交叉放于腿上。</td></tr>
</table>

4. 坐姿训练的方法

（1）对所学的几种坐姿，每次训练坚持 20 分钟左右。在训练时可以播放轻松优美的音乐，以减轻疲劳。

（2）在日常生活中训练。如在乘车时、上课时、伏案看书时，都可按照以上坐姿操作标准进行训练，久而久之，优美的坐姿便成了习惯。

（三）行姿的训练

1. 实训安排

如表 2-11 所示。

表 2－11 行姿实训安排

实训时间	2 课时。
实训目的	为各项服务工作打下基础。
实训要求	掌握规范的行姿，能自纠错误行姿直至形成习惯。

2. 实训准备

准备一间形体训练室，四面墙上安装长度及地的镜子，能从头到脚照到训练人员。

3. 操作规范

如表 2－12 所示。

表 2－12 行姿操作规范

实训内容	操作标准	基本要求
一般走姿	1. 方向明确。在行走时，必须保持明确的行进方向，不可突然转向，更忌突然大转身。 2. 步幅适中。一般而言，行进时迈出的步幅与本人一只脚的长度相近，男子每步约 40cm，女子每步约 36cm。 3. 速度均匀。行进时不突然加速或减速。 4. 重心放准。行进时身体向前微倾，重心落在前脚掌上。 5. 身体协调。走动时要脚跟先着地，膝盖在脚跟落地时应当伸直，腰部要成为重心移动的轴线，双臂在身体两侧一前一后地自然摆动。 6. 体态优美。行走时双眼平视前方，挺胸收腹，直起腰背，伸直腿部，做到昂首挺胸、步伐轻松而矫健。	方向明确，抬头，不晃肩摇头，双臂摆动自然，双腿直而不僵，步伐从容，步幅适中、均匀，即要“行如风”。
陪同客人的走姿	1. 同“一般走姿”。 2. 引领客人时，应在客人侧前方 2～3 步，按客人的速度行进，并不时地用手势指引方向。	
与客人反向而行的走姿	1. 同“一般走姿”。 2. 接近客人时，应放慢速度；与客人交会时，应暂停行进；空间小的地方要侧身，让客人通过后再前进。	
与客人同向而行的走姿	1. 同“一般走姿”。 2. 尽量不超过客人；必须超过时，要先道歉后超越，再道谢。	
与其他服务人员同行的走姿	1. 同“一般走姿”。 2. 不可并肩同行，不可嬉戏打闹，不可闲聊。	

4. 行姿训练的方法

（1）配乐（进行曲）进行行姿训练：前行步，后退步，侧行步，前行转身步，后退转身步。

（2）在地上画直线，头顶书本，脚穿高跟皮鞋（女性）进行踩线行走练习。

（四）蹲姿的训练

1. 实训安排

如表 2－13 所示。

表 2－13　　蹲姿实训安排

实训时间	1 课时。
实训目的	为各项服务工作打下基础。
实训要求	掌握规范的蹲姿，能自纠错误蹲姿直至形成习惯。

2. 实训准备

准备一间形体训练室，四面墙上安装长度及地的镜子，能从头到脚照到训练人员。

3. 操作规范

如表 2－14 所示。

表 2－14　　蹲姿操作规范

实训内容	操作标准	基本要求
高低式蹲姿	下蹲时，应左脚在前，右脚靠后。左脚掌完全着地，右脚脚跟提起，右膝低于左膝，右腿左侧可靠于左小腿内侧，形成左膝高右膝低的姿势；臀部向下，上身微前倾，基本上用左腿支撑身体。	女性应并紧双腿，男性则可适度分开。若捡身体左侧的东西，则姿势相反。
交叉式蹲姿	下蹲时，右脚在前，左脚居后，右小腿垂直于地面，全脚着地；右腿在上，左腿在下交叉重叠；左膝从后下方伸向右侧，左脚跟抬起脚尖着地。上身微向前倾，臀部向下。	交叉式蹲姿主要适用于女性，尤其适合身穿短裙的女性在公共场合采用。
半蹲式蹲姿	蹲下时，上身稍许下弯，但不宜与下肢构成直角或锐角，臀部务必向下，双膝微微弯曲，其角度可根据实际需要有所变化，但一般应为钝角。身体的重心放在一条腿上，双腿不宜分开过大。	半蹲式蹲姿多为人们在行进之中临时采用。
半跪式蹲姿	下蹲后，一腿单膝点地，以其脚尖着地，而令臀部坐在脚跟上；另外一条腿应当全脚着地，小腿垂直于地面；双腿宜尽力靠拢。	

（五）手、臂势的训练

1. 实训安排

如表 2－15 所示。

表 2-15　　手、臂势实训安排

实训时间	1 课时。
实训目的	为各项服务工作打下基础。
实训要求	掌握规范的手、臂势及应用（熟练），能自纠错误直至形成习惯。

2. 实训准备

准备一间形体训练室，四面墙上安装长度及地的镜子，能从头到脚照到训练人员；准备若干张桌子。

3. 操作规范

如表 2-16 所示。

表 2-16　　手、臂势操作规范

实训内容	操作标准	基本要求
正常垂放	具体做法有以下 7 种： 1. 双手指尖朝下，掌心向内，手臂伸直后分别紧贴两腿裤线处。 2. 双手伸直后自然相交于小腹处，掌心向内，手掌上下叠放。 3. 双手伸直后自然相交于小腹处，掌心向内，手掌上下相握。 4. 双手伸直后自然相交放于背后，掌心向外，两只手相握。 5. 一只手紧贴裤线自然垂放，另一只手略弯曲，掌心向内搭在腹前。 6. 一只手掌心向外背在背后，另一只手略弯曲，掌心向内搭在腹前。 7. 一只手紧贴裤线自然垂放，另一只手掌心向外背在身后。	自然优雅，规范适度，五指伸直并拢，腕关节伸直，手与前臂形成直线。
自然搭放	1. 在站立服务时，身体应尽量靠近桌子或柜台，上身挺直；双臂稍弯曲，肘部朝外，双手指尖朝前，拇指与其他四指稍分开，并轻搭在桌子或柜台边缘。应注意不要距离桌子或柜台太远，同时还要根据桌面高矮来调整手臂弯曲程度，尽量避免将上半身趴伏在桌子或柜台上。 2. 以坐姿服务时，将手部自然搭放在桌子上。身体趋近桌子或柜台，尽量挺直上身；除采取书写、计算、调试等动作时可将手臂摆放于桌子或柜台之上外，最好仅以双手手掌平放于其上；将双手放在桌子或柜台上时，双手可以分开、叠放或相握，但不要将胳膊支起来。	不可将桌子或柜台作为支撑身体的工具。
手持物品	1. 稳妥。 2. 自然。 3. 到位。 4. 卫生。	身体其他部位姿势规范，与手势动作协调。
递送物品	1. 以双手为宜。 2. 递到手中。 3. 主动上前。 4. 方便对方接拿。 5. 将尖、刃向内。	

续前表

实训内容	操作标准	基本要求
展示物品	1. 便于观看。 2. 操作标准。 3. 手位正确。	
打招呼	1. 要使用手掌，而不能仅用手指。 2. 要掌心向外。	
举手致意	1. 面向对方。举手致意时，应全身直立，面向对方，至少上身与头部要朝向对方，面带笑容。 2. 手臂上伸。致意时，手臂应自下而上向侧上方伸出，手臂既可略有弯曲，也可全部伸直。 3. 掌心向外。致意时，须掌心向外，指间朝向上方，切忌张开手指。	
挥手道别	1. 身体站直。尽量不要走动，更不要摇晃身体。 2. 目视对方。目送对方远去直至离开，若不看道别对象，便会被对方理解为“目中无人”或敷衍了事。 3. 手臂前伸。道别时，可用右手，也可双手并用，但手臂应尽力向前伸出。 4. 掌心朝外。挥手道别时，要保持掌心向外，否则是不礼貌的。 5. 左右挥动。挥手道别时，要将手臂向左右两侧轻轻地来回挥动，不要上下摆动。	
引导手势	1. 横摆式：手位高度齐腰，指尖指向被引导或指示的方向，表示“请”。 2. 斜臂式：用于请对方入座，座位在哪儿，手位指向哪儿。 3. 直臂式：（专业引导手势）适用于给对方指引方向，手臂伸直与肩同高。 4. 曲臂式：适用于单手持物或扶门时，须向对方做“请”的手势。	

（六）表情的训练

1. 实训安排

如表 2－17 所示。

表 2－17　　表情实训安排

实训时间	1 课时。
实训目的	为各种服务工作打下基础。
实训要求	熟练掌握服务礼仪中各种表情的规范。

2. 实训准备

准备一间训练室，每人准备一面镜子。

3. 操作规范

（1）眼神。

眼神的操作规范见表 2－18。

表 2－18　　眼神的操作规范

实训内容	操作标准
注视部位训练	1. 注视对方的双眼。在问候对方、征求意见、强调要点、向人道歉或与人道别时，都应注视对方的双眼，但时间不宜过长，一般以 3 秒～6 秒为宜。 2. 注视对方的面部。最好是注视对方的眼鼻三角区，而不要聚集于一处，以散点柔视为宜。 3. 注视对方的全身。同服务对象相距较远时，服务人员一般应当以对方的全身为注视点，尤其是在站立服务时。 4. 注视对方的局部。在服务工作中应根据实际需要，多加注视客人的某一部位，如在递接物品时应注视对方手部。
注视角度训练	1. 正视对方。与之正面相向，同时将上身前部朝向对方，以表示尊重对方。 2. 平视对方。身体与对方处于相似的高度，表现出双方地位的平等及本人的不卑不亢。 3. 仰视对方。本人所处位置比对方低，需抬头向上仰望对方，可给对方重视、信任之感。

（2）微笑。

微笑的操作规范见表 2－19。

表 2－19　　微笑的操作规范

实训内容	操作标准	基本要求
微笑	1. 嘴角微微向上翘起，让嘴唇略呈弧形，在不牵动鼻子、不发出笑声、不露出牙齿的前提下轻轻一笑。 2. 目光柔和，双眼略微睁大，眉头自然舒展。	1. 默念英文字母 G 或普通话“茄子”。 2. 对着镜子自我调侃，自我暗示。

第三节　服饰礼仪

服饰，是人们对衣着及其所用装饰品的一种统称。对职场上的人员来说，其穿着打扮直接与留给对方的印象好坏密切相关，因此应当高度重视服饰，遵守服饰礼仪的规范化要求。要想在服饰上不出差错，唯一的办法就是严守成规，严格按照服饰礼仪的要求和本职工作的实际需要进行穿戴。

一、着装的基本原则

（一）整体性原则

整体性原则是指在穿着服装时，要对服装的搭配与整体效果加以考虑。正确的着装能起到修饰形体、容貌的作用，形成和谐的整体美。服饰的整体美包括人的形体、内在气质和服饰的款式、色彩、质地、工艺及着装环境等。服饰美就是从这多种因素的和谐统一中显现出来的。

（二）个性化原则

着装的个性化原则，主要指依个人的性格、年龄、身材、爱好、职业等要素着装，力求反映一个人的个性特征。选择服装因人而异，着重点在于展示所长、遮掩所短，显现独特的个性魅力和最佳风貌。现代人的服饰呈现出越来越强的表现个性的趋势。只有个性化的服饰，才能与个性协调一致，在交际活动中充分展现个人的礼仪风范。

（三）TPO 原则

T、P、O 分别是英语中 Time、Place、Object 三个单词的首字母。“T”指时间，泛指早晚、季节、时代等；“P”指地方、场所、位置、职位；“O”指目的、目标、对象。“TPO 原则”是由日本男装协会于 1963 年提出来的，是目前国际上公认的着装标准。着装遵循了这个原则，就是合乎礼仪规范的。这一原则要求着装因时间、地点、场合的变化而相应变化，使着装与时间、环境氛围、特定场合相协调。

不同的场合有不同的服饰要求，只有穿着与特定场合的氛围融洽的服装，才能产生和谐的效果，达到美的目的。而一些人不懂得着装的原则，在正式场合着装随意，或者穿着家居服走在大街上，这都是失礼的。

（四）整洁原则

整洁原则最重要的一点是洁净整齐的着装，整洁的衣着可表现出着装者积极向上的精神状态。衣着整洁，除了体现出对交往对象的重视程度外，还能显示出自身的修养水平。在任何情况下，服饰都应该是整洁的。衣服不能沾有污渍，不能有开线的地方，更不能有破洞，扣子等配件应齐全。衣领和袖口处尤其要注意整洁。

服装不够整洁集中体现在如下几方面：

1. 布满褶皱

在外出或上岗前，应熨烫服装；暂时不穿时要将其脱下，悬挂起来。如随手乱丢衣物，必会使其折痕遍布、皱皱巴巴。

2. 出现残破

在正式场合或工作岗位上穿着外观残破的正装，极易给人留下坏印象。在客人看来，这不但是穿着者本人工作消极、敷衍了事，而且会认为企业管理不善，将影响企业的整体形象。

3. 遍布污渍

服务人员在工作中难免会使自己的正装沾上污渍，这些污渍往往会给人以不洁之感。如果是餐饮服务行业，更会使客人对该餐饮场所的卫生提出质疑，极易造成负面影响。

4. 充斥异味

服务人员的正装充满异味，如汗味、体臭等，这属于一种“隐形”的不洁状态。特别是当服务人员近距离为客人服务时，如果出现此类情形，客人是很难接受的。

二、正确穿着职业正装

正装一般泛指人们在正式场合的着装。对服务行业的从业人员来讲，正装是指在工作之时按照有关规定应当穿着的、与本人所扮演的服务角色相称的正式服装。

（一）西装

西装起源于欧洲，有独特的着装标准。西方人穿西装，常根据不同的场合和季节选择不同的颜色。重大礼节性场合着深色西装，上下班、娱乐和会友时则穿浅色、暗格、小花纹套装。从肤色角度考虑，中国人在社交场合宜选择深蓝、深灰、黑灰色西装，这些颜色不仅庄重、儒雅，而且更能映衬肤色。

穿西装要注意四点：一是要平整，不可有折痕；二是西装领要贴背，并低于衬衫领1cm左右；三是西装长裤的长度要适中；四是西装口袋不要放任何杂物。西装的新旧与式样是次要的，重要的是合体，因此细心保养很重要，穿毕应用专用西装衣架挂好，良好的保养能使一套西装永远合身。

1. 西装的三大版型

选择一款西装，首先要关注其造型，又称版型。目前，世界上的西装主要有以下三种版型：

（1）英式西装。英式西装也被称为正式西装，主要特点是肩部与胸部线条平坦、流畅，轮廓清晰明快，最能体现绅士派头；面料一般采用纯毛织物，色彩以深蓝和黑色为主，配以白衬衣和黑领结，整体效果威严、庄重、高贵。适合宴会、酒会、庆典、会见贵宾等高级社交场合。

（2）美式西装。面料较薄，具有一定的伸缩性，也不强调光泽的强弱，在造型上略收腰身，后背开单衩或双衩，肩部不用过高的垫肩，胸部也不过分收紧，保持自然形态。这种西装不那么刻板，穿着时比较随意，反映了美国人自由清新的着装观念，最适宜做日常的办公服。

（3）欧式西装。剪裁得当，造型优雅、规矩，肩部垫得很高，有时甚至给人一种双肩微微耸起的感觉，胸部用上等的衬做得十分挺括，面料多以黑色、深蓝色精纺毛织物为主，质地细密厚实。从整体造型上看，欧式西装与英式西装十分相似，但比英式更考究、更优雅，腰身收紧，袖管窄瘦，背后开双衩，裤管成锥形向下收窄。欧式西装适用于舞会、访友、参观、会议等半正式场合。

2. 穿着西装的技巧

（1）西装要配套。

面料、色彩、质地完全一样，才是一套标准的西装。西装从件数上分为两件套和三件套，两件套西装包括上衣、裤子；三件套西装包括上衣、坎肩（马甲）、裤子。

（2）搭配合适的衬衫。

衬衫要整洁、挺括、无褶皱，尤其是领口和袖口。衬衫下摆塞进西裤中，袖口扣上。衬衫袖口比西装袖口长出 1cm～2cm 为宜，衬衫领应高出西装领 1cm 左右。不系领带时，衬衫领口应敞开，而且衬衫里不宜再穿着其他衣物。在正式社交场合，衬衫的颜色最好是单一色彩，白色衬衫适用面最广。除此之外，蓝色、灰色、棕色、黑色等也可考虑。但是，杂色衬衫或者红色、粉色、紫色、绿色、黄色、橙色衬衫在正式场合穿着有失庄重，一般不宜选用。冬季天气寒冷时，衬衫内可穿低领保暖衣，但保暖衣不应露出衬衫的领品、袖口，遵循“内衣不外露”原则。夏季单穿衬衫时，也应在衬衫内穿打底背心，以免不雅。

（3）打领带。

领带被称为西装的灵魂，凡是正规场合都应该系领带。在欧美各国，领带、手表及装饰性袖扣并称为“成年男子的三大饰品”。一身西装，如果经常更换不同的领带也会给人耳目一新的感觉。领带是男士打扮的焦点，通过它能展现穿戴者的个性。不同的领带配同一件衬衫，能产生不同的视觉效果。在非正式场合，穿西装可以不系领带，但衬衫的第一个扣子一定要解开。

领带有宽窄之分，进行选择时最好使领带宽度与自己身体宽度成正比，而不要反差太大。领带还有箭头和平头之分，前者下端为倒三角形，适用于各种场合，比较传统；后者下端平头，比较时髦，多用于非正式场合。

领带丝质的为上乘。领带的花色品种是很多的，其中使用最多的是斜条图案领带。这种领带分为英式和美式两种，区别在于斜条图案的走向正好相反：美式从左上斜到右下；英式从右上斜到左下。不同的领带配不同的西装。

领带的最佳长度：领带的大箭头正好抵到腰带扣，过长或过短都不雅观。穿毛衣或马甲时，领带应放在毛衣或马甲里面。领带夹一般夹在衬衫的第四和第五个纽扣之间，起到固定领带的作用。

领带的颜色：领带有单色与多色之分。领带的颜色应根据衬衫来挑选，最易搭配的是红色、蓝色和以黄色为主的花色领带。在宴会等喜庆场合，领带的颜色可鲜艳些，但在婚礼上系领带，就不应该比新郎的领带更鲜艳夺目。参加吊唁一般系黑色或素色领带。

（4）衬衫、西装、领带三者的配色。

配色之前首先应该考虑总的色彩感觉。根据面积大的颜色，考虑和它相配的其他颜色，使总的色彩感觉统一、和谐。如果黄色居多，那么咖啡、深黄、浅黄等色就可考虑做配色对象。配色的另一种方法是选调和色，它要求西装、衬衫、领带三者的颜色属于同一色调，只是深浅不同。根据西装—衬衫—领带这三者的程序，可排出两种配法。第一种：深—淡—深，如深蓝色西装，淡蓝色衬衫，深蓝色领带，这是当前使用最普遍的配色方法。第二种：淡—中—淡，如驼色西装，棕色衬衫，浅灰色领带。这种配色能给人留下优雅、美观的印象。此外，配色还可以选择对比法。这种方法要求在衬衫和领带中，必须有一种颜色特别鲜艳，使之和西装的颜色形成强烈的对比。

（5）西装的纽扣。

西装的纽扣除了实用功能外还有装饰作用。西装的纽扣有单排扣和双排扣之分。单排扣又有单粒扣、双粒扣、三粒扣之别。西装纽扣的扣法很有讲究。在非正式场合，一般可以不用扣纽扣，以显示潇洒飘逸的风度。但在正式和半正式的场合，则要求扣纽扣。具体要求为：单粒扣、双粒扣扣第一粒，三粒扣扣中间一粒；双排扣则有四粒和六粒之别，一般都扣上。如果穿三件套西装，则应扣好马甲上所有的扣子，外套的扣子不扣。

（6）西装的衣袋。

西装衣袋的整理十分重要。西装上衣两侧的两个衣袋不可装东西，只是装饰，不然会使西装上衣变形；西装左胸外侧的口袋也是非实用口袋，可以装折叠好的花式手帕。西装手帕起装饰作用，式样很多，如三角形、三尖峰形、任意形、V形等。装饰手帕如果使用得当，能起到画龙点睛、锦上添花的作用。左右胸内侧衣袋可以装票夹和笔等。裤袋也和上衣口袋一样，一般不装物，以求臀围合适，裤型美观。西装衣袖上的商标是待售标志，要在穿之前剪下来。

（7）鞋袜搭配。

在正式场合，以黑色皮鞋最为合适，它可以配任何色调的服装。鞋袜的选择要注意与整体装束搭配，这样才能体现出穿着的整体美。

在正式或半正式的场合，男性一般穿正装皮鞋，即没有花纹的黑色平跟系带皮鞋。在欧美国家，正规场合是不允许穿凉鞋的，否则会被认为缺乏教养、不懂礼貌。袜子的颜色要与裤子、鞋的颜色相配，质地以丝制为佳，穿正式服装不能穿棉袜。袜子的颜色一般为单色，带有不明显的条纹、方格图案也可以，但色调应比西装深一些，以使它在西装和鞋之间形成一种过渡色。穿成套西装时，应配袜筒较长的西装袜。在坐下来的时候，膝盖弯曲裤子会上提，容易露出脚踝，此时袜筒边缘应位于西装裤裤筒内，而不应露出一截皮肤。

（二）中山装

在国际、国内的很多重要场合，国人都把中山装作为一种正式的礼服来穿着。中山装的造型特点是端庄威严、浑厚整齐，能够恰到好处地表现中国男性的气度美。

与西装相比，中山装有较强的适应性。面料质地高、中档皆可，颜色冷、暖、中性都可采用；穿着时，不必讲究衬衣的款式和色调，因为衬衣基本被罩在里面，不会影响外观的统一。同时，穿中山装免去了打领带、配领带夹等琐碎环节，穿脱简便易行。质地考究、做工精良的中山装可以当礼服用。穿中山装时要将所有的纽扣扣好，不可散开衣襟。在正式场合中，穿着中山装必须上下一色成套，搭配正装皮鞋。

（三）职业套裙

所有适合职业女性在正式场合穿着的裙式服装中，套裙是首选。它是西装套裙的简称，上身是女式西装，下身是半截式裙子。也有三件套的套裙，即女式西装上衣、半截裙外加背心。套裙可以分为两种基本类型，一种是用女式西装上衣和任意的一条裙子自由搭配组合成的“随意型”，另一种是女式西装上衣和裙子成套设计、制作而成的“成套型”或“标准型”。

1. 正确选择套裙

一套在正式场合穿着的套裙，应该由高档面料缝制，上衣和裙子要采用同一质地、同一色彩的素色面料。在造型上讲究为着装者扬长避短，所以提倡量体裁衣、做工讲究。上衣注重平整、挺括、贴身，较少使用饰物和花边进行点缀。裙子以窄裙为主，裙长要到膝或者过膝。色彩方面以冷色调为主，应当雅致而庄重，以体现着装者的典雅、端庄和稳重。藏青、炭黑、茶褐、土黄、紫红等稍暗一些的色彩都可以，最好不选鲜亮抢眼的。两件套套裙的上衣和裙子可以同色，也可以是上浅下深或上深下浅两种不同的色彩，这样可形成鲜明的对比，强化留给别人的印象。

穿着同色的套裙，可以用不同色的衬衫、丝巾、胸针等加以点缀。另外，还可以采用不同色彩的面料来制作套裙的衣领、兜盖、前襟、下摆。为避免显得杂乱无章，一套套裙的全部色彩不应超过两种。

正式场合穿的套裙，可以不带任何图案，要讲究朴素、简洁。以方格为主体图案的套裙，可以使人静中有动，充满活力。一些以圆点、条纹图案为主的套裙，也可以穿着，但不能用花卉、宠物、人物等为主体图案。套裙上不要添加过多的点缀，否则会显得杂乱而小气。如果喜欢，可以选择少量精美的点缀。

2. 套裙穿着和搭配的要领

（1）长短适度。上衣最短可以齐腰，裙子最长可以到小腿中部，上衣的袖长要盖住手腕。套裙中的超短裙，裙长应以不短于膝盖以上 15cm 为限。通常而言，年轻者裙子可稍短，年长者裙子适宜长些。

（2）认真穿好。套裙要穿得端端正正，上衣的领子要翻好，衣扣全部扣上。

（3）注意场合。女士在各种正式活动中一般以穿着套裙为好，尤其是在涉外活动中。当出席宴会、舞会、音乐会时，可以选择和这些场面相协调的礼服或时装。因为在这种高度放松的场合还穿套裙的话，会使你和现场“格格不入”，与氛围不符，还有可能影响别人的情绪。而外出观光旅游、逛街购物、健身锻炼时，休闲装、运动装等便装是最合适的。

（4）套裙应当协调妆饰。穿着打扮讲究的是着装、化妆和配饰风格统一，相辅相成。穿套裙时，必须维护好个人的形象，所以不能不化妆，但也不适宜化浓妆。配饰应少而精，要合乎身份。在工作岗位上，不佩戴任何首饰也是可以的。

（5）兼顾举止。套裙最能够体现女性的柔美曲线，这就要求你举止优雅，注意个人的仪态。穿上套裙后，站要站得又稳又正，不可以双腿叉开，站得东倒西歪。就座以后，务必注意姿态，不要双腿分开过大，不要跷腿，不要抖动脚尖；更不可以脚尖挑鞋晃动，甚至当众脱下鞋来。走路时步子要轻而稳。

（6）要穿衬裙。穿套裙的时候一般要穿衬裙。特别是穿丝、棉、麻等薄型面料或浅色面料的套裙时，假如不穿衬裙，就很有可能使内衣“活灵活现”。可以选择透气、吸湿、单薄、柔软面料制成的衬裙，而且应为纯色，如白色、肉色等。衬裙应大小合适，不要过于肥大。穿衬裙的时候，衬裙的裙腰不能高于套裙的裙腰，不然就暴露在外了。要把衬衫下摆掖到衬裙裙腰和套裙裙腰之间，不可以掖到衬裙裙腰内。

3. 套裙鞋袜的选择

和套裙配套的鞋子应该是皮鞋，最好是黑色皮鞋。和套裙色彩一致的皮鞋也可以选择。袜子一般有肉色、黑色、浅灰、浅棕等几种常规选择，应选择纯色袜子，不能选择带图案或花纹的袜子。

穿套裙的时候，应注意鞋、袜、裙之间的颜色是否协调。鞋、裙的色彩必须深于或略同于袜子的色彩。如果一位女士在穿白色套裙、白色皮鞋时穿上一双黑袜子，就会给人一种长了一双“乌鸦腿”的感觉。不论是鞋子还是袜子，图案和装饰都不要过多。一些加了网眼、珠饰、链扣，或印有时尚图案的鞋袜，只能给人肤浅的感觉。

鞋袜在和套裙搭配穿着时，款式上也有讲究。鞋子应该是高跟、半高跟的船式皮鞋或盖式皮鞋，系带式皮鞋、丁字式皮鞋、皮靴、皮凉鞋等都不适合采用。高筒袜和连裤袜是套裙的标准搭配，中筒袜、低筒袜绝不能和套裙同时穿着。

鞋袜应当大小相配套、完好无损。不要同时穿两双袜子，也不可将九分裤、健美裤等当成袜子穿。有些女士喜欢有空便脱下鞋子或是处于半脱鞋状态，还有个别人经常将袜子撸下去一半，这些都是不礼貌的习惯。此外，一定不要暴露袜口。暴露袜口是既缺乏服饰品位又失礼的表现，穿套裙时应自觉避免这种情况的发生，尤其是穿开衩裙的时候更要注意。

（四）旗袍

旗袍是我国独有的、富有民族风格的传统女装。旗袍用流畅的曲线造型十分贴切自然地勾勒出东方女性躯体的柔美，体现出含蓄凝重的东方神韵。做工精良的旗袍可在正式场合当作礼服穿着。

旗袍没有重叠的衣料，没有繁杂的花边，也没有任何不必要的带子与口袋等附件，显得简洁明快。高领斜襟，折合的领扣，略微收紧的腰身以及下摆长长的开衩，将女性的身材修饰得窈窕婀娜。穿旗袍时要腰挺背直，走姿、坐姿和谈吐都要文静优雅。穿旗袍时还应当配高跟鞋，鞋子以轻巧透气的为好，颜色一般为黑色。

总之，穿着正装时，端庄、雅观、得体是一项基本要求，要体现文明高雅的气质，需避免露、透、短、紧、艳等。

三、便装的选择

便装，又称便服。在绝大多数情况下，人们所说的便装，通常是相对于正装而言的、适合在各类非正式场合穿着的服装。

按照礼仪的规范，在为自己选择便装时，必须认真地从便装的适用场合、便装合宜与否以及便装的正确搭配三个方面予以系统考虑。

（一）适用场合

在选择便装时必须优先考虑其适用场合的问题。服务人员在非正式场合可穿便装。除去公务场合、社交场合之外的一切活动场合，皆应包括在休闲场合（即非正式场合）之内。休闲场合指的是人们在工作之余个人自由活动的一切场合，既包括在自己家中一个人独处，也包括在公共场合与其他不相识者共处。

在一些特定的情况下，工作中的服务人员有时也被允许身着便装。如在便装销售之时，销售便装者可以身着便装，充当模特；再如，统一将某种便装规定为本单位的正装，这样一来，便装实际上就无形之中转化为职业正装，而不再是其本来意义上的便装。海南的很多酒店为了给入住酒店的客人以热带风情般的休闲感受，酒店员工的制服是海南特有的“海南岛服”，这便是将便装规定为职业正装的一个例子。

（二）是否合宜

在选择便装时，要根据自己的性别、年龄与身材特点考虑该便装是否适合自己。

1. 注意性别

便装的性别特点并不十分明显，有不少样式的便装既可由男性穿着，也可由女性穿着。这样的便装，人们称为“中性化便装”。尽管“中性化”是便装的一大特点，但这并不等于所有的便装都可以男女通用。在挑选便装时，性别意识无论如何是不能被彻底淡化的。

2. 注意年龄

依便装对着装者的年龄要求而论，可将其分为两类：一类对着装者的年龄没有限制，各种年龄者均可穿着；另一类则对着装者的年龄有限制，并不适合所有年龄段。

3. 注意身材

在为自己选择便装时，虽然不必过分地使之合身合体，但却必须重视其能否为自己的身材扬长避短。其中最重要的一点是，宁可不以之为自己的身材扬长，也要使之为自己的身材避短。

（三）正确搭配

人们穿着便装时的基本要求是舒适、随意、自由。因此，与正装的穿着相比，便装穿着时有关搭配方面的讲究会少得多。便装在搭配时一般应注意四个问题：一是风格协调；二是色彩和谐；三是面料般配；四是力戒犯规。便装的搭配要力戒犯规，有三方面要求：上衣与下衣是否搭配，内衣与外衣是否搭配，衣服与鞋袜是否搭配。

四、饰品的选择

饰品，亦称首饰、饰物，在正式场合，饰品的选择、搭配与使用等一系列细节，往往能充分、客观地反映出个人的素养。

（一）饰品的作用

饰品的基本作用有以下四点：

(1) 美化自身。饰品作为装饰用品，大都精美雅致。如果正确地选择、组合、佩戴，通常可以美化自身形象。

(2) 体现情趣。绝大多数饰品，都以其独具特色的艺术造型而见长。在选戴一款饰品时，人们的艺术眼光如何，就很自然地被体现了出来。

(3) 反映财力。饰品，尤其是贵重的饰品，往往是可以用金钱来估价的。所以从某种意义上讲，人们所佩戴的饰品可被视为其财力状况的真实写照。

(4) 区分地位。不同社会地位的人士，在选戴饰品时的讲究、偏爱常常不同。在正常情况下，依据一个人所佩戴的饰品，可对其实际社会地位有所了解。

（二）饰品佩戴的要求

1. 符合身份

在工作岗位上佩戴饰品时，需力求使之符合本人的身份。在佩戴可以美化自身、体现情趣、反映财力、区分地位的饰品时，服务人员尤其要注意恪守自己的本分，不可在佩戴饰品时无所顾忌、过度张扬，与自身身份不符。

2. 以少为佳

在工作岗位上佩戴饰品时，一定要以少为佳，讲究少而精，一般不宜超过三种。男性尤其要注意这一点，因为在一般情况下，男性佩戴饰品往往更难为人们所接受。

3. 区分品种

戒指：又称指环。除了一些特殊的部门，如医疗、餐饮、食品销售部门外，一般的工作人员皆可佩戴戒指，但一般只允许佩戴一件款式简单的。对于男性来说，戒指是在工作岗位上唯一被允许佩戴在衣外的饰品。

项链：又叫颈链。在工作中，一般允许女性服务人员佩戴项链，不管是戴在衣内还是衣外。男性在工作岗位上通常不宜佩戴项链，如果非要戴的话，也只能戴在衣内，不宜显露在外。

耳环：又称耳坠。常被视为最能显示女性魅力的饰品。服务人员在工作中不宜佩戴耳环。

耳钉：多是戴在耳垂上的钉状饰品。与耳环相比，耳钉小而含蓄，所以女性服务人员在工作岗位上可选耳钉，耳钉的大小一般不超过一粒黄豆的大小。男性服务人员在工作中不允许佩戴任何耳部饰物。

手链：戴在手腕上的链状饰品。由于服务人员在工作岗位上动手的时间较多，在手上佩戴手链既可能使其受损，又可能妨碍自己的工作，因此不宜佩戴手链。

手镯：又叫手环。出于与手链佩戴相似的原因，服务人员在其工作岗位上不宜佩戴手镯。

胸针：又叫胸花。指人们佩戴在上衣胸前或衣领之上的一种饰品，男女皆可佩戴。工作中，服务人员都允许佩戴胸针，但要注意不可选择过于花哨或夸张奇异的胸针。如被要求佩戴身份牌或本单位证章、徽记上岗的话，则一般不宜再同时佩戴胸针。

发饰：多是女性在头发之上所采用的兼具束发、别发功能的各种饰品。女性服务人员在工作之时，选择发饰宜强调其实用性，而不宜偏重其装饰性。色彩鲜艳、图案花哨的发带、发簪、发卡，都不宜在上班时选用。

脚链：又叫足链。通常认为，佩戴脚链可吸引他人对佩戴者腿部及步态的注意。因此，一般不提倡女性服务人员在工作中佩戴脚链。

4. 佩戴有方

在工作岗位上佩戴饰品时，一定要力求佩戴有方，要谨遵以下四点要求：

（1）穿制服时的要求。穿制服不仅表示正在工作，还代表着正统、保守，因此，以不佩戴任何饰品为好。

（2）穿工作正装时的要求。一般而言，饰品多适合人们在社交应酬之中佩戴，借以突出佩戴者的鲜明个性。而工作正装的基本风格是追求共性、不强调个性，所以服务人员在身着正装时通常不宜佩戴饰品。

（3）工作时的要求。工作中，不宜佩戴珠宝饰品。珠宝饰品价格昂贵，它更适合在社交场合佩戴。将珠宝饰品与礼服、时装搭配在一起，才真正可谓是珠联璧合。工作中，即使允许佩戴饰品，服务人员通常也只适宜选择简单的金银饰品，而不适宜佩戴珠宝饰品或仿真的珠宝饰品，使自己浑身上下珠光宝气。那样，不但与自己的工作性质、着装风格不协调，而且也会令客人据此挑剌。

（4）协调的要求。佩戴饰品，不宜彼此失调。同时佩戴多件饰品时，应尽量选择质地、色彩都基本相同的，至少也要色彩相似。同时，佩戴的饰品风格也应当与自己的服饰风格协调一致，否则会显得五花八门、杂乱无章。

五、服饰礼仪实训

（一）着装礼仪实训

1. 实训目的

帮助从事服务工作的人员在服务场合选择正确的服装，避免违反服务人员服饰规范。

2. 实训安排

如表 2－20 所示。

表 2－20　　着装礼仪实训安排

课时安排	2 课时。
实训准备	职业装、西装、女士套裙、数码摄像机、大屏幕教室。
实训要求	1. 掌握正装穿着的基本要求。 2. 掌握西装的穿着方法。 3. 掌握女士套裙的穿着方法。
实训方法	1. 将学生分组，每组 5～6 人。 2. 由学生分组练习，教师进行指导。 3. 对学生分组考核，用摄像机等记录学生考核过程。 4. 回放考核过程，由学生自我评价，教师总结点评学生存在的问题。

3. 实训操作规范

如表 2－21 所示。

表 2－21　　着装礼仪实训操作安排

实训项目	实训要求	操作规范
正装的穿着	1. 制作精良。	（1）选择优良的面料。 （2）设计适当的款式。 （3）进行精心的缝制。
	2. 外观整洁。	（1）保证正装无褶皱。 （2）保证正装无残破。 （3）保证正装无脏物。 （4）保证正装无污渍。 （5）保证正装无异味。
	3. 文明着装。	（1）忌过分裸露。 （2）忌过分薄透。 （3）忌过分瘦小。 （4）忌过分艳丽。
	4. 穿着得当。	严格按照各单位的规范要求去做。

续前表

实训项目		实训要求	操作规范
西装的穿着	西装的选择	1. 西装上衣必须合体。	（1）上衣长度应过臀部。 （2）手臂伸直时，袖子的长度应达到虎口处。 （3）领子应紧贴后颈部。 （4）衬衫的领子应露出西装上衣领子约 1cm。 （5）衬衫的袖口应长出西装上衣袖口约 1cm。
		2. 西裤要合体。	（1）西裤的腰围应是裤子穿好拉上拉链、扣好裤扣后，裤腰处能伸进一只五指并拢的手掌。 （2）西裤穿好后，裤脚的下沿正好触及地面，并确保裤线笔直。
		3. 衬衫要合适。	（1）最正规的是白色无花纹衬衫。 （2）衬衫领子的松紧应以扣上衬衫领子扣以后还能自由插进自己的一个食指为宜。 （3）袖子的长度应比西装上衣的袖子稍长，领子的高度应比西装上衣领子稍高。
		4. 领带要与西装相协调。	（1）领带应为素色无花纹的。 （2）西装里若穿羊毛背心，则应将领带放在背心里面。 （3）服务人员在穿着西装时最好夹上领带夹。
		5. 鞋、袜要与西装相配。	（1）皮鞋的颜色一般应与西装的颜色相近，配深色的西装以黑色皮鞋为佳。 （2）袜子的颜色应与皮鞋的颜色相近，或者是西装颜色与皮鞋颜色的过渡色。
	西装的穿着要领	西装的穿着要符合规范要求。	（1）西装要干净、平整，裤子要熨出裤线。 （2）衬衫领子要挺括。 （3）衬衫里一般不要再穿衣服，如果穿了，不宜把领圈和袖口露在外面。天气较冷时，衬衫外可穿羊毛衫，但只可穿一件。 （4）衬衫的下摆要均匀地塞在裤内。 （5）服务人员在正规场合穿西装需扣好扣子。 （6）为保证西装不变形，上衣袋只作为装饰，裤兜也与上衣袋一样，不可装物。 （7）无论是衣袖还是裤边，皆不可卷起。 （8）皮鞋一定要上油擦亮。
女士套裙的穿着	女士套裙的选择	1. 上衣与裙子要选择适当。	（1）上衣和裙子的面料与颜色应相同。 （2）套裙的面料应以素色、无光泽为好。 （3）上衣一般应有袖子，裙子的长度应到膝盖。
		2. 衬衫及内衣的选择也很重要。	（1）衬衫的颜色以素色为主。 （2）内衣应当柔软贴身，并且要大小适当。穿上内衣以后，不应当使它的轮廓一目了然地在套裙之外展现出来。
		3. 衬裙的选择。	穿套裙时，尤其是穿丝、棉、麻等薄型面料或浅色面料的套裙时，应当穿衬裙。
		4. 鞋袜要与套裙相配。	（1）宜穿高跟、半高跟的船式皮鞋或盖式皮鞋。 （2）袜子最好是肉色的高筒袜或连裤袜。

续前表

实训项目		实训要求	操作规范
女士套裙的穿着	女士套裙的穿着规范	1. 套裙穿着要符合规范。	(1) 上衣的领子要完全翻好，衣袋的盖子要拉出来盖住衣袋。 (2) 裙子要穿着端正，上下对齐。上衣的衣扣必须全部扣上。
		2. 衬衫的穿着要符合规范。	(1) 衬衫的下摆必须掖入裙腰之内，不得任其悬垂于外，或是将其在腰间打结。 (2) 衬衫的纽扣要一一扣好，除最上端的一粒纽扣按惯例允许不扣外，其他纽扣均不得随意解开。 (3) 衬衫在正式场合不宜直接外穿。
		3. 衬裙的穿着要符合规范。	(1) 衬裙的裙腰切不可高于套裙的裙腰。 (2) 应将衬衫下摆掖入衬裙裙腰与套裙裙腰之间，不可将其掖入衬裙裙腰之内。
		4. 鞋袜要穿好。	(1) 鞋袜应当完好无损。鞋子如果开线、裂缝、掉漆、残破，袜子如果有洞、跳丝，均应立即更换，不要打了补丁再穿。 (2) 鞋袜不可当众脱下。 (3) 袜子不可随意乱穿。不允许同时穿两双袜子，也不允许将健美裤、九分裤等当成袜子来穿。 (4) 袜口不可暴露于外。

4. 实训考核要求

如表2-22所示。

表2-22　　着装礼仪实训要求

考核项目		考核要求	是否做到	改进措施
正装的着装礼仪		1. 制作精良。	□是 □否	
		2. 外观整洁。	□是 □否	
		3. 文明着装。	□是 □否	
		4. 穿着得当。	□是 □否	
西装的着装礼仪	西装的选择	1. 西装上衣必须合体。	□是 □否	
		2. 西裤的肥瘦、长短合适。	□是 □否	
		3. 衬衫的选择合理。	□是 □否	
		4. 领带、鞋袜与西装相协调。	□是 □否	
	西装的穿着要领	1. 西装要干净、整洁，西裤要烫出裤线。	□是 □否	
		2. 衬衫要清洁，穿着要符合规范。	□是 □否	
		3. 西装的扣子扣法要符合要求。	□是 □否	
		4. 西装的上衣及西裤的口袋不可装物品。	□是 □否	
		5. 衣袖、裤边不卷。	□是 □否	
		6. 皮鞋要上油擦亮。	□是 □否	

续前表

考核项目		考核要求	是否做到	改进措施
女士套裙的着装礼仪	套裙的选择	1. 套裙的款式、面料选择合理。	□是 □否	
		2. 衬衫以素色为主。	□是 □否	
		3. 内衣应柔软合体。	□是 □否	
		4. 衬裙选择合理。	□是 □否	
		5. 鞋袜与套裙相配。	□是 □否	
	套裙的穿着规范	1. 穿着到位。	□是 □否	
		2. 衬衫穿着符合规范。	□是 □否	
		3. 衬裙穿着合理。	□是 □否	
		4. 鞋袜的穿着符合规范。	□是 □否	

（二）饰品佩戴礼仪实训

1. 实训目的

帮助从事服务工作的人员在服务场合选择正确的饰品，避免触犯服务人员饰品佩戴礼仪规范。

2. 实训安排

如表 2－23 所示。

表 2－23　饰品佩戴礼仪实训安排

课时安排	2 课时。
实训准备	职业装、数码摄像机、大屏幕教室。
实训要求	1. 掌握服务人员在工作场合应选择的饰品种类。 2. 掌握服务场合饰品佩戴的方法。
实训方法	1. 将学生分组，每组 5～6 人。 2. 由学生分组练习，教师进行指导。 3. 对学生分组考核，用摄像机等记录学生考核过程。 4. 回放考核过程，由学生自我评价，教师总结点评学生存在的问题。

3. 实训操作规范

如表 2－24 所示。

表 2－24　饰品佩戴礼仪实训操作规范

实训项目	实训要求	操作规范
饰品佩戴礼仪	1. 符合身份。	在工作中，服务人员只宜选戴简单的金银饰品，不宜佩戴珠宝饰品或仿真的珠宝饰品。
	2. 以少为佳。	（1）服务人员在工作岗位上可以不佩戴任何饰品。 （2）服务人员在选择、佩戴饰品时，一般不宜超过两个品种。 （3）佩戴某一品种的饰品，则不应超过两件。

续前表

实训项目	实训要求	操作规范
饰品佩戴礼仪	3. 区分品种。	(1) 戒指：服务人员在工作岗位上，允许佩戴纯金或纯银戒指一枚。 (2) 项链：服务人员在工作岗位上，允许佩戴纯金或纯银的项链，但链子不可过长，坠子不可过大。 (3) 耳环、耳钉：服务人员在工作岗位上，不允许佩戴耳环，但女性服务人员可以佩戴耳钉。 (4) 手链、手镯：服务人员在工作岗位上，不宜佩戴手链和手镯。 (5) 胸针：女性服务人员在工作中可以佩戴胸针，但不可与工号牌等用品同时佩戴。 (6) 发饰：女性服务人员在岗位上，可以佩戴实用性较强的发饰。但色彩鲜艳、图案花哨的发带、发箍、发卡，都不宜在上班时选用。 (7) 脚链：服务人员在工作岗位上，不允许佩戴脚链。
	4. 协调得体。	(1) 穿制服时的要求：不宜佩戴任何饰品。 (2) 穿正装时的要求：不宜佩戴饰品。 (3) 协调性要求：要使饰品质地大体相同，色彩保持一致，款式相互协调。

4. 实训考核要求

如表 2-25 所示。

表 2-25 饰物佩戴礼仪实训考核要求

考核项目	考核要求	是否做到	改进措施
饰品佩戴礼仪	1. 符合身份。	□是 □否	
	2. 以少为佳。	□是 □否	
	3. 区分品种。	□是 □否	
	4. 协调得体。	□是 □否	

问题探究

1. 为什么维护个人形象非常重要？
2. 个人在仪容修饰方面的基本要求是什么？
3. 如何保持健康的口部形象？
4. 对男女服务人员的发型有何要求？
5. 女性化妆有何意义？
6. 如何测试皮肤类型？
7. 分析不同脸型女性的化妆技巧。

8. 为什么不能长时间注视别人？合适的注视时间是多少？
9. 如何进行微笑训练？
10. 如何陪同引导他人行进？
11. 采取蹲姿时有何禁忌？
12. 西装、衬衫、领带三者之间该如何配色？
13. 在正式场合如要求穿具有民族特色的正装，我国公民应选择何种服装？
14. 佩戴饰品的基本要求有哪些？
15. 学习本章后，思考在个人形象和良好行为习惯养成方面应有哪些改进和提高。

第三章

交际礼仪

学习目标

通过本章的学习，了解与他人见面时应如何称呼，如何进行自我介绍与他人介绍，掌握各种见面礼节，熟悉与人交谈时应注意的礼仪规范。

第一节　称呼与介绍礼仪

一、称呼礼仪

称呼是成功交往的第一步。称呼指的是人们在日常交往中，所采用的彼此之间的称谓语。在人际交往中，选择正确、适当的称呼，反映着自身的教养和对对方的尊敬程度，甚至还体现着双方关系发展所达到的程度和社会风尚。选择称呼要合乎常规，要照顾被称呼者的个人习惯，应入乡随俗。生活中的称呼应当亲切、自然、准确、合理，工作岗位上的称呼要庄重、正式、规范。

在人际交往中，特别是与陌生人打交道时，人们对于他人对自己的称呼都非常重视。一个得体的称呼能为以后的交往打下基础，而不得体的称呼则会令对方心里不悦，影响彼此的关系乃至社交的成功，所以正确的称呼是成功社交的第一步。

（一）敬称

1. 人称敬称

通常所用的词如“您”“您老”“您老人家”“君”等，都表示一种谦恭和客气。

2. 亲属称谓

对非亲属的交际对象使用亲属称谓，通常适用于非正式场合。

（1）以实际年龄或辈分为标准：如果年龄差别不大，可称对方为“大哥”“大姐”或“弟”“妹”等；如果对方的年龄比你大，可以用父辈或祖辈的称呼称之，如父辈的“大伯”“大叔”“大妈”“阿姨”，祖辈的“爷爷”“奶奶”等。

（2）以对方是否熟悉为标准。

（3）以场合的性质为标准：在正式场合使用亲属称谓容易破坏现场的严肃气氛，非正式场合使用亲属称谓则比较亲切。

（4）以对方的文化程度为标准：对有文化的长者称“伯”“叔”“姨”，对文化程度不高的长者称“大爷”“大妈”“大娘”，前者感觉比较斯文，后者感觉比较随俗，这也是因人而异的。

3. 职业称谓

正式场合使用职业称谓显得比较郑重其事，也容易表现出应有的尊敬，如“师傅”“大夫”“医生”“老师”等。

4. 职务称谓

无论什么场合，用职务称谓都是对对方的尊重，以对方的职务相称来表示双方身份有别及对对方的敬意。可以仅称呼职务，如“经理”；也可以在职务前加上姓氏，如“张经理”；还可以在职务前加上姓名，如“张力经理”。

5. 称呼职称

可以只称职称，如“教授”；也可以在职称前加上姓氏，如“王教授”。有时可以使用简称，如“刘工（刘工程师）”。使用简称应以不发生误会、没有歧义为前提。

6. 称呼学衔

在工作中以学衔相称可增加被称呼者的权威性，有助于增强现场的学术氛围。可以在学衔前加上姓氏，如“杨博士”；也可以在学衔前加上姓名，如“杨振宁博士”。一般来说，对学士、硕士不称呼学衔。

（二）通称

通称是一种不区分对方职务、职业、年龄而广泛使用的称呼。比较随和的有“同志”“同学”“老乡”“朋友”，比较斯文的有“小姐”“女士”“先生”等。

姓名称谓：在人的姓前或姓后加一个程度性缀语，使称呼显示出不同的分量，如“小李”显得随和，“老李”显得亲切，“李老”显得庄重。一般的同事、同学关系，平辈的朋友、熟人之间以姓名相称；长辈对晚辈也可以直接称呼姓名；同性的朋友、熟人若关系很密切可以直接称呼其名，异性一般不可以这样称呼，显得不够庄重。

（三）谦称与尊称

最常用的谦称是“我”和“我们”，古人的谦称如“鄙人”“在下”“愚”等，也可以古为今用，只是说出来未免有些文绉绉，远不及写出来的效果好。

如果谦称自己的长辈，则应用“家”字前缀，如“家父”“家母”；

如果谦称自己的同辈，则应用“愚”字前缀，如“愚兄”“愚弟”；

如果谦称自己的晚辈，则应用“小”字前缀，如“小女”“小儿”；

如果尊称别人的长辈，则应用“尊”字前缀，如“尊母”“尊父”；

对别人的平辈或晚辈，则应用“贤”字前缀，如“贤妹”“贤弟”；

如果不分辈分与长幼，则可在称呼前加“令”字，如“令兄”“令爱”“令郎”。

如果随晚辈称谓，则从其角度出发称呼对方，如“他叔”，也可以以晚辈的称呼直接称之，这既能表示谦恭，也能避免有时不知如何称呼对方时的尴尬。

（四）几种常用称呼的正确用法

1. 先生

在我国古代一般称父、兄、老师为先生，已婚女性对自己的丈夫或别人的丈夫称为先生。现在，先生一般泛指男子，对于不清楚对方职务或姓名的成年男子，都可以以先生称之。这一称谓大方得体，既显示了彼此的尊重，又有彼此平等之意。称呼男子不能以名代姓：如科比·布莱恩特，要称其为布莱恩特先生，而不能称其为科比先生。

当然也有例外的情况，在美国，12 岁以上的男子就可以称为先生；在日本，对身份高的女子也称为先生；在我国知识界，也喜欢将有学问的女子称为先生，如冰心先生、杨绛先生，体现了学术界对她们的认可和尊重。

2. 小姐、女士、夫人

小姐用来称呼未婚女性。对已婚女子一般称其为夫人，不知其婚姻状况的女子称为女士。对婚姻状况不明的女子，不能因为其年长而贸然称呼夫人，而称已婚者为小姐就容易被对方谅解。

3. 同志、师傅

“同志”“师傅”在我国北方使用比较频繁，对不认识的人都可以这样称呼，特别是师傅，往往是对有特殊技艺的人的尊称。同志现在一般是对党内人士的称呼，在正式场合使用。

在实际生活中称呼他人时，必须对交往对象的语言习惯、文化层次、地方风俗等各种因素加以考虑，并分别给予不同的对待，切不可自行其是，不加任何区分。

二、介绍礼仪

介绍是社交活动中最常见、最重要的礼节之一，是初次见面的双方交往的起点。通过介绍，可以缩短人们之间的距离，为进一步交往开个好头。

介绍分两种，一种是自我介绍，在社交场合中，如果想结识某人却没有第三者穿针引线，那就需要自我介绍。自我介绍比较简单，直截了当地介绍自己所在的企业名称和自己的职务、姓名。例如，“您好！很高兴见到您！我是富祥集团总裁秘书，我叫简。”

另一种是为他人作介绍，如果你处于主人或中间人的位置，就有责任介绍互相不认识的人们相互认识。在介绍时，应面向对方，伸出手朝向被介绍者，伸手时应先伸臂，再五指并拢手掌向上打开作个停顿，这是一种标准的介绍手势。重点在手腕的打开上，但手肘应弯曲，手臂不能伸得太直，否则不好看。

（一）自我介绍

在许多社交场合，为了多结交一些朋友，需要主动向对方介绍自己，这就是自我介绍。

1. 自我介绍的方法

（1）应酬式自我介绍。

应酬式自我介绍适用于一些公共场合和一般性的社交场合，如旅途中、宴会厅里、通电话时。它的对象主要是进行一般接触的交往对象。应酬式自我介绍的内容最简洁，只要姓名一项即可，如：“您好！我是王丽。”

（2）工作式自我介绍。

也叫公务式自我介绍，适用于工作之中，它是以工作为中心进行自我介绍的，是因工作而交际，因工作而交友。工作式自我介绍的内容包括本人姓名、供职单位及部门、担任的职务或从事的具体工作三项，又叫工作式自我介绍三要素，通常缺一不可。如：“您好，我叫王丽，是××公司销售部主管，主要负责电子产品的销售工作。”

（3）交流式自我介绍。

也叫社交式自我介绍或沟通式自我介绍。这是一种刻意寻求与交往对象的进一步交流与沟通，希望对方认识自己、了解自己、与自己建立联系的自我介绍，适用于社交活动，内容主要包括介绍者的姓名、工作、籍贯、学历、兴趣以及与交往对象的某些熟人的关系等。

（4）礼仪式自我介绍。

礼仪式自我介绍是一种对交往对象表示友好、敬意的自我介绍，适用于讲座、报告、演出、庆典、仪式等场合，其内容包括姓名、单位、职务等。在自我介绍时，还应适当加入谦辞、敬语，以示对交往对象的尊敬。如："各位来宾，大家好！我叫张丽，是××公司的总经理。我代表本公司热烈欢迎大家光临××公司成立三周年庆典，非常感谢大家的支持。"

（5）问答式自我介绍。

问答式自我介绍讲究问什么答什么，有问必答，适用于应试、应聘和公务交往。在普通交际应酬场合，它也时有所见。如，"请问您贵姓?"可以简单回答"免贵姓×"。如果你很有兴趣与对方交往，也可透露更多的信息，如"我姓王，叫王丽。"

2. 自我介绍应注意的礼仪

（1）自我介绍要寻找适当的机会。

要想自我介绍取得成功，使自己能够给对方留下深刻的印象，并使其对自己产生好感，首先应考虑当时的特定场合是否适宜进行自我介绍。显然，若对方正忙于工作，或正与他人交谈，或大家的注意力都集中在某人或某件事情上的时候，作自我介绍有可能打断对方，效果一定不会太好。

如果发现对方心情欠佳，或疲惫不堪时，也不应上前打搅。如果对方一个人独处时，你的自我介绍一定会有较好的效果。此外，在大家闲谈的时候，或出现冷场的时候，可抓住时机进行自我介绍。这样，在场的人就不会觉得很唐突，而是会很愉快地接受你的自我介绍。

（2）必须镇定大方且充满信心。

自我介绍的基本程序是先向对方点头致意，得到回应后再向对方报出自己的姓名、身份、单位及其他有关情况，语气要热情友好，举止应庄重大方、充满自信，眼睛要注视对方。如"您好，我是××公司的业务员"，同时递上事先准备好的名片，要自然、大方，自信的人才有魅力并使人产生信赖和好感；眼睛应看着对方，要善于用眼神、微笑和自然亲切的面部表情来表达友好之意。如果在自我介绍时流露出羞怯心理，可能会使彼此之间的沟通产生障碍。

如果见面双方一方是主人，另一方是客人，则作为主人的一方通常应主动打招呼，以示不但知道客人来访，而且表示高兴与欢迎。

（3）根据不同的交往目的，注意介绍内容的繁简。

可以采取主动的自我介绍方式，如"您好！我是××公司公关部的王丽，很高兴见到您"，以此引起对方的呼应。也可采取被动的自我介绍方式，即首先婉转地询问对方："先生，您好！请问我该怎样称呼您呢?"等对方作完自我介绍，并表示要了解一下你的情况时，再顺水推舟地介绍自己。采用这种方式，措辞要得体，尽可能用一些谦辞或敬语。

在社交场合，自我介绍的内容大体由三个要素构成，即本人的全名、本人供职的单位及本人的职业（职务）。自我介绍的三要素简明扼要，能使他人对你有初步认识。一般的自我介绍大都需要将这三要素一气呵成地报出来。需强调的是，初次见面时的自我介绍，本人的姓名一定要报全称，随便一句“叫我小张好了”，明显地带有不屑进一步深谈，拒人千里之外的意思。要是三要素无一遗漏，再辅以名片交换，对方恐怕就不会再忘了你了。

虽然自我介绍的内容由三个基本要素构成，但不一定每次都面面俱到，而应视交际需要来决定介绍的繁简。一般参加聚会、沙龙或演讲，发言前的自我介绍应简明扼要。有些社交场合，如果对方不一定有太大的兴趣去深入地了解你，这时只报出自己姓名的全称，为对方提供称呼自己的便利就足够了。而在另外一些情况下，如自己很想认识对方，或者对方显然也有认识自己的愿望，自我介绍仅仅局限于三要素恐怕就不够了。此时，还可以简略地介绍一下自己的籍贯、出生地、母校、专长、兴趣等。

(4) 自我评价要掌握分寸。

自我介绍时，措辞要适度。有些人唯恐别人不识眼前“君子”，一开始便炫耀自己的身份、门第和博学多才，显得锋芒毕露，让人觉得夸夸其谈、华而不实；对自己所在的单位也不要大吹大擂，以免给人留下虚假、不诚实的印象，损害单位的声誉。也有些人正相反，喜欢作一番自我贬低式的介绍，以示谦虚和恭敬。这其实也是没有必要的。只有实事求是、恰如其分地介绍自己，才会给人留下诚恳、坦率、可以信赖的印象。

总之，在自我介绍中既要表现出友好、自信和善解人意，还应力戒虚伪和媚俗。介绍的语言既要简单明了，又要能使对方从介绍中找到继续谈下去的话题；既要使对方通过你的介绍对你有所了解，又不要使对方觉得你在自吹自擂。除此以外，在作了自我介绍之后，对对方的自我介绍以及随后的交谈要表现出耐心与兴趣，尽量多谈一些对方感兴趣的事情，不要把对方当成一名听众，只顾自己侃侃而谈。

（二）为他人作介绍

1. 介绍的顺序

在为他人作介绍时，先要确定双方地位的尊卑，然后确定介绍的顺序。为他人作介绍的顺序大致有以下几种情况：

(1) 介绍长者与年幼者认识时，应先介绍年幼者，再介绍年长者。介绍长辈与晚辈认识时，应先介绍晚辈，再介绍长辈。

(2) 介绍老师与学生认识时，应先介绍学生，再介绍老师。

(3) 介绍女士与男士认识时，应先介绍男士，后介绍女士。

（4）介绍已婚者与未婚者认识时，应先介绍未婚者，后介绍已婚者。

（5）介绍同事、朋友与家人认识时，应先介绍家人，后介绍同事、朋友。

（6）介绍来宾与主人认识时，应先介绍主人，后介绍来宾。

（7）介绍社交场合的先至者与后来者认识时，应先介绍后来者，后介绍先至者。

（8）介绍上级和下级认识时，应先介绍下级，后介绍上级。

（9）介绍职位、身份高者与职位、身份低者认识时，应先介绍职位、身份低者，后介绍职位、身份高者。

以上几种方式的基本精神和共同特点是“尊者居后”，即应把身份、地位较低的一方介绍给身份、地位相对而言较为尊贵的一方，以表示对尊者的敬重之意。在社交场合，究竟应当采用哪种方式，应具体问题具体分析。比如，有时可能会遇到一些难以按常规处理的情况，如需要介绍两位地位不相上下的经理先生或两位经理夫人相识。对前者，不能按照“把职位低者介绍给职位高者”的惯例行事，因为两位经理先生的职位高低难分伯仲。对后者，恐怕也不能按照“把晚辈介绍给长辈”的规矩去做，因为女士的年龄属于个人秘密，更何况没有一位女士愿意承认自己“显得老”。在这种职位难分高下、年龄大小不便明说的情况下，只有采取“先温后火”或“先亲后疏”的办法，才能“过关”。“先温后火”即把脾气好的一方介绍给脾气欠佳的一方；先亲后疏，即把与自己关系密切的一方介绍给自己较为生疏的一方。一般而言，脾气好的人、自己的熟人，总归好说话；而脾气欠佳的人、自己较为生疏的人，是不好得罪的。

此外，有时需要把一个人介绍给其他众多的在场者。此刻最好按照一定的次序，如顺时针方向或逆时针方向，自右至左或自左至右依次进行。若没有地位非常尊贵的人在场，就不该破例，进行“跳跃式”介绍。那样做的话，弄不好会伤人。

2. 介绍的细节

（1）介绍人应注意的细节。

在不同的场合，应由不同的人来担任介绍人：

◇ 在公务活动中，公关人员是最合适的介绍人人选；

◇ 若是接待贵宾，则介绍人应是本单位职位最高的人士；

◇ 在社交场合，如舞会、宴会等，介绍不相识的来宾相互认识是主人义不容辞的责任；

◇ 在一些非正式场合，与被介绍人双方都相识的人也可以担任介绍人，介绍自己的朋友们相识；

◇ 如果想认识一个人，可主动要求另外一个与双方都比较熟悉的人来引见。

介绍人在为他人作介绍前必须充分考虑到被介绍人双方有无相识的必要或愿望。必要时，可事先询问被介绍人的意见，以防为他人作介绍时冷场。在为不同国籍人士作介绍时，宜先考虑两国之邦交。

此外，介绍人要注意介绍时的陈述及介绍时的神态。介绍人的陈述，就是介绍人在为他人作介绍时应当说的话。介绍人陈述的时间宜短不宜长，内容宜简不宜繁。较为正式的话，可以说："尊敬的张先生，请允许我把杨华先生介绍给您。"比较随便一些的话，可以略去敬语与被介绍人的名字，如"张小姐，让我介绍一下，这位是张先生。"或以手势辅助介绍，先指向一方，说"王先生"，再指向另一方，说"张先生"。只有对于儿童，在介绍时才可以称其名而略去其姓。

为他人作介绍时，要避免给任何一方厚此薄彼的感觉。不可以对一方介绍得面面俱到，而对另一方简略至极。要是介绍人能找出被介绍双方的某些共同点，会使初识的双方交谈更加顺利。

如有必要，介绍人还可以说明被介绍者与自己的关系，便于新结识的人相互了解和信任。要是介绍人感到时间宽裕、气氛融洽，在为被介绍人作介绍时，除了介绍姓名、单位和所任职务外，还可以介绍双方的爱好、特长、个人学历、荣誉等，为双方提供交谈的机会。

介绍时的神态，主要指介绍人在作介绍时的动作与表情。介绍人在为他人作介绍时，态度要热情友好，不要给人敷衍了事或油腔滑调的感觉。作介绍时，介绍人应起立，行至被介绍人之间。在介绍一方时，应微笑着用自己的视线把另一方引导过来。手的正确姿势应是手指并拢，掌心向上，胳膊略向外伸，指向被介绍者，绝不可用手指对被介绍者指指点点。若介绍时出现口误，应尽量以幽默的口吻加以纠正，这既合乎情理，也符合礼仪。

(2) 被介绍者应注意的细节。

被介绍者在被介绍给他人时，应表现出结识对方的诚意。一旦介绍人开始介绍，除贵宾与长者外，被介绍者一律应起立并面向对方，还要目光柔和但又专心致志地看着对方的眼睛。随着介绍人的介绍，向对方点头致意，或用一些感叹词来呼应介绍人的介绍。待介绍完毕后，应热情地和对方互问"您好"。如果在"您好"之后再重复一遍对方的姓名或称谓，则不失为一种亲切而礼貌的反应。对于长者或有名望的人，重复对其带有敬意的称谓无疑会使对方感到很愉快；同时，将对方名字重复一遍还可以加深记忆。

至于讲话时的语气，则要看想表达感情的程度而定，可以用兴奋的口吻，不可以用不在意的腔调，即使不喜欢甚至厌恶某人，也不妨对他彬彬有礼。但也不要对尊敬的人过于殷勤，否则显得矫揉造作、缺少诚意。

如果在会谈或宴会的进行中被介绍给他人，可不必起立，但仍应当面对对方，微笑着点头，或欠身致意。

第二节　见面礼节

在人际交往中，相识者之间与不相识者之间往往需要在适当的时刻向交往对象相互行礼，以示自己对对方的尊重、友好、关心及敬意。见面礼节是人们会面时约定俗成的互行的礼仪。

一、握手礼

握手，是人们见面时相互致意的最普遍的方式。据说，握手起源于古人见面时伸出右手，以表明自己没有握着武器，是一种友善的表示。现在，握手是大多数国家的人们见面和离别时的常用礼节，有问候、感谢、祝贺、鼓励和告别之意。握手礼所起的作用和我国旧时的作揖礼差不多，外国人风趣地说中国的作揖礼是“自己握着自己的手摇一摇，以代替握着别人的手来摇”。

（一）握手礼适用的场合

（1）遇到较长时间没见面的熟人；

（2）在比较正式的场合和认识的人道别；

（3）在以本人作为东道主的社交场合，迎接或送别来访者时；

（4）拜访他人后辞行时；

（5）被介绍给不认识的人时；

（6）在社交场合偶遇亲朋旧友或上司时；

（7）别人给予你一定的支持、鼓励或帮助时；

（8）表示感谢、祝贺时；

（9）对别人表示理解、支持、肯定时；

（10）得知别人患病、失恋、失业、降职或遭受其他挫折时；

（11）向别人赠送礼品或颁发奖品时；

（12）双方交谈中出现了令人满意的共同点时，或双方原先的矛盾出现了某种良好的转机，或彻底和解时。

（二）握手的顺序

握手遵循的是“尊者优先”的原则。在公务场合，握手时伸手的先后次序主要取决于职位、身份，而在社交、休闲场合，它主要取决于年龄、性别、婚否。上下级之间，上级伸手后，下级才能伸手相握；长辈与晚辈之间，长辈伸手后，晚辈才能伸手相握；男女之间，女方伸手后，男方才能伸手相握。如果男性年长，是女性的父辈年龄，在一般的社交场合中仍以女性先伸手为主，除非男性已是祖辈年龄，或女性在 20 岁以下，则男性先伸手是适宜的。

在接待来访者时，当客人抵达后应由主人先伸手与客人相握；而在客人告辞时，就应由客人先伸手与主人相握。前者表示“欢迎”，后者表示“再见”。

交际时如果人数较多，可以只跟相近的几个人握手，向其他人点头示意或微微鞠躬即可。为了避免尴尬场面，在主动和人握手之前，应想一想自己是否受对方欢迎，如果已经察觉对方没有要握手的意思，点头致意或微鞠躬就行了。

握手的次序颠倒，很容易让人产生误解。应当强调的是，在握手时的先后次序上不必处处苛求。如果自己是尊者、长者或上级，而位卑者、年轻者或下级抢先伸手时，最得体的就是立即伸出自己的手与之相握，而不是置之不理，使对方尴尬。

（三）握手的方法

握手时，距离受礼者约一步，上身稍向前倾，两足立正，伸出右手，四指并拢，拇指张开，与受礼者相握。正确的握手姿势如图 3 - 1 所示。

图 3 - 1　正确的握手姿势

1. 正确的握手姿势

（1）平等式握手。

双方相距约一步，伸出右手，手掌与地面垂直，掌心不可向下或向上，四指并拢，上身微前倾，目视对方，手可以上下适当地掂一掂，向对方传递诚挚友好的情谊，同时可以说“您好”“很高兴见到您”等。平等式握手如图 3 - 2 所示。

图 3 - 2　平等式握手

（2）扣握式握手。

晚辈拜见长辈，采取扣握式握手，用右手握住对方的右手，再用左手握住对方右手的手背，如图 3－3 所示。用这种握手方式，可以表示对对方的尊敬，让对方感到自己的谦恭。

图 3－3　扣握式握手

（3）双握式握手。

主动握手者的右手与对方的右手相握，左手移向对方的右臂，如图 3－4 所示。只有在情投意合和感情极为密切的人之间才可以使用这种握手方式。如果对方是长辈、领导、异性，则不应采用双握式握手。

图 3－4　双握式握手

2. 握手的力度

握手的力度要适当，过轻或过重都不合适。握得太轻，或只触到对方的手指尖，不握住整只手，对方会觉得你傲慢或缺乏诚意和热情；握得太紧，对方则会感觉你热情过火，不善掩饰内心的喜悦，甚至觉得你粗鲁、轻佻而不庄重。需要注意的是，不要抓住对方的手使劲地摇动，这也是失礼的。女士也不要把手软绵绵地递过去，显得连握都懒得握的样子，既然要握手，就应大大方方地握。

3. 握手的时间

握手的时间以 1 秒～3 秒为宜，不可一直握着别人的手不放。男士与女士握手，时间以 1 秒钟左右为宜，以免让对方产生受侵犯之感。

4. 多人握手

多人相见时，注意不要交叉握手，也就是当两人握手时，第三人不要把胳膊从上面架过去，急着和另外的人握手。有的国家认为交叉握手后形成十字架会招来不幸。

如果对方有几个人，不能只同其中的一人握手，对其他人视而不见，这是极端不礼貌的。一般先与地位较高的人（如长辈、主人、女士等）握手，然后再逐个握手；假如大家身份平等，则从左到右或从右到左按顺序相握。与每个人握手的时间应大致相等，若握手的时间明显过长或过短，也有失礼仪。

（四）握手的注意事项

1. 避免掌心向下

掌心向下握住对方的手，显示着一个人有强烈的支配欲，应尽量避免这种傲慢无礼的握手方式。

2. 使用右手

握手时应伸出右手，不要用左手相握，尤其是在和阿拉伯人、印度人打交道时要牢记，因为在他们看来左手是不洁的。如果你是左撇子，握手时也一定要用右手。如果你右手受伤了，应事先声明一下。伸手时，不要把手肘弯曲着，显得很僵硬，应尽量把右手向前伸，再以手掌轻握对方伸出的手。向前伸的手不宜抬得太高或太低，太高显得轻佻，太低又使对方不容易注意到。

3. 握手时一般需脱帽、摘手套

男士在握手前需脱帽、摘下手套，只有女士在社交场合可以戴着薄纱手套握手；军人不必脱军帽，可先行军礼，然后再握手。在严寒的室外有时也可以不脱帽、摘手套，比如双方都戴着手套、帽子，这时一般也应先说声“对不起”。不要在握手时，另外一只手插在衣袋里或拿着东西。握手后不要立即当着对方的面擦手，以免造成误会。

4. 注意力要集中

握手时握手者双目要注视对方，不要看第三者或显得心不在焉。握手只需几秒钟即可，双方手一松开，目光即可转移。

作为企业的代表在洽谈中与人握手时，一般不要用双手抓住对方的手上下摇动，那样显得太谦恭，使自己的地位无形中降低了，失去了一个企业家的风度。

5. 握手时应起立

握手时如果一方站着，另一方坐着，坐着的一方要站起来，除非年事较高或身体不适（应说明情况），坐着与人握手是不礼貌的。

二、脱帽礼

欧美国家以及受欧美文化影响的许多国家，广为流传脱帽礼。此礼源于欧洲中世纪。

据说，当时武士对女子讲话时，必须把头盔举起，以示对女性的尊重。当武士们相见时，为了互致友情彼此都要把头盔掀起露出真面目。久而久之，便形成脱帽礼。

公共场合行此礼时，男士摘下帽子向对方点头致意即可；若相识者侧身已过，双方亦可回身补说“您好”，并将帽子略掀一下；若相识者在同一场合先后多次相遇，双方不必反复脱帽，只点头致意即可。当进入主人房间时，客人必须脱帽以示敬意。在庄重场合，人们应自觉脱帽。一般情况下，女士在社交场合可以不脱帽。

三、拥抱礼

拥抱礼是流行于欧美国家的一种见面礼节。拥抱礼多见于官方或民间迎送宾朋或祝贺致谢等场合。行礼时，两人相对而立，各自右臂偏上，左臂偏下，右手环抚于对方的左后肩，左手环抚于对方的右后腰，彼此将胸部各向左倾斜而紧紧相抱，并头部相贴，然后胸部再向右倾而相抱，接着再做一次左倾斜拥抱，一共拥抱 3 次。现在，许多国家的涉外迎送仪式中，多行此礼。在普通场合行拥抱礼时，不必过于讲究，次数也不必严格要求。

礼节性的拥抱多行于男士之间或女士之间，男士与女士之间不采用这种方式。在我国，除一些少数民族外，不常采用拥抱礼。

四、亲吻礼

有关亲吻礼的来历流传最广的说法是，古罗马时严禁妇女喝酒，男子外出归来常常要检查一下妻子是否饮酒，便凑到她的嘴边闻一闻、嗅一嗅，这样沿袭下来，夫妇把嘴凑到一起的举动逐渐成为夫妇见面时的第一道礼节。后来，这种礼节逐渐普及，范围逐渐扩大，演化成今天的亲吻礼。

亲吻礼多见于西方、东欧、阿拉伯国家，是亲人以及亲密的朋友间表示亲昵、慰问的一种礼仪，通常是在受礼者脸上或额上吻一下。有时，亲吻礼与拥抱礼同时采用，即会面时既拥抱又亲吻。

（一）施行亲吻礼的方式

亲吻的方式要因人而异：辈分高的人吻辈分低的人，只吻额头或脸部；反之，只吻下颌。辈分相同的朋友或兄弟姐妹之间只能脸颊相贴。在公共场合，关系亲近的妇女之间是亲脸，男女之间是贴面颊。

行亲吻礼时，吻人体的不同部位有不同的含义：吻脸颊，代表友好、平等；吻手，代表尊严；吻膝，代表谦卑；吻脚，代表低贱。嘴唇接触的人体部位越低，就表示施吻者的地位越低。比如一个主教可以吻教皇的膝盖，但是地位低一些的神职人员就只允许吻绣在教皇右脚鞋上的十字架了。

（二）施行亲吻礼的注意事项

（1）行亲吻礼时，动作要轻快，勿过重、过长或出声；
（2）要注意口腔清洁无异味，不要把唾沫弄在对方脸上、额上或手背上；
（3）如果不是特殊关系和特殊场合，年轻者、地位低者不要抢先施亲吻礼。

五、吻手礼

在欧洲和拉丁美洲的一些国家还保留着吻手礼的传统，即男士亲吻女士的手背或手指，这是男士向女士致敬的一种极为优雅的方式。

吻手礼一般适用于男子同上层社会贵族妇女相见时，如果女士先伸出手作下垂式，男士则可将其指尖轻轻提起吻之；但如果女士不伸手，则不吻。如果女士地位较高，男士要屈一膝作半跪式，再提手吻之。此礼在英、法两国最流行。

行吻手礼时，男士行至女士面前，立正垂首致意，然后用右手或双手接住女士伸出的右手，轻轻抬起并俯身弯腰，用自己的嘴唇在女士的手背上或手指上轻轻一吻，然后抬头微笑相视，再把手放下。目前在大多数场合，男士向女士行吻手礼仅仅是用微闭的嘴唇凑近女士的手指，象征性地做一个吻的样子就算完礼，并不是真的吻手。

行吻手礼要文雅，不要过于粗俗，而且男士要得到女士的准许后方可行礼。若女士无此表示且双手戴着手套，男士欲强行行吻手礼是非常失礼的。

按惯例，吻手礼的受礼者只能是已婚妇女。这种礼节现在已不太流行，只在一些比较隆重的场合或对一些身份特别高的妇女才行吻手礼，如在欧洲皇室中，平民或下属拜见君主时使用。

六、作揖礼（拱手礼）

我国古代是没有握手这种礼节的，作揖礼是旧时的一种施礼方式。“拱手行礼，是为揖。”这是古代宾主相见时最常见的礼节。

（一）作揖的方法

作揖时左手握空拳，右手抱左手，行此礼时不分尊卑，拱手齐眉，上下略摇动几下。揖让之礼分为三种：一种专用于没有婚姻关系的异性，行礼时推手微向下；另一种专用于有婚姻关系的异性，行礼时推手平而置于前；还有一种专用于同性宾客，行礼时推手微向上。长揖是古代不分尊卑的相见礼，拱手高举，自上而下。

（二）施行作揖礼的场合

作揖礼是中国古代常用的一种见面礼节，现代社会一般已不用。目前行作揖礼的主要场合有以下三种：

1. 佳节团拜礼节

机关团体成员在佳节相聚，互相祝贺时，常拱手为礼，并伴有寒暄语。

2. 节日祝贺礼节

邻居、朋友、同事之间，在过节见面时常口称“万事如意”，拱手为礼，表示祝愿。

3. 业务会议礼节

厂长、经理在订货会、产品销售会和签字会上，常向兄弟单位、上级部门拱手致意，并常伴随着“请大家多多关照”之类的寒暄语。

七、合十礼

合十礼又称“合掌礼”，属佛教礼节，通行于印度和东南亚信奉佛教的国家与地区，我国傣族聚居区也用合十礼。行礼时，双掌合拢于胸前，十指并拢向上，掌尖和鼻尖基本齐平，手掌向外倾斜，头略低，神情安详、严肃。

合十礼可分为跪合十礼、蹲合十礼、站合十礼三类。

跪合十礼适用于佛教徒拜佛祖或僧侣的场合，行礼时右腿跪地，双手合掌于两眉中间，头部微俯，以示恭敬虔诚；

蹲合十礼是盛行佛教国家的人拜见父母或师长时所用的礼节，行礼时身体下蹲，将合十的掌尖举至两眉间，以示尊敬；

站合十礼是信奉佛教的国家平民之间、平级官员之间相见，或公务人员拜见长官时所用的礼节，行礼时端正站立，将合十的掌尖置于胸部或口部，以示敬意。

行合十礼时，可以问候对方或口颂祝词。在我国，一般非佛教徒对僧人施礼，也以行站合十礼为宜。

八、叩指礼

叩指礼是从古时中国的叩头礼演化而来的，叩指即代表叩头。相传清朝乾隆皇帝微服出巡，在茶馆内喝茶时为下属倒茶，下属不便以宫廷礼仪相回，便灵机一动以叩指谢恩，自此叩指礼便在民间流传开来。早先的叩指礼是比较讲究的，必须屈腕握空拳，叩指关节。随着时间的推移，逐渐演化为将手弯曲，用几个指头轻叩桌面，以示谢忱。现在一般在别人为自己斟茶倒酒时轻叩手指以示感谢。

第三节　交谈的艺术

对于语言的作用，我们的祖先早有认识。《淮南子·泰族训》中说，夫言者，所以通己于人也；闻者，所以通人于己也。言语，是用来表达自己的思想的，对听者来说，则是通过它了解别人的思想。杨雄在《法问·问神》中说，言不能达其心，书不能达其言，难矣哉！意思是说，如果说话不能表达自己的心迹，书写不能记录自己的言辞，那么就难以成功。

在文明社会，人们总是向往过一种有规律、有秩序的生活，所以总是十分注意文明礼貌并使用礼貌语言。礼貌语言，从一定意义上来说，标志着一个社会的文明程度，反映着一个民族的精神面貌。

一、交谈的作用

我们每个人在日常生活、工作、学习和娱乐等活动中都需要说话，人与人之间常常是靠交谈来表达思想感情、联系工作和业务往来的。人际交往离不开交谈，交谈要靠语言。说话得体与否，常常决定着许多事情的进行是否顺利，甚至成败。交谈在交际中的重要性，是不应该被忽视的。

（一）增进相互了解

交谈是人的知识、阅历、才智、教养和应变能力的综合体现。中国古人就提出要对交往对象“听其言，观其行”。“言为心声”，只有通过交谈，才能够了解对方。两个原本不熟悉的人，通过交谈可以增进了解，从交谈中可以得知对方的性格（内向、外向）、爱好（旅游、音乐）等，为更深入的交往奠定基础。所以，交谈在人际交往中的重要作用是其他任何形式都难以替代的。

（二）增进友谊

在交谈的过程中，通过相互了解，可以找到双方的共同点，为进一步的交往打下基础，增进双方的友谊。

（三）传递信息

一个人的阅历是有限的，任何人都不可能凡事亲力亲为，而好的交谈，能互相传递信息，拓宽各自的视野。

二、交谈的基本规则

对于言谈交际的一些准则，中国古书有大量记载。孔子说，辞达而已矣。（《论语·卫灵公》）言辞足以达意就可以了。墨子说，言必信，行必果，使言行之合，犹合符节也。（《墨子·兼爱下》）说话一定要有信，行动一定要兑现，使言行一致就如符节相合无误一样，这是指人际交往中信守诺言而不食言的一种品德。关于言谈与心理，中国古话有“言谈之道，攻心为上”之说，“发人曲衷，动之以情”“以虚就实，曲得所谓”说的都是这个道理。

（一）委婉含蓄

语言是很奇妙的，其表达的优劣将会导致不同的结果。即使是很普通的一句话，如果表达得拙劣，也可能造成隔阂或者伤害对方的感情。相反，如果表达得巧妙，就能打动人，对方将乐意接受。英国著名思想家、哲学家培根认为，交谈时的含蓄和得体，比口若悬河更可贵。

在生活中，有时需要我们说话坦率、毫无保留，有时则需要我们说话含蓄、婉转。举一个浅显的例子，“厕所在哪儿”与“我想借用一下洗手间”，稍作比较，便知后者是婉转的说法。

怎样向陌生人请教？对这个问题是不能掉以轻心的。无论是在正式场合还是在私人交往中，都有必要了解这方面的知识。“我是这么想的，但不敢肯定，能否请教一下您的高见？”这种谦虚求教的提问，对方必定会带着诚意予以答复。事实上，如果女士想和一位男士谈话，一个行之有效的方法便是请教对方有关政治、体育运动、股票市场等方面的问题。

巧妙的提问会使对方侃侃而谈，而那种“唐突的提问”或“连珠炮式的提问”，不仅引不起对方的积极响应，对方还会怀疑你的教养，甚至会鄙视你。向人问一件事，尤其是对不熟悉的人，一定要先说一声“对不起”或“打扰了”，然后再提问。

（二）求同存异

无论你从事何种工作，只要是与人接触，往往都需要通过相互交谈取得共识，以便协调合作。当双方观点不一致时，切忌以势压人。避免争论，求同存异是最好的办法。马萨诸塞大学的社会心理学家罗伯特·韦斯说：友谊的窍门就是共同点与不同点的高度结合。你们获得了足够的共同之处，你们就可以互相理解。如果获得的是足够的相反之处，那么矛盾就会互相转化。

精彩案例

1955 年 4 月的万隆会议上，由于参会各国的政治制度、经济制度、发展水平、宗教信仰等有很大的差异，会议开始后，分歧很大，曾出现两次僵局。在这一关键时刻，周恩来总理发言指出：“中国代表团是来求同的而不是来立异的。”正是“求同存异”这四个字，成了万隆会议的指导思想，克服了危机，使会议取得成功。

当对对方的意见不得不持反对意见时，如果平心静气，措辞婉转、得体，被反对的一方一般不会认为你不尊重他。陈述反对意见前，应“先扬后抑”，即先充分尊重、肯定对方的意见，随后陈述自己的不同意见，并询问对方有何见教。此外，还应明确表示自己所反对的只是对方意见的某一点，而不是全盘否定。这一点是极其微妙的，其实质是动之以情，晓之以理。西方人认为，如果你直截了当地指出某人错了，只能使对方陷入尴尬境地，甚至对方会恼羞成怒，那么什么好事也做不成，只会造成许多损失。你只会在伤害别人自尊心方面获得成功，而使自己在任何讨论中都成为不受欢迎的人。

求同存异还要能容忍不同的观点。若不能容忍对方的不同观点，则说明该人性情急躁、心理素质不稳定或缺乏教养。那么，无论他事后对此如何辩白，比如说“我刚才太激动了”，都不能补救之前的失态。

（三）善于倾听

每个人都希望把自己“心中的千言万语”一吐为快，但无论你认为自己是一个多么富有才气的演讲家，也不要忘记他人。那种自以为博学，一个人没完没了地说个不停的场面着实令人厌恶。

在公开的发言和私人间的交谈中，如果认为你知道的事情比别人多一些，就可以比别人说得更多，这是一种最要不得的毛病。在交谈中，一个人滔滔不绝，说个没完，这是不合适的，应该给别人说话的机会。本杰明·富兰克林说过：“与人交谈取得成功的重要秘诀就是多听，永远也不要不懂装懂。”善于倾听的年轻人总是受器重的。不分对象地发表见解不等于坦率，而是冒失。

善于聆听，是谈话成功的一个要诀。美国俄亥俄州立大学一些学者的研究显示，成年人在一天的时间里，有7%的时间用于交流思想。在这7%的时间里，有30%用于讲，高达45%的时间用于听。可见，听对于思想交流是多么重要。倾听不是机械被动地听，而是要积极地回应对方的话。在听的过程中伴随着点头等动作，附和对方的语气词，或与对方表达内容一致的表情，让对方感受到你在认真用心听。

（四）坦率诚恳

同别人交谈，最重要的一条是让人家觉得你是有诚意同他沟通思想、交流意见的。与人交往时该坦率要坦率，这也是谈话艺术之一。坦率的表达会给对方以好感，过分客气反而会造成不必要的误解，有时还会有虚情假意之嫌。

外国客人在我国得到周到的服务，感到“宾至如归”时往往会衷心地说“非常感谢”。这时，他们常常听到的回答是：“不用谢，这是我们应该做的。”或“这是我的责任。”这样的回答符合中华民族谦恭的传统美德，但欧美人士一听，会觉得宾主之间的距离一下子拉远了。因为，根据他们的观点，这样的回答说明你所做的一切只是出于无奈，只不过在“尽责任”而非自愿。因此，宾主间的交情会变得荡然无存。较好的回答应该是：“能为您做点事是件令人愉快的事。”或者说：“很乐意为您效劳。”

坦率的力量在于真诚。人们之所以喜欢坦率，就是不喜欢虚情假意。对一件事要么不讲，要么就讲清楚，藏头露尾、欲言又止，致使对方产生猜疑，这是最要不得的。

（五）诙谐幽默

诙谐是指说话风趣，引人发笑。幽默是指有趣或可笑而又意味深长。英国哲学家培根说：“善谈心者善幽默。”说到幽默，就使人联想到笑。幽默引起的笑，没有滑稽和玩笑那么强烈，但却犹如“蒙娜丽莎”式的笑，是那么隽永和耐人寻味。在幽默的笑中，人们可以发现严肃、美好、善意和崇高的印迹。

在人际交往中，人们不可避免会碰到这样那样的难题，如果采用针锋相对、硬对硬的方法，非但解决不了问题，甚至会把小事升级为大事。幽默的高明之处就在于它是一种曲折地表达思想的方式。由于它避开了矛盾的锋芒，比较容易被别人接受。同时，它能引发笑声，创造一种轻松欢快的氛围，从而化解因各种矛盾引起的紧张情绪和尴尬气氛。

心理学家、精神学家的研究表明，幽默感是可以通过学习获得的。只要你了解幽默的特征，并以此来锻炼自己的思维方式和表达能力，那么，幽默感就会逐渐成为你人格特征的一部分。

（六）因人而异

人们在社会生活中需要同各种各样的人打交道，人是最复杂的，在思想、性格、习惯、爱好等方面都有极大的不同，所以“因人而异”也是交谈的基本原则之一。

语言是人类交际的工具。这种交际总是在特定的社会环境、文化背景中进行。只有凭借这些特定的语言环境，才能确定所指，理解语言的含义。这就要求我们在人际交往中，必须考虑跨文化交际的特点，即根据不同的社交对象、地点、时间、事由而采取相应的语言形式和内容，以便更好地达到交际的目的。

三、使用敬语

敬语是指在人际交往活动中蕴含着的对他人的尊重、礼让、客气等内容的语言。

（一）问候型敬语

即人们相互问候时使用的敬语，如“您好”“早上好”“久违了”等。

（二）请求型敬语

即请求别人帮忙时所使用的敬语，如“请”“劳驾”“承蒙关照”“拜托”等。经常有学生找院长直接就说：“你给我签个字”，这是非常没有礼貌的。

（三）道谢型敬语

是指当自己得到他人的帮助、支持、关照、夸奖之后表达谢意所使用的敬语，如“谢谢”“承蒙夸奖”“不胜荣幸”“承蒙提携”等。

（四）致歉型敬语

当自己的行为给他人带来伤害或造成消极影响时，最常用的致歉语有“对不起”“请多包涵”“打扰您了”“给您添麻烦了”“非常抱歉”等。

交谈是人们相互传递信息和情感，彼此增进了解和友谊的重要手段。如果一个人不喜欢或不善于谈话，在社交活动中一定会碰到很大的障碍。

四、交谈的语言要求

与人交谈时，谈话的内容固然重要，谈话的态度和所用的语言也同样重要。越会谈话的人，越懂得利用表情、手势和抑扬顿挫的声调来强调自己的思想和见解，达到传递信息和感情，增进彼此了解和融洽关系的目的。语言是交谈的载体，交谈者对它应当高度重视、精心斟酌。交谈中对所使用的语言的总体要求是文明、礼貌、准确。

（一）语言要文明

作为有文化、有知识、有教养的现代人，在交谈中一定要使用文明、优雅的语言。下列语言是绝对不宜在交谈中使用的。

（1）粗话：粗俗鄙陋的语言体现表达者的文明素养差、不尊重人，有失身份。

（2）脏话：讲脏话的人显得不文明，会自我贬低身份。

（3）黑话：有些人往往自以为见过世面，可以以此唬人，实际上却显得流里流气，令人反感厌恶，难以与他人进行真正的沟通。

（4）荤话：品位不高，而且对交谈对象不够尊重。

（5）怪话：爱讲怪话的人，他人与之相处时会心有顾忌，难以令人产生好感。

（6）气话：说话时不顾后果地闹意气、泄私愤、图报复、大发牢骚，不仅无助于沟通，还容易伤害人、得罪人。

（二）语言要礼貌

在交谈中多使用礼貌用语，是博得他人好感的最为简单易行的做法。

初次见面：久仰	许久不见：久违	客人到来：光临
等待客人：恭候	探望别人：拜访	起身作别：告辞
中途先走：失陪	请人别送：留步	请人批评：指教
请人指点：赐教	请人帮助：劳驾	托人办事：拜托
麻烦别人：打扰	求人谅解：包涵	

在社交中，有必要经常运用下述“五句十言”：

（1）您好：问候他人、打招呼，简洁方便。

（2）请：在要求他人做某件事时，居高临下不合适，百般乞求也没有必要，多用一个“请”字，就可以赢得主动，得到对方的照应。

（3）谢谢：既是真诚地感谢对方，又是对对方的一种积极肯定。

（4）对不起：打扰、妨碍、影响了别人，在人际交往中给他人造成不便，甚至给对方造成某种程度的损失、伤害时，务必要说声“对不起”，这将有助于大事化小，并有助于修复双方的关系。

（5）再见：表达惜别之意与恭敬之心。

（三）语言要准确

语言是最直接的沟通方式，语言不准确，不能清晰地表达意思，将不利于双方的沟通。

1. 发音要准确

汉族的主要方言有：北方方言，吴方言（以上海话为代表，主要分布在上海、江苏、浙江），湘方言，赣方言（以南昌话为代表，主要分布在江西），客家方言（以广东梅县话为代表，主要分布在广东、广西、福建、江西的一些地区），闽方言（以福建、厦门话为代表，主要分布在福建、海南、台湾），粤方言七大方言。现代汉语共同语以北京语音为标准，以北方话为基础方言，以典范的现代白话文著作为语法规范。

职场交际中，语言表达需做到以下几点：

（1）发音标准：讲普通话。在社交与服务场合，一定要讲标准普通话，这样有助于和他人的交流。否则，大家都讲各自的方言，沟通会出现障碍。

（2）发音清晰：要注意阴平、阳平、上声、去声四种基本声调的区别，吐字清晰。

（3）音量适中：音量过高、过强，会使自己显得生硬、粗暴；音量过低、过柔，又会使自己显得有气无力。一般来说，说话时的音量以在适宜交际距离内对方可以听得清楚又感觉舒适悦耳为宜。

2. 语速要适中

在交谈中，语速要快慢适中，舒张有度，注意进行必要的停顿，语速过慢或过快都有可能被理解为自己感到厌烦，也会影响谈话对象的情绪。当然，语速也需考虑谈话对象的接受程度，一般而言，与老人、小孩交流语速稍慢些，与成年人交流正常语速即可。

3. 语言要得体

语言表达既不要居高临下，盛气凌人；也不宜曲意逢迎，讨好对方。如一个服务员说“想不想买”“挑够了没有”就很难让客人接受。要学会使用柔性语言，柔性语言表现为语气亲切、语调柔和、措辞委婉、说理自然，常用商讨的口吻与人说话，能达到以柔克刚的效果。

精彩案例

昆明世界园艺博览会期间，到昆明去的游客特别多，最多的一天达到8万人。有一名导游这样对客人说：“到我们昆明来游世博园的人特别多，可以说人满为患……”当时车上的游客对“人满为患”一词耿耿于怀。结果在接下来几天的游程中导游与客人产生了不愉快的冲突。如果他将“人满为患”改为“门庭若市”，效果便会好得多。

4. 内容要简明

说话内容要概括、精练，既抓住要点，又易于理解。不要废话连篇，不着边际，让人着急又听不明白。烦言无要，要言不烦，这是交谈中应注意的。

5. 土语要少用

同乡或背景相似之人，使用方言才会给人以亲切感；否则，别人会听不懂你说话的意思。在多方交谈中，只要有一个人听不懂，就不要用方言交谈，否则会使其产生被排挤、冷落之感。

6. 外语要慎用

在正式的官方活动中，为了体现一个主权国家的尊严，只能使用自己国家的官方语言，然后再进行翻译。在社交与服务场合，除非和外国客人交谈，可使用外语，若和国内客人使用外语交流，会有卖弄之嫌。

五、交谈的礼节

要使交谈在人际交往中发挥更大的作用，除了做到言辞达意外，我们还应力求以语言的“礼”吸引他人，以语言的美说服他人。在双方交谈的过程中，有以下几点须多加注意。

（一）谈吐的仪态

无论言者还是听者，交谈时双方必须保持精神饱满，表情自然大方、和颜悦色。站立寒暄也好，坐着聊天也罢，双方均应目光温和，正视对方，以示尊重；彼此间的距离可视双方关系的亲疏而定。

（二）话题的选择

所谓话题，就是交谈的中心。话题的选择反映了交谈者品位的高低。选择一个好的话题，使交谈双方有了共同语言，往往预示着交谈成功了一大半。因此，首先，要选择交谈者喜闻乐见的话题，如天气状况、风土人情、体育比赛、电影电视、旅游度假、烹饪小吃等。其次，要回避众人忌讳的话题，如个人的私生活（包括个人的年龄、婚姻、履历、收入、住址等）、令人不愉快的事件（如疾病、死亡、丑闻、惨案等）以及某人的生活习惯、宗教信仰、政治主张等。最后，不宜谈自己不太熟悉的话题，以免言之无物或说错话。

（三）言者的表现

谈话者的语言表达应准确明了，语意完整，合乎语法，语音轻柔，语调亲切，语速适中。同时，要顾及听者的情绪与心理变化，不可滔滔不绝地说个没完，或大搞“酒逢知己千杯少，话不投机半句多”而冷落了某些人，更不能选用只有在场少数几个人听得懂的外语或方言与个别人交谈而置多数人于不顾。不雅的口头禅及粗、脏的语言“垃圾”在言谈中应杜绝使用。

（四）听者的反应

与言者相比，听者在交谈中处于相对被动的地位，全神贯注、认真聆听是其首要任务。在聆听时要适时做出积极的反应，以表明你聆听的诚意，如点头、微笑或简单重复对方的谈话要点等。同时，恰如其分的赞美不可缺少，它能使交谈气氛变得更加轻松、友好。轻易打断对方的讲话或随意插话，是听者的忌讳，因为这是对言者的不敬，应尽量避免。当然，在交谈中做“永远”的听众，一言不发也是会令众人扫兴的。

六、交谈的类型

语言谈吐形式是多种多样的，从不同的角度可做出不同的区分。

（一）从交谈的准备情况及采用的方式看，可分为正式和非正式交谈两种

正式交谈即正式谈话，这是双方事先经过协商约定了主题、目的、时间和地点的谈话，如谈判。非正式交谈，是双方事先没有任何准备的、比较自由和随意的、随机性的谈话。比如，熟人相遇时的寒暄，朋友相聚时的聊天等。非正式交谈比较方便、活泼，易于表露思想、感情和态度，更有利于人们相互熟悉、相互接近。

（二）从交谈的方法和技巧看，可分为直率的和委婉的交谈两种

直率的言谈就是双方直接表达自己的思想感情，不拐弯抹角，心里有什么话就直言相告。委婉的言谈是指不直接把话说明白，而是运用各种曲折含蓄的语言来表达意思。在人际交往中，有时运用委婉的手法可以更容易、更好地达到目的。

七、交谈的主要语言形式

交谈的主要语言形式有三类：有声语言，无声语言，类语言。

（一）有声语言

有声语言即自然语言，是发出声音的口头语言。它是以说和听为形式的语言，也称为

口语。口头语言表达最为直接，接收也极为快捷，这一特点既是优点，也是缺点。若表达失当，对方立即接收到，没有收回的余地。因此在表达时切记三思而言，不要口无遮拦、想说就说。

（二）无声语言

无声语言是借助非有声语言来传递信息、表达感情、参与交际活动的一种不出声的伴随语言。言谈中的无声语言以体语为主。

体语即人体语言的简称，它是以人的动作、表情、界域等来传递信息的一种无声伴随语言。这种语言在人们的言谈中运用得十分普遍。现实生活中我们所见的体语种类很多，其表现各不相同，其寓意更是复杂而深刻。言谈中最为常见的体语有表情语、目光语、界域语、首语及手势语等。

1. 表情语

表情是人内心的思想感情的面部外化，这种外化是通过面部肌肉的运动来实现的。通过面部肌肉的运动所传递的信息就是所谓的表情语。随着人内心情感的波动，人的表情会有多种呈现，如喜、怒、哀、乐、悲、愁、苦等。但在人际交往中，表情应以喜、乐为主调。作为最基本的表情，微笑被认为是人类最美好的语言。

2. 目光语

目光语是人们通过视线接触所传递的信息，也称眼神。目光微妙的变化，准确、迅速地反映着人深层心理情感的变化。如仰视，有尊敬或崇拜之感；俯视，一般表示爱护、宽容或傲慢、轻视之意；而正视则体现平等、公正或自信、坦率。

在言谈过程中，目光以温和、大方、亲切为宜，应多用平视的目光语，双目注视对方的眼鼻之间，表明重视对方或对其发言颇感兴趣，同时也体现出自己的坦诚。那种故意回避对方或闪烁不定的目光语，均会形成交谈障碍，应该予以摒弃。但当双方缄默不语，或别人失言时，不应再看着对方，以免使已有的尴尬加剧。

3. 界域语

界域语是交际者之间以空间距离所传递的信息，它是人际交往的一种特殊的无声语言。研究表明，人体周围都有一个是属于自己的个人空间，犹如其身体的延伸，人际交往只有在这个空间允许的限度内才会显得自然。一旦冲破这个限度，就会使交往双方或某一方感到不自在或不安全。

因此，在交往中要注意与交往对象保持一定的距离，双方之间的交往距离直接反映了交往双方关系的密切程度。如夫妻、情侣的允许交往空间为0cm～50cm，即所谓的亲密空间；朋友、熟人则可进入个人空间，距离在50cm～150cm；在社交、谈判等场合，人们一般在150cm～300cm这一社交空间之内觉得较为自在。在平时与人交往时，不妨根据双方关系的亲疏来决定与人交谈的距离。

4. 首语

首语是通过头部活动所传递的信息。常见的有点头语和摇头语。在世界上绝大部分国家和地区都以点头表示首肯，以摇头表示否定。专家们认为这种摇头“不是”、点头“是”的首语，是一种天生的人体行为，但在印度、巴基斯坦等国，点头却是一种否定信号。

在与人交谈时，头部呈中立、侧斜或垂下状的首语分别传递着不同的信息。将头保持中立状态，表明对对方的讲话无太大兴趣；将头下意识地从一侧斜到另一侧，则说明对对方的讲话有一定的兴趣；将头垂下是一种消极的人体信号，往往是对对方的讲话缺乏兴趣的表现。

5. 手势语

手势语是通过手和手指活动所传递的信息。手势作为信息传递的方式，在日常交际中使用频率很高，范围也较广泛。人们常常以拍桌表示“愤慨”，捶胸以示“悲痛”，不停地搓手表现“为难”等。这些手势语增强了表情达意的情感色彩，使语言更富有感染力。

在国际交往中，由于语言障碍的存在，人们常常借助于各种手势来促进双方的交流。然而，相同的手势在不同的国家和地区却有着不同的语义。比如，食指和中指竖起分开呈“V”形，在西方是胜利之意，在中国则为数字“2”的手势表达。用拇指和食指合成圆圈，其余三指竖起，在美国表示“OK”，是赞扬和允诺之意，但在法国的一些地方，有时可能解释为“毫无价值”。由此看来，运用手势必须先了解其在不同国家所表达的特定含义，这样才能有效地发挥手势语的交际作用。

（三）类语言

类语言是交际过程中一种有声而无固定语义的语言，也称副语言。如说话时的重读，语调、语速的变化等。

上述三种语言形式在人际交往中被广泛使用，可以说，三者的相互作用才使人类准确而充分地表达自己的思想感情。尤其是无声语言的主要形式——体语，更是以其神奇的功能弥补着口语沟通的不足，揭示了类语言的深层含义，常使交流双方进入“此时无声胜有声”的佳境。

国外心理学家测定：人们在表达思想感情时，55%的内容需要借助体语。由此可见，体语在人际交往中的重要作用。

第四节　交际和服务距离

一、交际距离和服务距离

交际距离，一般是指交往对象彼此之间在空间上所形成的间隔，即交往对象之间彼此相距的远近。在不同的场合和不同的情况下，交往对象对交际距离通常会有不同的要求。心理学实验证明：交际距离必须适度。交际距离过大，容易使人产生疏远之感；交际距离过小，又会使人感到压抑、不适或被冒犯。总之，交际距离过大或过小均为不当，都是有碍于正常的人际交往的。

服务人员在从事具体的服务工作时，与服务对象之间的距离主要有以下几种：

（一）服务距离

服务距离是服务人员与服务对象之间所保持的一种最常规的距离。在一般情况下，服务距离以 0.5m～1.5m 为宜。至于服务人员与服务对象之间究竟是要相距近一些还是远一些，则应视服务的具体情况而定。例如，在飞机上，由于空间狭小，乘务员与乘客之间的服务距离就比较近，而在酒店客房、大厅内，服务员与客人之间的服务距离由于有足够的空间则稍远些。

（二）展示距离

展示距离是服务距离的一种较为特殊的情况，是指服务人员需要在服务对象面前进行操作示范，以便服务对象对服务项目有更直观、更充分、更细致的了解。进行展示时，服务人员既要使服务对象看清自己的操作示范，又要防止服务对象对自己的操作示范有所妨碍或遭到误伤。因此，展示距离以 1m～3m 为宜。

（三）引导距离

引导距离是指服务人员在为服务对象带路时彼此之间的距离。根据惯例，在引导时，服务人员行进在服务对象左前方 1m 左右是最为适当的。服务人员与服务对象之间相距过远或过近，都是不允许的。

（四）待命距离

待命距离是指服务人员在服务对象尚未呼唤自己、要求自己为之提供服务时，必须与服务对象自觉保持的距离。在正常情况下，它应当是在3m之外。只要服务对象视线所及，可以看到服务人员即可。服务人员主动与服务对象保持这种距离的目的，在于不影响服务对象对服务项目的浏览、斟酌或选择。

（五）信任距离

信任距离是指服务人员为了表示自己对服务对象的信任，同时也为了使服务对象对服务的浏览、斟酌、选择或体验更为专心致志而采用的一种距离。采取此种距离时，必须注意两点：一是不要躲在附近，似乎是在暗中监视服务对象；二是不要一去不返，令服务对象在需要服务人员帮助时根本找不到任何人。

另外，服务人员还应了解一下自己在工作岗位上的禁忌距离。禁忌距离是指服务人员在工作岗位上与服务对象之间应当避免出现的距离。这种距离的特点是双方身体相距过近，甚至有可能直接发生接触，即小于0.5m。这种距离，多见于关系极为亲密者之间，若无特殊理由，服务人员千万不要主动采用，以免服务对象产生抗拒、排斥的厌烦心理。

二、服务工作中的距离操作规范

（一）陪同引导

陪同，指的是陪伴别人一同行走。引导，则是指在行进中带领别人，有时又叫引领、引路或带路。服务人员在陪同引导时，应注意以下四点：

1. 本人所处方位

双方并排行进时，服务人员应处于左侧；双方单行行进时，服务人员应居于服务对象左前方约1m的位置。当服务对象不熟悉行进方向时，一般不应请其先行，同时也不应让其走在外侧。

2. 协调行进速度

在陪同、引导客人时，服务人员行进的速度须与对方相协调，切勿我行我素，走得太快或太慢，应以客人为主，根据客人的速度调整自己的步伐。

3. 及时关照提醒

陪同、引导时，一定要处处以对方为中心。经过拐角、楼梯或昏暗之处时，须提醒对方留意。

4. 采取正确的体态

陪同、引导客人时，有必要采取一些特殊的体态，如请对方开始行进时，应面向对方，稍许欠身；在行进中与对方交谈或答复其提问时，头部和上身应转向对方。

（二）上下楼梯

作为服务人员，尤其是酒店员工一定要走指定的楼梯通道，而且要减少在楼梯上的停留时间，坚持“右上右下”的原则，以方便对面上下楼梯的他人。另外，还要注意礼让服务对象，上下楼梯时，可请对方先行。陪同、引导服务对象时，则应上楼梯时走在后面，下楼梯时走在前面。女性穿裙装上下楼梯时，应走在靠墙一侧而非靠近栏杆一侧，以免走光，但在行走时如遇人则应主动避让。

（三）进出电梯

1. 使用专用的电梯

在有服务人员专用电梯的情况下，服务人员不要与服务对象混用同一部电梯，不使用客梯。

2. 牢记“先出后进”

乘电梯的规矩是里面的人出来之后，外面的人方可进去。等候电梯时应站在电梯门的两侧，而不是正对电梯门，给走出电梯的人留出空间，以免拥堵挤撞。

3. 照顾好服务对象

若乘的是无值班员的电梯，服务人员须自己先进后出，以便为服务对象控制电梯。若乘的是有值班员的电梯，则服务人员应当后进后出。进出电梯时，应侧身而行，以免碰撞别人；进入电梯后，应尽量站在里边。

（四）出入房门

1. 先通报

进入别人办公室或进入房门时，尤其是在进入酒店客房之前，一定要先敲门、按门铃向房内之人进行通报，即使门是虚掩或敞开的，也应先敲门以示尊敬，得到房内人允许后方能进入。

2. 以手开关

出入房门时，务必要用手轻轻开门或关门，用身体其他部位，如用肘部顶、用膝盖拱、用臀部撞、用脚尖踢、用脚跟蹬等都是不良习惯。

3. 面向他人

出入房门，特别是出入一个较小的房间，而房内又有自己熟悉的人时，最好是反手关门，并且始终注意面向房间内的人，而不可以背部对着对方。即进入房间时正面走入，手放在身后关门；走出房间时，走到门前转身，后退着离开房间。

4. 要“后入后出”

与他人一起出入房门时，礼貌的做法是：服务人员应自己后进门、后出门，而请对方先进门、先出门。

5. 为他人开门

在陪同、引导他人时，服务人员有义务在出入房门时替对方开门。在拉门或推门后应站到门后或门边，以免挡道拦人。

（五）搀扶帮助

搀扶指的是在行进之中，用自己的一只手或双手，去轻轻架着行走不方便的服务对象。在工作时，服务人员往往需要对一些老、弱、病、残、孕等服务对象主动搀扶，以示体贴与特殊照顾。

1. 选择对象

应选择有实际需要的人，若是不分对象，对任何人都主动搀扶，则难免会令人觉得滑稽，甚至引起别人的反感。

2. 两相情愿

即使发现确有需要搀扶、帮助的服务对象，在搀扶之前，也要首先征得其同意，照顾对方的自尊心。

3. 方法得当

搀扶时应以一只手臂穿过对方的腋下，架着其胳膊，再以另一只手扶在其小臂上，主要由穿过对方腋下的那只手臂用力。步速不宜过快，应主动与对方保持一致。

4. 略事休息

考虑到被搀扶者的身体状况，在搀扶对方行进的过程中应适当地“暂停几次”，以便对方缓口气稍作休息。

（六）变向行走

变向行走指的是在行进之中变换自己的方向。

1. 后退

先面向对方退几步，再转身离去。通常是面向他人至少后退两三步，对交往对象越尊重，后退的步子就越多。后退时步幅宜小，脚宜轻擦地面。转身时宜身先头后，即身体先转，头仍保持原方向，待身体完全转过后再将头转过来。

2. 侧行

当与同行者交谈时，上身应正面转向交谈对象，身体与对方保持一定距离。与他人狭路相遇时，应两肩一前一后，胸部正面转向对方，而不可背向对方。

3. 前行转身

前行转身即在向前行进中转身而行，这分两种情况：一是前行右转，以左脚掌为轴心，在左脚落地时向右转体90°，同时迈出右脚。二是前行左转，与前行右转相反，在前行中向左转身，应以右脚掌为轴心，在右脚落地时向左转体90°，同时迈出左脚。

4. 后退转身

后退转身即在后退之中转身而行，这分三种情况：一是后退右转，先退行几步，再以左脚掌为轴心向右转体90°，同时向右迈出右脚。二是后退左转，先退几步，再以右脚掌为轴心向左转体90°，同时向左迈出左脚。三是后退后转，先退几步，再以左脚为轴心向右转体180°，然后迈出右脚；或以右脚为轴心向左转体180°，然后迈出左脚。

（七）与客人对面相遇

客人从对面走来时，服务人员应向客人行礼致意，同时应注意以下几点：

1. 放慢步伐

离客人约2m处，目视客人，面带微笑轻轻点头致意，并说“您好!”“您早!”等礼貌用语。

2. 行鞠躬礼

行鞠躬礼时应停步，躬身15°～30°，眼往下看，并致问候，等候客人先行通过。切忌边走边看边躬身，这是十分不雅的。

另外，服务人员在工作中可以边工作、边致礼，但如果能暂停手中的工作行礼，则更会让客人感到满意。

三、交际和服务距离实训

（一）实训安排

如表3-1所示。

表3-1　　交际和服务距离的实训安排

实训时间	1课时。
实训目的	为各种服务工作打下基础。
实训要求	熟练掌握并运用各种服务和交际距离的规范。

（二）实训准备

选择有楼梯、有电梯的模拟场所。

（三）操作规范

如表3－2所示。

表3－2　交际和服务距离的操作规范

实训内容	操作标准	基本要求
陪同、引导服务和交际距离	1. 协调行进速度。在陪同、引导客人时，服务人员居于客人侧前方约1m处，行进的速度须与对方相协调。 2. 及时关照提醒。陪同、引导时，一定要处处以对方为中心。经过拐角、楼梯或昏暗之处时，须提醒对方留意。 3. 采用正确的体态。陪同、引导客人时，有必要采取一些特殊的体态。如请对方开始行进时，应面向对方，稍许欠身；在行进中与对方交谈或答复对方提问时，头部和上身应转向对方。 4. 客人不熟悉行进方向和目的地时，不应请其先行，同时也不应让其走在外侧。	
一般上下楼梯	1. 坚持“右上右下”的原则，以方便对面上下楼梯的他人。 2. 请对方先行。	作为服务人员，尤其是酒店服务人员一定要走指定的楼梯通道，而且要减少在楼梯上的停留时间。
陪同、引导服务对象上下楼梯	1. 服务人员上楼梯时应行在后，下楼梯时应行在前。 2. 距离相差1级阶梯为宜。	
乘无值班员的电梯	服务人员须先进后出，以便为客人控制电梯。	电梯开门时，应等里面的人出来之后，外面的人方可进去。
乘有值班员的电梯	服务人员应当后进后出，在电梯内，只要空间许可，应与客人保持30cm左右的距离。	进出电梯时，应侧身而行，以免碰撞别人，进入电梯后应尽量站在里边。

问题探究

1. 对非亲属的交际对象如何使用亲属称谓？
2. “先生”一词可以用来称呼女性吗？
3. 进行自我介绍时应注意什么？
4. 在为他人作介绍时，应以怎样的顺序进行介绍？
5. 施行握手礼应遵循的原则和顺序是什么？
6. 握手有哪些禁忌？
7. 与人交谈应遵循哪些基本原则？
8. 什么是类语言？

第四章
公共礼仪规范

学习目标

通过本章的学习，了解出行时在公共场合应遵守的礼仪规范，掌握在各种场所的礼仪要求，并能灵活运用；了解如何正确地支付小费。

懂得公共礼仪规范是人们在日常交际中应具备的基本素养之一。与他人共处时彼此礼让、包容、理解、互助，也是做人的基本要求。在公共场合，应注意掌握三条基本原则：

一是遵守公德。社会公德是人们在长期的社会生活中，根据客观需要形成的，用以维持公共生活秩序的一种约定俗成的行为规范。人们在公共场所一定要具有维护社会公德的意识，自觉、自愿地遵守、履行社会公德，否则，礼仪修养无从谈起。

二是勿碍他人。在公共场合，每个人都应当有意识地检点、约束自己的个人行为，自觉地避免自己的行为影响、打扰、妨碍到其他人。

三是以右为尊。在公共场合，有时需要排定位置的主次尊卑，以示礼让他人。国际惯例是以右为尊，这与中国传统的“以左为尊”的排位方式是不同的。当需要表示对他人的敬意时，应请其居右；当需要表示自谦时，则应主动居左。

第一节　行路礼仪

这里所说的行路，主要是指在街道上行走。在平常的“走路”中，同样有一系列的礼仪要求。

一、一般行路礼仪

在街上行走一定要遵守交通规则，横过马路时要先看红绿灯信号，并一定要走人行横道，不走自行车道或机动车道。人行横道、过街天桥和地下通道都是为行人设定的，千万不要图一时快捷而去跨越道路的隔离设施。

如路遇车祸或其他事故，不要围观起哄。不要随手摆弄、采摘街道两旁和街心花园中的花木。走路时要注意维护环境卫生，不要随地吐痰、随手抛弃废物。

走路时不要吃东西，这既不卫生，也不雅观。如果确实是肚子饿了或口渴了，也可以停下来在路边找个适当的地方，吃完后再赶路。

一个人独自在街道上行走时，不应东张西望，也不要左右来回摇摆，否则有可能阻挡了后边的行人。行走时不要与他人相距过近，尤其要避免与对方发生身体碰撞。

二、同行礼仪

与他人同时行进时，居前还是居后，居左还是居右，是有讲究的。通常讲究的是“以前为尊，以后为卑”。前面行走的人，位次高于后面行走的人。因此，一般应当请客人、女士、尊长行走在前，主人、男士、晚辈与职位较低者随后而行。当然，引路者需要走在前面，以便带路，指示方向。

倘若道路状况允许两人或两人以上并排行走时，一般讲究“以内为尊，以外为卑”。人行道的内侧是安全又尊贵的位置，应将其让给女士长者或上级，男士年轻者或下级则应居于外侧。主人陪客人外出，也应是主在外、客在内。若一位男士与两位以上的女士同行，男士应走在外侧，而不应居中。若当时所经过的道路并无明显内侧、外侧之分时，则可采取“以右为尊”的国际惯例。当三个人并排行进时，有时也可以居于中间的位置为尊贵之位。以前进方向为准，并行的三个人的具体位次由尊而卑依次应为：居中者，居右者，居左者。若两位男士和一位女士同行，则女士应走在中间。

如果街道上行人较多，行进中的夫妻或情侣最好不要挽手而行。在行人较多的路段行走时，最好要保持一定的行进速度，而且尽量不要并排行走，以免挡住后面人的去路。

人们在行走中常常提着东西，要注意不要让自己提的东西阻挡或碰撞了他人。提东西一般用右手，最好不要左右开弓。如果是一群人并行，则提东西者应走在外侧。

与成年同性同行时，不要勾肩搭背、搂搂抱抱，容易引起误解，因为在西方国家只有同性恋者才会这么做。

三、行人互动礼仪

马路上车水马龙、人来人往，因此，行人之间要提倡相互礼让。遇到老、弱、病、残、孕，要照顾他们。要是有人迎面走过来，应向外侧躲避，以便让对方先通过。如果道路过于狭窄，则让路者应退至道边，甚至让出人行道。对他人毫不相让，且寸步必争，只会让人觉得不懂礼貌。

在特别拥挤的地方，要有秩序地通过，万一不小心撞了别人或踩了别人的脚，要主动道歉。如果是别人踩了自己的脚或碰掉了自己的东西，应表现出良好的修养和自制力，不可口出恶言，说“干什么!”“你没长眼睛啊?”之类的粗言，而应该宽容和气地说：“慢一点，别着急。”

四、路遇礼仪

走路遇到熟人，应主动打招呼或进行问候，不能视而不见，把头扭向一边，擦肩而过。但也不适宜不顾他人地大声打招呼，距离远可用手势示意，“君子从不越路与人言”就是此意；距离近则用语言打招呼。如果在路上碰到久别重逢的朋友，想多交谈一会儿，应靠边站立，不要站在路中间或拥挤的地方，以免妨碍交通，增加不安全的因素。

路遇在街道另一边行进的朋友，可以同他打招呼，不过点头致意就行了，切忌高呼狂叫，惊扰他人。女士在路上遇到经人介绍才认识且交往不深的男士，可以点头为礼，过分热情和一脸冰冷都是不合适的。

五、问询礼仪

遇到他人问路，不论男女老幼、内宾外宾，都要尽力相助，为其指示方向。实在不知道的话，则需要说明，应说：“很抱歉，我也不是太清楚，请再问一下其他人。”

向他人问路，应使用礼貌用语，如“劳驾”“请问”“抱歉，打扰您一下”，并根据年龄、性别称呼对方，如“同志”“师傅”“老先生”“小朋友”“阿姨”“叔叔”等。不能用“哎”“喂”等不礼貌、不尊重的语言。当别人回答你的问题后，应诚恳地表示感谢，一定要说：“谢谢您！”如果问题没有得到满意的答复，也应有礼貌地表示谢意，不要表现出不满意或者不信任。

如果遇到外国朋友问路，即使听不懂外语，也不能置之不理，要大方地与对方进行交流，语言不通可以用肢体语言或者画地图为其指路。如果还是无法顺利沟通，可以帮助对方找到可以沟通的人为其指路。

第二节　搭乘礼仪

现代生活节奏较快，驾驶或乘坐各种机动车辆是快速、省时的出行方式。由于交通拥堵，搭乘人员较多，遵守搭乘礼仪规范是现代人文明的标志之一。

一、搭乘公共汽车的礼仪

乘坐公共汽车时要律己敬人，必须自觉讲究社会公德，遵守公共秩序。对于自己，应处处严格要求；对于他人，要时时友好相待。

具体而言，首先要做到律己。在乘坐公共汽车时，切勿携带违禁物品。上下车时，与乘客要相互礼让，排队依次而行。乘车期间，不要多占座位，或在不属于自己的座位上就座。在放置私人物品时，应当不对他人造成影响。在车上切勿当众更衣、脱鞋，或是吸烟、吐痰；不要乱扔废弃之物；不要让小孩随地大小便或骚扰其他人；不要在车上吃气味浓郁刺鼻的食品。

其次要做到敬人。需要注意的问题有以下几点：

（1）上下车时，如需他人让道，应当先说一声“对不起，请让一下”。之后，还须说一声“谢谢”。

（2）万一碰撞、踩踏了他人，要立即向对方道歉。

（3）寻找座位时，如打算坐在他人身旁，应当先问一下对方“这里有没有人？”或是“可以坐在这里吗？”。

（4）在放置私人物品时，如有必要挪动他人之物，务必要先征得对方的同意。

晚下车的乘客应该往里站，把座位让给老、弱、病、残、孕及抱孩子的人坐。上车以后应当主动买票。其他乘客为你传递车票后，要表示感谢。向售票员及其他乘客问路后，也要表示感谢。携带鱼、肉等生腥食物上车时，要妥善保管，避免弄脏他人的衣物。咳嗽、打喷嚏时，要用手帕捂住嘴，并低下头。下雨天乘车时，雨伞尖要向下，并且妥善安放雨伞，防止戳伤别人或弄湿别人的衣服；雨衣则要脱下，湿的一面向里裹起。

上下班时，车厢过于拥挤，乘客之间应当互相体谅，不要稍有碰撞就产生争执。此外，与熟人在车上旁若无人地高谈阔论，或情侣之间有过分亲昵的行为，也是不礼貌的。

二、搭乘火车、轮船的礼仪

（1）乘火车、轮船时，在候车室、候船室里要保持安静，不要大声喊叫。

（2）上车、登船时要依次排队，不要乱挤乱撞。

（3）在车厢、轮船里，不要随地吐痰，不要乱丢果皮纸屑，也不要让小孩随地大小便、随意跑动。

（4）持票排队上船，对号入座或铺位，不要占用他人座位，也不应强行要求他人与自己更换座位。

（5）船上的扶梯较陡，走道较窄，年轻人或男士应留意照顾女士、老人、儿童和残疾人。

（6）不能随意在舱内的走道和甲板上奔跑追逐，不要随意触摸船上的各种开关和设施。

（7）船在航行时，白天不要在船舷上舞动花衣服和手绢，晚上不要拿手电筒乱照，以免被其他船只误认为是旗语或信号。

三、搭乘轿车的礼仪

搭乘轿车时，如欲进车内，一定要先侧身坐于车座上，而后将双腿、脚同时挪入车内，再将身体调整好，安坐待行。下车时，亦应将双腿先行移出，再侧身出来。

（一）多人乘车的礼仪

多人乘坐轿车时，按照惯例应当请位尊者先上车，最后下车。位卑者则应当最后上车，最先下车。在轿车抵达目的地时，若有专人恭候在此并负责拉开轿车的车门，则位尊者亦可先下车。

乘坐双排座或三排座轿车时，座次的具体排列因驾驶员身份的不同而有所区别，具体分为下述两种情况：

第一种情况：由所乘轿车的车主亲自驾驶轿车。在这种情况下，双排五座轿车上其他四个座位的座次由尊而卑依次为：副驾驶座，后排右座，后排左座，后排中座。三排七座轿车上其他六个座位的座次由尊而卑依次为：副驾驶座，后排右座，后排左座，后排中座，中排右座，中排左座。当主人亲自驾车时，若一个人乘车，则必须坐在副驾驶座上；若多人乘车，必须推举一个人在副驾驶座上就座，不然是对主人的不敬。

第二种情况：由专职司机驾驶轿车。在这种情况下，双排五座轿车上其他四个座位的座次由尊而卑依次为：后排右座，后排左座，后排中座，副驾驶座。三排七座轿车上其他六个座位的座次由尊而卑依次为：后排右座，后排左座，后排中座，中排右座，中排左座，副驾驶座。三排九座轿车上其他八个座位的座次由尊而卑依次为：中排右座，中排中座，中排左座，后排右座，后排中座，后排左座，前排右座，前排中座。

根据常识，轿车的前排，特别是副驾驶座，是车上最不安全的座位。因此，按惯例，在社交场合，该座位不宜请妇女或儿童就座。在公务活动中，副驾驶座，特别是双排五座轿车上的副驾驶座，被称为“随员座”，循例专供秘书、翻译、警卫、陪同等随从人员就座。

（二）主客同乘的礼仪

如陪客人同乘一辆轿车，主人应先为客人打开车的右侧后门，以手挡住车门门框的上端，提醒客人注意；等客人坐好后，方可关门；主人应从左侧后门上车；主人不能先上车。

如与亲友一同乘车，应请女士及长辈先上车，并为之开关车门。若女士裙子太短或太紧不宜先上车时，可请男士先上，此时男士不必再礼让。

抵达目的地时，主人应先下车，并绕过去为客人打开车门，以手挡住车门门框的上端，协助其下车（男士及晚辈也应如此照顾女士和长辈）。

女士上车时，不应先伸进一条腿，再伸另一条腿，得体的方式是先轻轻坐在座位上，然后再将双腿一同收进车内。下车时，也要双脚同时着地，不可一先一后。

如果主宾不乘同一辆车，主人的座车应行驶在客人的座车前面，为其开道。当自己开私家车接人时，一定要尽量周到地照顾客人。如果仅两人同车，可以请客人坐在副驾驶座上，便于两人之间平等交流；如果多人同车，可以根据客人的地位与关系安排座位。如果乘坐他人的私家车，一般情况下要坐在副驾驶座上，便于和主人交流；要是你坐在后座上，就会有把主人当司机的嫌疑，所以即使是主人请你坐后面的座位也应拒绝。

主人夫妇驾车时，则主人夫妇坐前座，客人夫妇坐后座，男士要为自己的夫人服务，打开车门后让夫人先上车，然后自己再上车。

（三）搭乘出租车的礼仪

拦车时要保持风度，应考虑出租车司机停车的方便与交通规则，等到出租车司机可以看到你时，用手缓缓摆动一两下就可以了。不要大声喊叫，也不要不停地大幅度挥手。

若与女士同行，座位是男左女右，男前女后；若是几人同行，应该争坐前座，因为前座是付款的座位。

四、驾车的礼仪

“文明驾车”是现代礼仪中不可或缺的一项行为准则。无论在哪个国家驾车，遵守交通规则是最基本的要求。不要对那些红灯变绿时还正走到马路中间的人按喇叭，因为这可能使他闯入另一车道而发生危险，要有耐心地等他通过。驱车来到别人家门口时，也不要以喇叭声表明自己的到来，以免干扰他人。

在停车、超车、会车时也有许多“驾驶礼节”需要注意。不要盘踞在马路中间或高速公路的超车道上，不管后面的车子怎么按喇叭，就是不让。晚上开车时，应把车头灯由远光灯改为近光灯。尽量避免将车子开过马路上的水坑，而把水溅到行人身上或者其他车身上；假如无法避免，要尽量开慢一些。

五、乘飞机的礼仪

（1）上飞机时，面对乘务员的热情问候应报以同样的微笑，并说声“您好”。

（2）进入机舱找到自己的座位后，应侧身尽快将自己随身携带的行李放入座位上方的行李舱内，关上行李舱门后立即坐下来，以免站在通道上影响其他乘客通行。

（3）坐下后如感到闷热可打开座位上方通风孔或脱去外衣，衣服叠好放在自己身上，不要披挂在前座背上。

（4）应主动按照红色警示信号灯的指示，自觉地系好安全带。在飞机没有起飞前，不能放下小桌板和自己的座椅靠背。

（5）如果其他乘客主动向你打招呼或想找你交谈，除非你十分疲倦，否则应友好地应对。若你想休息一下或要做什么事情（如看材料、起草文件），则应向对方说明并表示歉意。

（6）在机舱内谈话声音不要过高，尤其是在其他乘客闭目养神或看书报时，更不能大声喧哗。

（7）坐久了可以站起身舒展一下筋骨，尽量不要在狭窄的通道上走动，以免影响其他乘客或乘务员来往。

（8）在飞机上使用洗手间要按顺序，应保持洗手间洁净。等候他人时不要催促，自己使用时要动作快速，避免他人长时间等候。

（9）飞机抵达目的地还未停稳时，千万不要解开安全带站起身急于拿行李，必须等乘务员通知后才能这样做。

六、乘坐电梯的礼仪

（1）电梯最内侧，是最尊贵的位置。较靠电梯门口处，则为第二顺位。

（2）进入电梯时，应面朝电梯门的方向站立，依序进入，如图 4－1 所示。

图 4－1　依次进入电梯

（3）不应在电梯内对镜整装。

（4）在电梯内尽量避免交谈。

（5）不能在电梯内吸烟。

（6）在电梯内尽量避免打电话。如果不得不打电话，也要尽量小声。

操作按键是晚辈或下属的工作，所以同乘电梯辈分最低的人站在此处。操作者只需轻轻地触摸按钮即可，不要反反复复地按。很多人习惯伸长胳膊去按电梯按钮，这实际上是不礼貌的。礼貌的做法是请靠近楼层显示屏的乘客替你按电梯按钮，你可以说："请您帮我按第×层，谢谢!"站在电梯按键旁的人也应主动询问电梯中其他人所到楼层，自己就近帮助按下。

一般来说，在乘坐电梯时眼睛看电梯门上的楼层显示屏比较合乎人的心理在这种特殊环境中的需求。在乘坐电梯时千万不要盯着身边的人看，这显得对别人不尊重。

第三节　住宿礼仪

在酒店住宿期间，随时要同酒店服务人员接触和相处，平等对待酒店服务员，尊重其人格，既有助于展示你良好的教养，也有助于更好地享用酒店提供的服务。

一、入住的礼仪

进入酒店大堂后，首先应该到前台登记。如果带了大量的行李，门童会帮助搬运行李，可以礼貌地谢过之后就去登记入住。如果前面有正在登记的客人，应静静地按顺序等候。在等候时要与其他客人保持一定的距离，不要贴得太近。在登记完毕拿到钥匙之后，就可乘电梯去房间了。乘电梯时，应主动按下开门键等待后来的客人。

大厅和走廊是酒店的主要公共场所，因此一定要记住，不要像在自己家中一样，甚至穿着睡衣或浴衣在这些地方转来转去。此外，还应该注意一定不要大声说话和吵闹，也不要乱跑乱跳。遇到雨雪天气，要收好雨伞，把脚上的泥去干净再进入酒店。

二、客房内的礼仪

虽然打扫客房是服务员的工作，但是也不能因为有人代劳就不注重保持清洁卫生。废弃物要扔到垃圾筐里，东西尽量摆放得整齐有序。如果要连续住上几天，可以留一张纸条给客房服务员，告诉他们床单和牙刷不必每天都换，牙膏和洗发水也可以等用完了再换新的，这样的客人一定会受到酒店的尊重和欢迎。

电视的音量要适中，注意不要影响别人的休息。淋浴的时候，浴帘的下部要放到浴缸里面，不要把地弄湿了。洗发水、牙刷、肥皂、信封、信纸之类的小用品可以带走，但要注意有些物品是有偿使用的。

在客房内与朋友欢聚要有节制，会客时间太长是不适宜的。还要注意交谈的音量，不要影响到其他客人的休息。

在客房内应尽量避免以下陋习：

（1）用过的纸、瓜子壳等碎屑到处乱扔。

（2）不使用床头柜下的专用擦鞋纸，而用浴室里的毛巾，甚至床单来擦皮鞋。

（3）随地吐痰，或者将饮料、水果的汁水随意地洒到地毯上，留下渍印。

（4）在酒店的禁烟区吸烟，或在房间里吸烟乱弹烟灰、乱丢烟头。

这些行为虽然没有造成明显的物品损坏，但服务员清理起来特别费劲。

三、出入的礼仪

在出入酒店时，若门童为自己开启大门或向自己问好，应予以回应或表示感谢，若保安人员出于职责打量或盘问自己，要予以合作。在前台登记时，应出示完备的证件，态度友好和有耐心。

如果要求住某间房或换房，应采用协商的方式，不要趾高气扬、咄咄逼人。搭乘有人服务的电梯时，应清晰报出自己欲去的楼层，并向服务人员致谢，不要无视对方的存在，自行操作。

当服务员需要进入客房打扫卫生、送开水、送报刊时，应表示欢迎，并且道谢；若不方便其进入，可事先在门外把手上悬挂“请勿打扰”的告示牌，或开启“请勿打扰”的指示灯。但离开房间时，应取下告示牌或关闭指示灯。

在走廊里遇见客房服务员，尤其是对方先向自己打招呼时，也应向对方问好。

使用总机人工接转的电话，要向接线员小姐问好和道谢。万一客房内个别设备出现故障或损坏，可向客房部报修。维修工来之后，应表现大度，切莫语气粗暴，责怪刁难对方。

四、离店的礼仪

结账离店是客人和酒店的最后一次接触，怎样才能给酒店留一个完美的最后印象呢？在准备走之前，可以先给前台打个电话通告一声。如果行李很多，可以请他们安排一个人来帮助提行李。不要从酒店拿走毛巾、睡衣或其他物品，酒店对物品的管理非常严格，这会令你处于尴尬的局面，而且到最后还要为此付款。如果你想要些纪念品的话，可以到酒店的商店里购买。如果不小心弄坏了酒店的物品，不要隐瞒、抵赖，要勇于承担责任并赔付。结完账，礼貌地致谢并道别。

第四节　场馆礼仪

场馆礼仪就是公共场所礼仪。公共场所指的是可供全体社会成员进行各种活动的公共活动空间，如街头、楼梯、走廊、公园、车站、码头、机场等。公共场所礼仪是社会公德和人类文明程度的体现，也是人们在交际应酬之中所应具备的基本素养。

一、影剧院礼仪

观看戏剧或演出应提前到场入座，如迟到，应等到幕间休息再入场，尽量不打扰他人。如果自己的座位在中间，应当有礼貌地向已经就座者示意，请其让自己通过。

观看演出时应注意衣着整洁，即使天气炎热，袒胸露腹也是不雅观的。此外，也不可戴帽子，因为这样会影响后排人观看。

演出结束后，应鼓掌表示感谢。演员谢幕前，不要退席。

在放映厅里，电影开演后，以下行为都是不妥的：

（1）与同伴说话或是对着银幕评头论足。

（2）踢前排的椅背，或把脚搭在前排的椅背上。

（3）不关掉手机或接听电话。

电影院里允许吃东西、喝饮料，但尽量不要吃带皮、带壳和带响声的食品，以免影响他人。如果座位不靠过道，而电影开演前或在放映中间你需要离座一会儿，这时你应与邻座的人说："抱歉，劳驾让一让"，然后等别人让你过去。而别人从你面前经过时，要主动避让，起身或收起双腿，让对方顺利通过，切不可无动于衷，让对方硬从你前面挤过去是极为失礼的。当通过时，要记得道谢。女士入座或离座时要留意手袋不要碰到前排观众的头。

去听摇滚音乐会时，如果从别人面前走过，尽量别挡住他们的视线，还要注意不能挡住紧急出口。如果不留意站在了紧急出口处，保安或是引座员就会请你移开。

二、体育场馆礼仪

体育比赛中每个精彩的场面都可能令人欢呼雀跃，但注意不要把手中的饮料和小食品泼洒到邻座观众的身上。激动人心的时刻，你当然可以随大家一起站起来喝彩，但要记得尽快坐下，免得挡住后排观众的视线。

比赛结束观众退场的时候，要记住走向最近的出口处，而不要跑，以免他人误以为发生了严重的事情，引起恐慌甚至骚乱。为了避免人挤人，可以提前一点退场。

文明观赛事，理智对输赢。主场观众应体现出东道主的风度和公平精神，为双方鼓掌；语言文明，着装得体，热情大方；不乱抛物，爱护公物和环境卫生。例如，在网球场观看比赛，不要在球员发球的时候用闪光灯拍照，更不要发出声响。从球员开始准备发球到结束，观众在此过程中最好不要随意交谈、吃东西、叫好、喝彩、鼓掌。如果观看网球比赛时迟到，应该在球员休息的时候进场，以免影响球员的注意力，干扰比赛。观看台球比赛，球员上场击球时要全场保持安静，以免影响球员的专注度。

三、鼓掌礼仪

鼓掌是一种常用的礼节，要适地、适时、适度、得体。鼓掌应该热烈，但要把握好时机和分寸。

看歌剧是每一幕结束时鼓掌；看芭蕾舞可以在演出中间，当一段独舞或双人舞表演完之后鼓掌；在听音乐会时，应当在指挥和独奏者进场或退场时、在一首乐曲演奏完毕时及音乐会结束时鼓掌，不要刚刚演奏完一个乐章就鼓掌。只有在演出结束时，掌声才可以经久不息。

在电影院中一般不要鼓掌，但在精彩处大家也可以随情节而自然鼓掌。在听报告或演讲时，当听到十分赞成的言论时也可以鼓掌表示支持。当报告或演讲结束时，不管你是否喜欢这场报告或演讲，都应该以鼓掌表示对报告者、演讲者的尊重。

四、商场购物礼仪

在自选商场，可以随便试穿各式自己喜欢的衣服，但要懂得保持所试穿过的衣服的整洁，不能随手将它们扔在衣架旁或扔在试衣间里。另外，也要注意不要长时间占用试衣间，免得其他顾客没有地方试穿想买的衣服。

商场里的售货员通常都很热情，他们总是尽量帮助顾客找到所需要的物品，作为顾客也不要忽视自身的礼貌表现。每次要求售货员帮忙时要用“请”；而接受他们的帮助后要说声“谢谢”。如果你觉得给售货员添了不少麻烦，可以加一句表达心意的话：“真不好意思，给你添麻烦了。”

在超市中挑选商品时，要注意将物品摆放整齐，不要损坏物品。使用超市提供的手推车时，要注意停放的位置，不要妨碍他人，结完账后应将其推回原处。遇有纠纷或争执时，要相互谦让，妥善解决。人多时，自觉排队结账。购物完毕，应向服务员道谢。

五、游览观光礼仪

在旅游观光场所时，要保护自然环境，不随地吐痰，不乱扔果皮纸屑；要爱护名胜古迹和文物，爱护公共设施和花草树木，不乱涂乱画、乱攀乱折；要尊重异域文化和民俗风情；要遵守秩序，讲究礼让，不大声喧哗。

在旅游景区游览时，可穿着随意舒适的休闲装、运动装，不要穿过于正式的服装。

六、图书馆礼仪

图书馆是学习求知的场所，一定要注意秩序，遵守规则。在图书馆内要保持安静，走动时脚步要轻，不高声喧哗，不抢座位，不吃带壳的食物；注意穿着整洁，不穿汗衫、背心或拖鞋入内；爱护图书，不损毁图书，不在阅览桌上乱涂乱画。就座时，不为别人预占位置，查阅目录卡片时，不用笔在卡片上涂抹画线。

七、探望病人的礼仪

当亲友、同事、同学患病时，前往探望、慰问是人之常情，也是一种礼节。

探望病人时，首先应选择适当时机，尽量避开病人休息和医疗时间。由于病人的饮食和睡眠比常人更为重要，所以不宜在早晨、中午、深夜以及病人吃饭或休息时间前往探视。如果是探望住院的病人，还应在医院规定的时间内前往。若病人正在休息，应不予打扰，可稍候或留言相告。

其次，应注意言行举止得当。人在患病期间都相当敏感，与病人谈话时，一般应先询问病人的身体状况及治疗效果。在病人讲述病情时，要认真地听，不要心不在焉、左顾右盼。在谈话的内容上，针对病人的焦虑心态要多说一些轻松、宽慰的话，以利于病人恢复平静、稳定的心情。同时还要多说一些关心、鼓励的话，让病人感到愉快，淡化病痛带来的苦恼，以增强病人战胜疾病的勇气。不要向病人介绍道听途说的偏方、秘方，不推荐未经临床实验的药物。如果病人的病情需要保密，不要和病人一起去乱猜；若已知道应保密的病情，更不能对病人进行暗示。

最后，为照顾病人休息，谈话和逗留的时间应较短。告别时，一般应谢绝病人送行，并询问病人是否有事相托，祝他（她）早日恢复健康。

按照日常的习惯，探望病人一般会带一些礼品，如鲜花、水果等。同时，探望者要注意服饰应朴素，不宜浓妆艳抹。

八、宗教场所礼仪

在宗教场所，不但要求有礼貌，而且要求有敬畏的心态。如果不知道在这种场合该做什么，可以保持安静，与大家一样严肃。别人站起来，你也随着站起来；别人坐下，你也随着坐下；别人敬拜，你也要随着敬拜。参加宗教聚会时记得带些钱，奉献往往是宗教聚会时的规定内容之一。

参加宗教聚会时服饰要整洁，但穿着打扮不可让人觉得你是去参加晚会。聚会开始后，与人交谈或耳语、吃东西或嚼口香糖、随意进出等都是不礼貌和不尊重他人的表现。宗教聚会如果有时间规定，要按时到场，活动结束后才能走。散会时，要按顺序安静地走出会场。

第五节　付小费的礼仪

许多国家均有顾客向服务人员付小费的习俗。小费含有一定的礼节性，它在一定程度上表示顾客对服务人员的爱护与尊重。相传，付小费之风源于 18 世纪的伦敦。当时，有些酒店的餐桌上摆着写有“保证服务迅速”的碗，当顾客将零钱投入碗中后，必得到服务人员迅速而周到的服务。这种做法不断延续，便成为时下的付小费，作为对为你提供服务的人的一种感谢。

在欧洲，付小费已经成为一种惯例。小费是一种不列入账单的服务费用，除非顾客对服务不满意，否则是不会不付小费的。也就是说，小费不是必需的，在正常情况下不会有人拿着账单来讨要，但又是必要的，因为不付小费会引起误解：对服务不满意，这会令双方都尴尬。

一、付小费的对象

收取顾客小费的，只限于服务行业的服务人员，如酒店招待、领位小姐、行李搬运员、火车站和机场的行李员、轮船上的招待、卧铺车厢乘务员、酒吧调酒师、理发师、出租车司机、加油站工人、衣帽间服务员、卫生间服务员、擦皮鞋者、导游、旅游车司机、摩托游艇司机、停车场看守人员等。付小费只针对提供了一对一服务的服务人员。飞机上的乘务员、火车车厢乘务员、公共汽车司机等，当其服务对象是一群人时，顾客一般不需要付小费，除非受到了特殊照顾。

二、小费的支付方式

支付小费一般是在私下，比如将小费放在餐巾上、酒杯底下或压在用过餐的盘子底下，等服务员来收拾桌面时自行取走。给打扫房间的服务员的小费，在离开房间时放在显眼的位置即可。支付小费也可公开，但最好低调，什么都不说更好。比如坐出租车时，一般应凑齐一个整数；酒店招待拿来账单时，可说零钱不必找了。在一些地方，如酒店、酒吧，可能会专门放着收取小费的小盘子或存钱罐，这是最方便的。客房内，将零钱放于枕边，则是默认的付给客房服务员的小费。

三、付小费的一般标准

按照什么样的标准支付小费，各国比例不一，但出入不是很大，计算方式一般有下述三种。

（一）按消费金额的10％～15％计算

小费一般不低于消费金额的10％。在欧洲，所有酒店在结账时都要加收10％～15％的服务费。

在酒店住宿时，账单上通常标明需要收取消费者消费总额的10％～15％作为小费。付给门童的小费，应在1美元左右；付给客房服务员的小费应在1美元～2美元。

在餐馆就餐时，需要按自己消费总额的5％～10％付给服务人员小费，付给领班的小费应为消费总额的5％左右。

去酒吧时，付给侍者与管酒人的小费应为消费总额的15％。在美容美发时，按本人消费总额的10％～20％付给小费。搭乘出租车，小费一般按照车费的15％付给司机。

（二）按件数计算

在国外，付给搬运工的小费是按件计算的，每件付50美分。在机场、港口、火车站，请行李员为自己搬运行李时，一般应当按自己所带行李的具体件数付给小费，每件0.5美元～1美元。

（三）按服务次数计算

在欧洲的影剧院，如果有人递节目单，而你又接受了，应该给服务员25美分的小费。

小费数目不必太大。一般情况下，客人可按明码标价的5％～15％作为参考。除了零钱凑整，小费不能用零钱。用2欧分、5欧分这样的零钱付小费，会被视为不讲礼貌。在世界各地，付小费的规矩不尽相同，最好入乡“问俗”。

问题探究

1. 两个以上人并排行走时应遵循的原则是什么？
2. 乘坐双排五座轿车时，座次如何排列？
3. 女士应如何上轿车？
4. 在飞机上，应怎样做才能方便其他旅客在过道上通行？
5. 在电梯内应怎样做才符合礼仪规范？
6. 在酒店客房内应避免哪些陋习？
7. 在网球场观看比赛时应注意哪些事项？
8. 在音乐会上，什么时机鼓掌才是礼貌的？
9. 在图书馆要注意哪些事项才不会打扰别人？
10. 探望病人要注意哪些礼仪？
11. 去宗教场所应穿着何种服装才不失礼？
12. 思考在公共场所中个人还有哪些需要提高和改进的方面。

第五章
接待与会务礼仪

学习目标

通过本章的学习，掌握接待活动中各个环节的礼仪规范，了解商务拜访中的各类注意事项，了解会务工作的基本要求，能够按照礼仪规范做好各项会务安排。

在现代社会，人们之间相互拜访是拉近双方距离、洽谈事务的重要方式。会议则是人们从事各类有组织的活动的一种重要方式。会议一般是指有组织地使人们聚集在一起，对某些议题进行商议或讨论的集会。接待与会务礼仪主要指接待客人及与办会有关的具体的礼仪规范。

第一节　接待礼仪

迎来送往是接待活动的基本形式和重要环节，是表达主人情谊、体现其礼貌素养的重要方面。尤其是迎接，这是给客人留下良好的第一印象的重要工作。给客人留下了良好的第一印象，就为下一步的深入接触打下了基础。

一、迎接

（1）对前来访问、洽谈业务、参加会议的外国、外地客人，应首先了解其到达的车次、航班，安排与客人身份、职务相当的人员前去迎接。若因某种原因，相应身份的人员不能前往，前去迎接的人员应向客人作出解释。

（2）主人到车站、机场去迎接客人，应提前到达，恭候客人的到来，不能迟到而让客人久等。客人看到有人来迎接，必定会感到高兴，若迎接来迟，会在客人心里留下阴影，事后无论怎样解释，都无法消除这种失职和不守信誉的印象。

（3）接到客人后，应首先问候"一路辛苦了""欢迎您来到××××"等，然后向对方作自我介绍。如果有名片，可送予对方。

（4）迎接客人应提前为客人准备好交通工具，不要等到客人到了才匆匆忙忙准备交通工具，那样会因让客人久等而误事。

（5）主人应提前为客人安排好住宿，帮客人办理好一切手续并将客人领进房间。同时，还可向客人介绍住处的服务、设施，将活动的计划、日程安排告知客人，并把准备好的地图或旅游图、名胜古迹介绍材料等送给客人。

（6）将客人送到住地后，主人不要立即离去，应稍作停留，陪客人交谈一会儿。考虑到客人旅途劳累，主人停留的时间不宜过长，以免耽误客人休息。告别时，可将下次联系的时间、地点、方式等告诉客人。

二、座次安排

会见与会谈一般会用到会客厅或会议室的长桌，长桌的摆放方位不同，主客双方的位置要相应变化，如图 5－1（a）和图 5－1（b）所示。

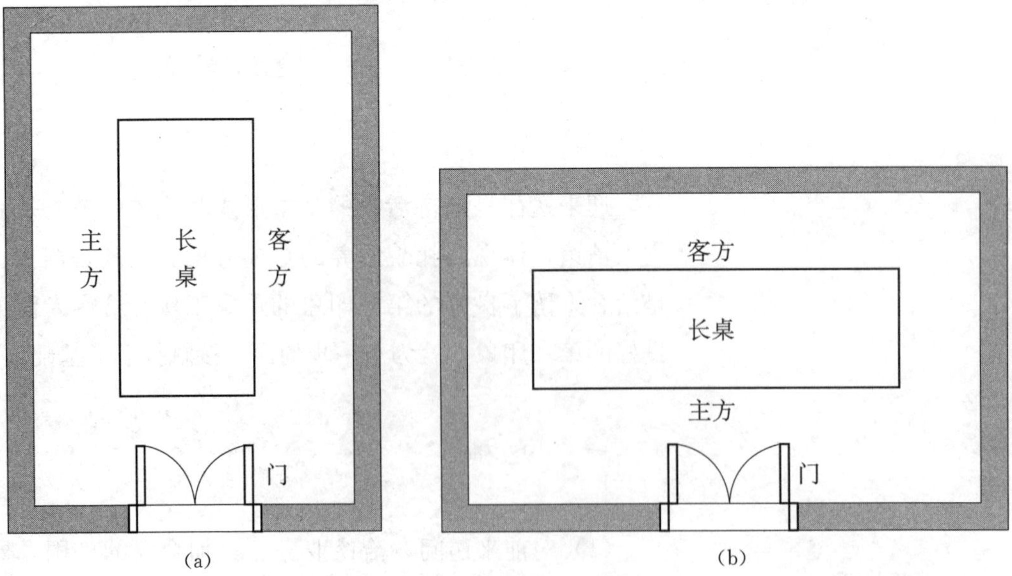

图 5－1　接待席位安排

（一）会见座位的安排

通常将客人安排在主人的右侧，译员、记录员安排在主人和主宾的后面，客方其他人员按礼宾次序在主宾一侧就座，主方陪见人员在主人一侧就座。座位不够可在后排加座。双方人员的排序由双方按照每个人的职务、地位、本次会见的内容等综合排定。

（二）会谈座位的安排

双边会谈通常用长方形、椭圆形或圆形桌子，宾主相对而坐，以正门为准，主人坐背门一侧，客人坐面门一侧，主谈人居中。我国习惯把译员安排在主谈人右侧，其他人员按礼宾次序左右排列。记录员可安排在后面。当会谈人员较少时，记录员也可安排在会谈桌上就座。双方人员的排序也由双方按照每个人的职务、地位、本次会见的内容等综合排定。

（三）合影位次

在商务活动中，会见或会谈之后，通常会安排宾主双方合影留念。一般是主人居中，按礼宾次序，在主人的右手边排第一位来宾，主人的左手边排第二位来宾，主客双方间隔排列。第一排人员既要考虑人员身份，也要考虑场地大小，即能否都摄入镜头。一般来说，两端均由主方人员把边。

与商务活动中“以右为尊”不同的是，政务活动中“以左为尊”。因此在政务活动中，如果是上级领导来视察，安排合影时，要将所有合影人员排出次序，每排再按开会时主席台上的就座次序排列。为了突出主要领导，保证主要领导居中，通常按单数排位，1 号人员（即身份最高者）居中，2 号人员在 1 号人员左手位置，3 号人员在 1 号人员右手位置，以此类推，如图 5－2 所示。

7	5	3	1	2	4	6

图 5－2　政务活动中合影位次

三、接待

接待客人要注意以下几点：

（1）客人要找的人不在时，可请客人留下电话、地址，明确告知客人等他要找的人回来时代为转告。

（2）客人到来时，我方人员由于某种原因不能马上接见时，要向客人说明理由及可能需要等待的时间。若客人愿意等待，应该向客人提供饮料、杂志。

（3）接待人员带领客人到达目的地，应该有正确的引导方法和引导姿势。

◇ 在走廊的引导方法：接待人员在客人两三步之前，让客人走在内侧，配合客人的步调前进。

◇ 在楼梯的引导方法：当引导客人上楼时，应该让客人走在前面，接待人员走在后面；当引导客人下楼时，应该由接待人员走在前面，客人走在后面。上下楼梯时，接待人员应该注意客人的安全。

◇ 在电梯的引导方法：引导客人乘坐电梯时，接待人员先进入电梯，等客人进入后关闭电梯。电梯到达时，让客人先走出电梯。

◇ 客厅里的引导方法：当客人走入客厅时，接待人员用手示意，请客人坐下。如果客人错坐了下座，应请客人改坐上座（一般靠近门的一方为下座）。等客人坐下后，才能行点头礼后离开。

（4）引见的礼节。在引导客人去我方人员办公室的途中，接待人员要走在客人左前方数步远的位置，忌把背影留给客人。在陪同客人的这段时间内，不要只顾闷头走路，可以讲一些得体的话或介绍一下本单位的大概情况。

在进领导办公室之前，要先轻轻敲门，得到允许后方可进入，切不可贸然闯入。进入办公室后，应先向领导点头致意，再把客人介绍给领导。介绍时要注意措辞，可用手示意，但不可用手指指着对方。介绍完毕走出房间时应自然、大方，保持较好的行姿，出门后应回身轻轻把门带上。

（5）开关门的礼节。一般情况下，进出办公室时，都应用手轻推、轻拉、轻关门。如果需与同级、同辈者共同进入，要互相谦让一下。走在前面的人打开门后要为后面的人拉着门。如果是不用拉的门，最后进来者应主动关门。如果与尊长、客人共同进入，应当视门的具体情况随机应变。这里介绍常用的几种方法：

◇ 朝内开的门：如果门是朝内开的，接待人员应先入内拉住门，侧身再请尊长或客人进入，如图 5－3 所示。

◇ 朝外开的门：如果门是朝外开的，接待人员应打开门，请尊长、客人先进，如图 5－4所示。

◇ 旋转式大门：如果陪同尊长或客人走的是旋转式大门，接待人员应自己先迅速过去，在另一边等候，如图 5－5 所示。

无论进出哪一类的门，接待人员在引领时一定要“口”“手”并用且到位，即运用手势要规范，同时要说“您请”“请走这边”“请各位小心”等提示语。

图 5-3　门朝内开的请客入室礼节

图 5-4　门朝外开的请客入室礼节

图 5-5　旋转门的请客入室礼节

四、会谈

当客人来访时，接待人员应该主动从座位上站起来，引领客人进入客厅或公共接待区，并为其送上饮料。如果是在自己的座位上交谈，应该注意声音不要过大，并始终面带微笑。会谈中可有意识地提到对方的名字，如“诚如××先生（小姐）您所说的……”这样可以帮助自己记住对方的名字，而对方也不会介意自己的名字一再被提及。在提出反对的观点时，可以先来一句：“原来如此，就像您说的一样。不过，这样的意见也应该列入考虑吧。”这样说的目的是缓和气氛。

上级来访时，接待要周到。对领导交代的工作要认真听、记；领导了解情况，要如实回答；如果领导是来慰问，要表示诚挚的谢意；领导告辞时，要起身相送，互道“再见”。

下级来访时，接待要亲切热情。除遵照一般来客礼节接待外，对下级所反映的问题要认真听取，一时解答不了的要客气地回复。来访结束时，要起身相送。

五、安排参观游览

接待远道而来的客人时，如果时间允许，接待方一般会安排客人参观游览本地名胜。组织好参观活动不仅能使客人了解本地特色，还可拉近双方之间的距离，有助于工作的顺利进行。要做好参观游览工作，需要考虑以下几点：

一是选定项目：应结合客人的来访目的、意愿和兴趣来选定项目。

二是安排布置：项目确定之后，应做出详细的计划，先看什么、后看什么、由何人介绍情况等，都要向接待单位交代清楚。

三是大型活动的安排：对于大型的、重要的、复杂的参观活动，要特别注意以下几点：精心选择参观地点；反复预看路线，计算好途中所需时间、参观所需时间和介绍所需时间；确定好联系人、联系电话；安排好沿途解说人和解说词；关注参观过程，及时发现并解决问题；及时根据突发情况，做好适应性调整。

六、送别

送别人员应事先了解客人离开的准确时间，提前到客人住宿的酒店陪同客人一同前往机场、车站或码头；也可直接前往机场、车站或码头恭候客人，与客人道别。在客人登上交通工具之前，送行人员应按一定顺序同客人一一握手道别。在条件及规定允许的情况下，可赠送客人伴手礼以做纪念，增进感情。

第二节　拜访礼仪

在商务交往过程中，相互拜访是经常的事，如果懂得商务拜访礼仪，无疑会为拜访活动增添色彩。

一、拜访前的准备

（一）预约

拜访之前必须提前预约，这是最基本的礼仪。一般情况下，应提前三天给拜访者打电话，简单说明拜访的原因和目的，确定拜访时间，经对方同意后才能前往。

（二）明确目的

出发前，对此次拜访要解决的问题应做到心中有数。例如，需要对方为你解决什么问题，你将对对方提出什么要求，最终要得到什么样的结果等。

（三）准备礼物

无论是初次拜访还是再次拜访，礼物都不能少。礼物可以起到联络双方感情，缓和紧张气氛的作用。在礼物的选择上要下一番功夫，要了解对方的兴趣、爱好及品位，有针对性地选择礼物，尽量让对方感到满意。

（四）自身仪表不可忽视

肮脏、邋遢、不得体的仪表，是对被拜访者的不尊重。被拜访者会认为你不把他放在眼里，会直接影响拜访效果。一般情况下，登门拜访时应穿着职业装，例如，女士应着套裙、中跟浅口深色皮鞋配肉色丝袜；男士最好选择深色西装配素雅的领带，外加黑色皮鞋、深色袜子。

阅读材料

拜访客户有以下七条黄金定律：

1. 开门见山，直述来意。
2. 突出自我，赢得注目。
3. 察言观色，投其所好。
4. 明辨身份，找准对象。
5. 宣传优势，诱之以利。
6. 以点带面，各个击破。
7. 端正心态，永不言败。

二、拜访中的注意事项

（一）具备较强的时间观念

拜访他人可以早到却不能迟到，这是常识，也是拜访活动中最基本的礼仪之一。早到可以用富余的时间整理拜访时所需的资料，并正点出现在约定地点。而迟到则是失礼的表现，不但是对被拜访者的不敬，也是对工作不负责任的表现，被拜访者会对你产生看法。值得注意的是，早到并不意味着可以提前拜访客人，这会打乱对方的时间安排，让人措手不及。提前到达拜访地点后，可在附近咖啡馆、书店等转一会儿，到约定时间再进入对方办公室。

如果因故不能如期赴约，必须提前通知对方，以便被拜访者重新安排工作。通知时一定要说明失约的原因，态度诚恳地请对方原谅，必要时还需约定下次拜访的日期、时间。

（二）先通报后进入

到达约会地点后，如果没有直接见到被拜访者，拜访者不得擅自闯入，必须先通报后进入。一般情况下，前往大型企业拜访，要先向负责接待的人员介绍自己的基本情况，待对方安排好以后再与被拜访者见面。到被拜访者办公室门口时，一定要用手轻轻敲门，力度适中，间隔有序敲三下，等待回音。如无应答声，可稍加力度再敲三下。如有应答声，侧身隐立于右门框一侧，待门开时再向前迈半步，与主人相对。进屋后应按被拜访者的安排入座。

当然，生活中还存在这样的情况，被拜访者身处某宾馆。拜访者抵达宾馆后切勿鲁莽地直奔被拜访者所在房间，而应该由宾馆前台打电话通知被拜访者，经其同意以后再前去拜访。

如果被拜访者因故不能马上接待，应安静地等候，不要通过谈话来消磨时间。有吸烟习惯的人，要注意观察现场是否有禁止吸烟的标示。如果等待时间过长，可向接待人员说明并另约时间，不要表现出不耐烦。

（三）举止大方，温文尔雅

见面后，打招呼是必不可少的。如果双方是初次见面，拜访者必须主动向被拜访者致意，简单地做自我介绍，主动递上名片，然后热情大方地与被拜访者行握手礼。如果双方不是初次见面，主动问好致意也是必需的，这样可显示出你的诚意。

行过见面礼后，按被拜访者的示意落座。主人递上烟、茶，要双手接过并表示谢意。主人摆上的果品，要等年长者或上级动手后自己再取用，取用果品要适量，浅尝辄止，切勿大快朵颐，以免失礼。

后来的客人到达时，先到的客人应该站起来等待介绍。即使在最熟悉的朋友家里，也不要过于随便。

（四）开门见山，切忌啰唆

谈话切忌啰唆，简单的寒暄是必要的，但时间不宜过长。因为，被拜访者可能有很多重要的工作等待处理，没有很多时间接见拜访者，这就要求谈话要开门见山，简单寒暄后可直接进入正题。

当对方发表意见时，打断对方讲话是不礼貌的行为，应该仔细倾听，将不清楚的问题记录下来，待对方讲完以后再请教。如果双方意见产生分歧，一定不能急躁，要时刻保持沉着冷静，避免破坏谈话气氛，影响拜访效果。

（五）把握拜访时间

在拜访过程中，时间为第一要素，拜访时间不宜拖得太长，否则会影响对方其他工作的安排。如果双方在拜访前已经设定了拜访时间，则必须把握好已设定的时间；如果没有对时间做具体的要求，那么就要在最短的时间里讲清所有问题。

要注意观察被拜访者的举止和表情，当被拜访者有不耐烦或为难的表现时，应转换话题；当被拜访者有结束会见的表示时，应立即起身告辞。起身告辞时，要向被拜访者表达“打扰”的歉意。出门后，回身主动伸手与被拜访者握别，并请被拜访者留步。待被拜访者留步后，走几步再回首挥手致意。

第三节　会议礼仪

不论是召集、组织会议，还是参加会议、为会议提供服务，都有一些基本的守则、规矩需要遵守。此类与会议相关的基本守则、规矩，就包括会议礼仪。

一、会议准备

一次会议能否圆满成功，很大程度上取决于会议的准备工作做得如何。只有认真细致地进行会议的组织准备，才能达到预期的会议目的。

（一）制发会议通知

会议通知必须写明会议名称、会议主题与内容、会议起止时间、会议地点、会议的出席对象和会议要求等内容。会议通知要提前发，以便参会人员有所准备。

会议通知发出后，一定要确认参会人员有没有接到通知、参不参加会议。对那些兼任多个职务的特殊人员，一定要核实到人，是不是本人参加，以便正确摆放名签。

（二）布置会场

会场的大小，要根据会议内容和参会人员的数量来定。主要按照大小适中、条件具备、距离较近、经济实惠的原则来选定会场。如果会场不易寻找，应在会场附近安设路标以作指示。

会场的桌椅要根据需要作好安排。开会时所需的音响、照明、投影、摄像、录音、空调、通风设备和多媒体设备等，也应提前进行调试检查。会议开始前 10 分钟还要最后检查一次话筒，确保使用良好。

此外，还要确定会标、回头标和宣传标语。会标可以根据会议通知来确定，回头标和宣传标语要紧扣会议主题，富有号召性、鼓动性。

（三）做好沟通

根据会议的规定，与外界做好沟通。比如向有关新闻部门、公安部门进行通报。

（四）迎送

一些大中型会议，要对参会人员做好迎送工作。一般应在会前组成一个会务组，专门处理有关问题。

二、会议座次的安排

主席台必须排座次、放名签，以便领导对号入座，避免上台之后互相谦让。

（一）座次安排的方法

会议的座次安排，政务场合遵循“以左为尊”的原则，其他商务场合或涉外场合中，按照“以右为尊”安排。

以面向台下来看，当主席台人数为奇数时，1 号人员居中，2 号人员在 1 号人员左手位置，3 号人员在 1 号人员右手位置，以此类推，如图 5－6（a）所示。当主席台人数为偶数时，以上述人数为奇数的排序原则为基准，按照 n（偶数）＋1 排序，排好后去掉最后一位。例如，主席台人数为 8 位，先按照 9 位进行排序，排好后去掉第 9 位即可，如图 5－6（b）所示。

7	5	3	1	2	4	6

（a）主席台人数为奇数时的座次安排

7	5	3	1	2	4	6	8

（b）主席台人数为偶数时的座次安排

图 5－6 主席台的座次安排

（二）座次安排的基本原则

几个机关的领导人同时上主席台时，通常按机关排列次序排列。这种情况可灵活掌握，不必生搬硬套。如对一些德高望重的老同志，可适当往前排，而对一些较年轻的领导同志，可适当往后排。

另外，对邀请的上级单位或兄弟单位的客人，也不一定非得按职务高低来排，基本原则是：上级单位或同级单位的客人，其实际职务略低于主人一方领导的，可安排在主席台适当位置就座。这样既体现出对客人的尊重，又使主客都感到较为得体。

（三）准备发言席

会议议程中有发言的，要准备“发言席”席卡，会前摆放到位。发言前5分钟，要请发言人员到达发言席的一侧，准备发言。发言结束后，工作人员引领发言人回到自己的座位上。

（四）确认出席人员

对主席台上的领导同志能否按时出席会议，在会议开始前务必逐一落实。领导到达会场后，要安排在休息室稍候，再逐一核实，并告知上台后所坐方位。如果主席台上人数较多，还应准备座位图。如有临时变化，应及时调整座次、名签，防止主席台上出现名签差错或领导空缺。

（五）听众席的安排

排列听众席的座次，目前主要有两种方法：一种是按指定区域统一就座，另一种是自由就座。

按指定区域统一就座一般强调左高右低，可按照部门的约定排列顺序，也可按照拉丁字母排列顺序，还可按照汉字笔画排列顺序。从进门方向的左侧向右侧排是竖排，从前排向后排排是横排，这两种排法一般交替使用。

三、会议期间的服务礼仪

（一）例行服务

会议举行期间，一般应安排专人在会场内外负责迎送、引导、陪同。对与会的贵宾以及老、弱、病、残、孕者，少数民族人士、宗教界人士、港澳台同胞、海外华人和外国人，往往还应进行重点照顾。对于与会者的正当要求，应做到有求必应。

（二）会议签到

为掌握到会人数、严肃会议纪律，大型会议或重要会议通常要求与会者在入场时签到。会议签到的通行方式有三种：一是签名报到，二是交券报到，三是刷卡报到。负责会议签到工作的人员，应及时把会议签到情况向会议的负责人进行通报。

（三）餐饮安排

举行较长时间的会议，一般会为与会者安排会间的工作餐。与此同时，还应为与会者提供卫生、可口的饮料。会上所提供的饮料，最好便于与会者自助饮用，不提倡为其频频斟茶续水，这样做既不卫生，又有可能妨碍与会者。如有必要，还应为外来的与会者在住宿、交通方面提供力所能及、符合规定的便利。

（四）现场记录

重要的会议均应进行现场记录，具体方式有笔记、打印、录入、录音、录像等。可单用某一种方式，也可交叉使用。

负责笔记会议记录时，对会议名称、出席人数、时间、地点、发言内容、讨论事项、临时动议、表决选举等基本内容要力求做到完整、准确、清晰。

（五）编写简报

有些重要会议，往往在会议期间要编写会议简报。编写会议简报的基本要求是快、准、简。快，是要求其讲究时效；准，是要求其准确无误；简，是要求其文字精练。

四、与会礼仪

参加会议一定要严格遵守会议礼仪，以自己的实际行动表现出对会议应有的重视。

（一）规范着装

在出席会议时，不论其具体内容如何，都要把它看作是一种重要的场合。在个人着装方面，应有意识地选择具有礼服性质的服装，如制服、西装、中山装、西服套裙等式样庄重、文雅的服装；服装的色彩也应力求素雅、简洁。一般的规则是，会议规模越大越正式，着装也应随之越隆重。

职位较高的人员，尤其是会议的主持人、报告人以及在主席台上就座者，需更加注重着装的规范化，切勿穿便装或不得体、不适宜的装束。

（二）严守时间

每一位会议出席者都应当自觉遵守会议的时间安排，准时到会。所谓准时到会，并非指整点抵达，而是应有一定的提前量。在本地参加会议，应至少提前5分钟到达会场，以便能有充裕的时间签名、领取材料、找座位。去外地参加会议，最好提前一天报到，争取有一定的时间熟悉有关情况。

此外，会议组织方也应使全部议程尽量在规定时间内完成，不轻易延长会议时间。

（三）维护秩序

参会人员要按照主办单位或会务工作人员的安排，在指定之处就座。在会议进行中，不得到处走动，更不能私自中途退场。

发言人讲话时，可在适当时鼓掌予以鼓励。但鼓掌要适时、适当，合乎礼节，不可有意起哄。如果对会议或有些人的发言有意见，可通过正当的途径反映，不要在会场借题发挥、无事生非，更不要在他人发言时站出来与之唱对台戏，也不能因为意见相左而与其他人在会上争执不休。

此外，不可做出有碍视听的不良举动或制造噪声。在会上不准使用手机，不准吸烟。手机应置于包内，不宜放于会议桌上的显眼位置。

（四）专心听讲

出席会议应专心听讲，并且记好笔记，以便全面掌握、理解会议精神。在他人发言时，专心听讲是尊重对方的一种表现。在他人发言时，不能破坏会场的安静，或是影响发言人的情绪，也不要与旁边的人交头接耳、窃窃私语。在主席台就座的人的行为更引人关注，尤其要注意这一问题。

（五）礼貌发言

会议发言有正式发言和自由发言两种，前者一般是领导报告，后者一般是讨论发言。正式发言者应衣冠整齐，走上主席台应步态自然、刚劲有力，体现一种自信的风度。发言时应口齿清晰，讲究逻辑，简明扼要。如果是书面发言，要时常抬头扫视一下会场，不能低头读稿、旁若无人。发言完毕，应对听众的倾听表达谢意。

自由发言则较随意，需要注意这几点：发言讲究顺序和秩序，不争抢发言；发言应简短，观点应明确；与他人有分歧时，应以理服人，态度平和。

如果有会议参加者对发言人提问，应礼貌作答；对不能回答的问题，应机智而礼貌地说明理由；对提问者的批评和意见应认真听取，即使提问者的批评是错误的，也不应失态。

提倡限时发言。为了有效地控制会议时间，会议通常会要求每一名发言人都限时发言。因此，在准备发言时，应切记少讲、精讲，要有明确的时间观念。

（六）精彩主持

会议的主持人一般由具有一定职位的人来担任，其礼仪表现对会议能否圆满成功有着重要的影响。

主持人应衣着整洁、大方庄重、精神饱满，切忌不修边幅、邋里邋遢。走上主席台时应步伐稳健有力，行走的速度因会议的性质而定。

入席后，如果是站立主持，应双腿并拢，腰背挺直。单手持稿时，应右手持稿纸的中部，左手五指并拢后自然下垂。双手持稿时，稿纸应与胸齐高。坐着主持时，应身体挺直，双臂前伸，双手轻按于桌沿。在主持过程中，切忌出现搔头、揉眼、抖腿等不雅动作。

主持人应口齿清楚、思维敏捷，能根据会议性质调节会场气氛。在主持会议的过程中，主持人不得和会场上的熟人打招呼，更不能寒暄闲谈。

五、会议后续性工作

会议结束后应做好必要的后续性工作，后续性工作大致包括以下三项。

（一）形成文件

根据会议的实际需要，在会议的结束阶段可以形成会议决议、会议纪要等专门性的会议文件，以贯彻、落实会议精神。会议文件一般要求尽快形成，会议一结束就要下发或公布。

（二）处理材料

根据工作需要与有关保密制度的规定，在会议结束后应对相关的图文、声像材料进行收集、整理。在收集、整理会议材料时，应遵守规定与惯例，应该汇总的材料一定要认真汇总，应该存档的材料要一律存档，应该回收的材料一定要如数收回，应该销毁的材料则一定要仔细销毁。

（三）协助返程

大型会议结束后，主办单位一般应为外来的与会者提供一切返程的便利。若有必要，应主动为对方联络、提供交通工具，或是替对方订购返程的机票、船票、车票。当团队与会者或与会的特殊人士离开本地时，还可安排专人为其送行，并帮助其托运行李。

问题探究

1. 如果有9人参加会谈，主方5人，客方4人，会议桌为圆桌，应如何安排座次？
2. 引见客人去我方人员办公室的途中，接待人员应注意什么事项？
3. 安排参观游览活动，需要考虑哪些问题？
4. 为什么拜访他人要准备礼物？准备礼物时应考虑哪些问题？
5. 到宾馆中拜访客人能否直接到房间去找客人？为什么？
6. 在拜访活动中，什么时间结束拜访比较合适？
7. 会议座次安排的原则是什么？
8. 参加会议应注意哪些会议礼仪？

第六章

饮宴礼仪

学习目标

通过本章的学习，了解宴会礼仪的基本知识，掌握中西餐的基本礼仪规范，了解并掌握饮用各种饮品的基本礼仪常识，并能在生活中灵活运用。

饮宴礼仪是指人们在餐饮活动中须遵守的行为规范。饮宴作为社交活动的一种具体形式，既可表现出对邀请对象的尊重、友好和诚意，又可展示宴请者个人的良好修养。

第一节　宴会礼仪

宴会，通常是指由机关、团体、社会组织或者企事业单位等出面组织的，具有一定目的的，以用餐为活动形式的正式聚会。从规格方面进行划分，可将其分为国宴、正式宴会、便宴和家宴；从餐别方面进行划分，可将其分为中式宴会、日式宴会、俄式宴会、法式宴会等；从时间方面进行划分，可将其分为早宴、午宴和晚宴；从性质方面进行划分，可将其分为工作宴会、私人宴会、欢迎宴会、告别宴会等。

从礼仪的角度看，宴会实际上是一种典型的社交活动。在现实生活中，人们不但重视宴会，而且对宴会的礼仪颇为讲究。

一、宴请的种类

根据接待规格和就餐内容，宴请可分为正式的宴会、冷餐会、鸡尾酒会和家宴等几种形式。

（一）正式的宴会

这类宴会通常接待规格较高，在礼仪上的要求也比较严格。一般有正式的请柬，请柬上注有宴请的日期、时间、地点等内容；严格按照礼宾次序排列主客座次：面门为上，以右为上，居中为上，前排为上；要求与宴者必须着装正式，如果是国宴，男宾穿中山装或西装，女宾穿旗袍或晚礼服。

正式的宴会对餐具、酒水、菜肴道数及上菜程序有严格的规定。宴会进行中，通常会配有背景音乐或穿插文艺表演，用于调节宴会气氛。如果是国宴，宴会厅会悬挂宾主两国国旗，宾主入席后乐队要演奏两国国歌，席卡、菜单上均印有国徽。

（二）冷餐会

又称冷餐招待会、自助餐，是一种方便灵活的宴请形式。其基本特点是以冷食为主，一般不设正餐，但可以有热菜；以站着吃为主，方便客人自由活动，有利于客人的沟通与交流，但也设有散座，供老弱宾客、妇女使用。菜肴、酒水和饮料连同餐具放在长条餐桌上，供客人自取，也可由服务员端送。

冷餐会的规模可大可小，一般安排在中午 12 时或下午 6 时左右，持续约两个小时。用餐时要“一次少取，多次取用”，不可浪费。冷餐会中不同类别的食品须配不同的餐具，不可混用。

（三）鸡尾酒会

鸡尾酒会以招待酒水为主，略备小吃。客人可以晚来早走，不受时间约束。

鸡尾酒会不一定都备有鸡尾酒，但酒水和饮料的品种应多一些，一般不备烈性酒。食品多为各色面包、三明治、小香肠等，用牙签取食。酒水和小吃由招待员用托盘端送，也可置于小桌上由客人自取。鸡尾酒会不设座椅，宾主可以随意走动、自由交往，如图 6－1 所示。鸡尾酒会举行的时间亦较灵活，中午、下午、晚上均可，持续两个小时左右。这种酒会多用于大型活动，因此，可以利用这个机会进行社会交际和商务交际。

图 6-1 鸡尾酒会

（四）家宴

家宴即在家中设便宴招待客人，以示亲切友好。家宴按举行时间的不同，有早宴、午宴和晚宴之分；在宴请形式上又分为家庭聚会、自助宴会、家庭冷餐会和在饭店请客等几种。

家庭聚会是我国目前采用较多的一种请客形式。这种家宴规模较小，形式简单，气氛亲切友好，一般由女主人操办，适合宴请经常往来的至亲好友。

自助宴会比较灵活自由，宾主可以在一起动手准备，大家各显其能，边准备边聊天，比较随便、自然、亲切。

家庭冷餐会以买来的现成食品为主，赴宴的客人可以站着吃，也可以坐着吃，还可以自由走动挑选交谈对象。这种形式比较受年轻人的欢迎。

在饭店请客或请厨师来家中做饭，是较为正式的家宴形式，适用于宴请某些久别的亲友和比较尊贵的客人，或者规模大的婚宴、寿宴。

二、宴请的准备

（一）确定客人名单

确定客人名单是整个准备活动的关键。因为宴请客人的身份、宴请的目的、客人的人数、客人与主人的熟识或融洽程度等都直接关系到后面的各个环节。

确定客人名单时一定要考虑周全，切忌遗漏，最好的办法是先拟出一个大名单然后由领导来圈定。如果无法确定拟请的客人名单，请教或委托他人也是个好办法。例如，领导想约某个部门的有关人员一起坐一坐，邀请的工作落到了你的头上，而你对该请谁也心中无底的话，最好的办法是向熟悉该部门情况的人员（最好是该部门内部的人）请教，这样得出的结果应该不会有太大的偏差。

考虑周全的另一层含义是在确定客人名单时切忌大杂烩。有些人请客喜欢热闹或图省事，请一次客就想把所有问题都解决了，也不考虑客人之间是否有关联，是否愿意坐在一起。其结果就是冲淡主题，达不到应有的目的，甚至还会落个不欢而散的结局。

此外，还要考虑双方级别和人数的对等。所谓级别对等是指在可能的情况下，第一主人的身份要等于或略高于第一客人的身份，因为第一主人的身份直接决定了宴请规格的高低；所谓人数对等是指主客双方出席的人数不应过分悬殊，主办方人数过少是对客人的不尊重，过多则显得不雅。与宴请主题无关或对宴请目的没有帮助的人最好不要出现在宴会上。

（二）确定宴请地点

要根据宴会的性质选择相应的宴请地点。如果是比较熟识的朋友，又无明确的宴请主题，只是为了联络一下感情，那么宴请地点和人员的选择可以随意一些，席间的气氛也应力求轻松自然。如果有比较重要的人物到场，在宴请地点的选择上则不能过于随意，因为饭店的档次是身份与诚意的象征。在选择宴请地点时要考虑以下两点：

一是要选环境优雅之所。宴请不仅是吃东西，更要讲究环境和氛围。如果宴请地点不佳，即使菜肴再有特色，也会令宴请失色。所以，应尽可能选择清净、优雅的宴请地点。

二是要选交通便捷之所。要考虑被宴请者的来去交通是否方便，有无停车场所，是否有必要为被宴请者准备交通工具等。

（三）准备菜单

准备菜单时一般遵循“人少，点菜少而精；人多，点菜精而全”的原则，同时还应考虑以下几点：

1. 把握宴请的标准

根据客人的规格和人数制定初步的宴请标准，要尽量控制好标准。一般来说，结账时超出预算10%左右都算控制得比较好。

如果要事先点菜，可先到宴请地点，了解其海鲜价格及是否可以自带酒水，因为这两项价格浮动性最大，其他菜品在一段周期内不会有太大的变动。

2. 根据客人的情况来点菜

点什么样的菜，首先要考虑宴请客人的地位、身份和年纪。如果是地位较高、年纪较大的客人，菜的数量不一定要很多，讲究质量即可，一定要点清淡一点的菜，有时加一两个农家菜，客人会感到很高兴。

此外，要优先选择具有本地特色的菜肴。中国的饮食文化既有共性，个性也十分鲜明，八大菜系就是中餐在各地分支的主要代表。特别是在宴请外地客人时，应尽量安排一些具有本地特色的菜肴。在知名餐馆点菜时，应尽量选择一些名声在外的招牌菜。

在安排菜单时，还必须考虑客人的饮食习惯与禁忌，特别是主宾的饮食禁忌须重点考虑。一般的规则是要先了解对方“不吃什么”，而非“想吃什么”。饮食方面的主要禁忌有以下几种：

一是宗教禁忌。要了解对方的宗教信仰，并知晓饮食禁忌，如果贸然犯禁，会使宴请的效果大打折扣，甚至带来麻烦。

二是地方禁忌。在不同的区域，人们的饮食偏好有很大的不同，在安排菜单时要有所考虑。

三是职业禁忌。有些职业，出于工作的需要，在餐饮上往往也有特殊禁忌。要是忽略了这一点，不仅是对对方的不尊重，还有可能使其因此而犯错误。

四是个人禁忌。有些人由于个人的原因，在饮食上有一些与众不同的特殊要求。对这类个人饮食禁忌，要予以照顾。

3. 别让服务员推荐菜

服务员推荐的菜未必符合你的口味，而且他们推荐的菜若价钱你无法接受，还会给客人带来不好的印象。

（四）席位安排

确定主桌一般有三个原则：一是居中为上，当三桌以上（且为单数）并列时，以中间一桌为主桌；二是以右为上，当两桌并列时，面门右面一桌为主桌，但两桌以上（且为双数）并列时，则需同时使用上面两个原则来确定主桌，即中间的右面一桌为主桌；三是以远为上，即离房间正门最远（最靠里面）的一桌为主桌。两桌横排时的桌次排列方法如图6－2所示，两桌竖排时的桌次排列方法如图6－3所示，四桌的桌次排列方法如图6－4所示。

每张桌上的具体位次也有主次尊卑之别，排列的注意事项主要有三点：一是主人应在主桌并面对正门而坐；二是进行多桌宴请时，每桌上均应有一位主桌主人的代表在座，其位置一般应与主桌主人同向；三是各桌上位次的尊卑，应根据其距离该桌主人的远近而定，以近为上，以远为下。餐桌位次排列如图6－5所示。

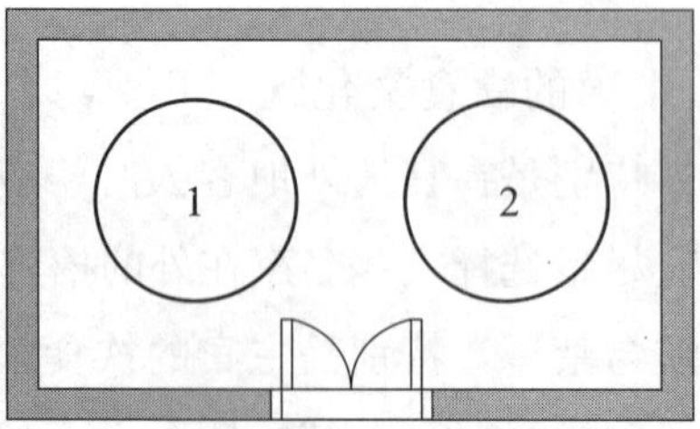

图 6－2　两桌横排时的桌次排列方法

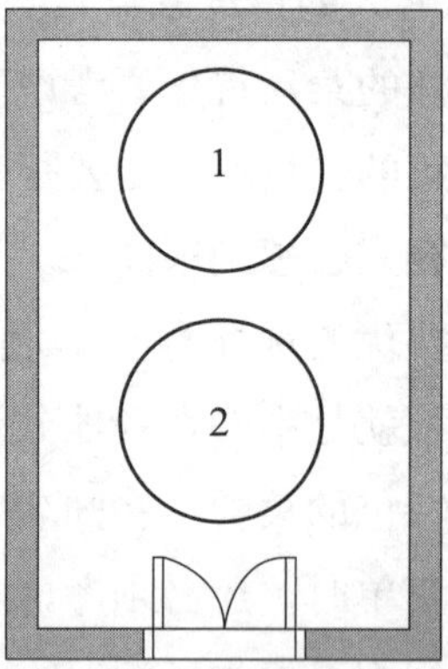

图 6－3　两桌竖排时的桌次排列方法

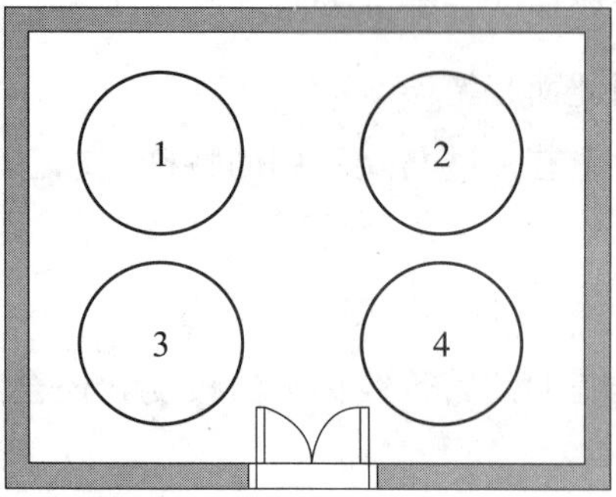

图 6－4　四桌的桌次排列方法

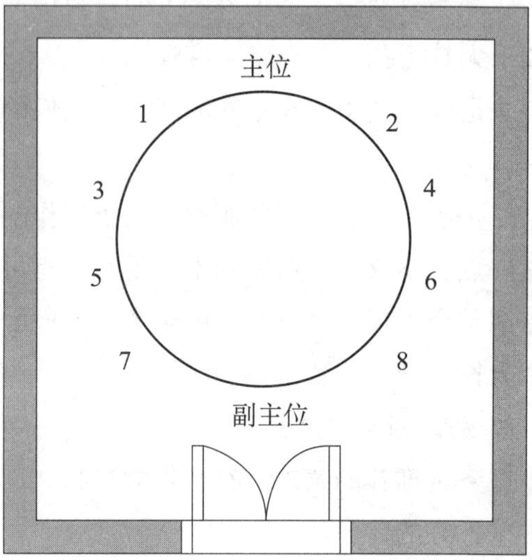

图 6－5　餐桌位次排列

便餐的位次安排主要遵循右高左低、居中为尊、面门为上、观景为佳、临墙为好的原则。

（五）发出邀请

邀请的方式可以灵活多样，当面邀请、电话邀请、发请柬邀请均可，但一定要郑重、诚恳，使被邀请的人感到你的诚意。宴请的时间、地点、主要出席人及赴宴方式等细节要表述清楚、准确，不要使人产生误解。另外，如果条件允许的话，应提前三至五天发出邀请，以便对方有充分的准备时间。宴请当天还要再邀请一次，以免客人忘记。

（六）恭候迎接

对于较重要的客人应主动派专车去接，这样一方面可以表示对客人的尊重，另一方面可以利用接送（有接必有送）之机搞清客人的住址，便于今后拜访。

宴请一方应比客人先到达，到达后应对周围的环境、桌椅的摆放、菜品的准备等事项做出安排或调整。这里特别强调一下，每桌座椅及餐具的数量与入席的人数应一致。在客人到来后再临时调整（特别是临时增加）座椅和餐具，不但会使宴会显得混乱无序，而且也是对客人的不礼貌。

一切准备就绪之后，就可以到饭店大门外去迎候客人了。如果客人的级别较高，还应提醒第一主人到外面迎候。

三、赴宴的礼仪

宾客参加宴会，无论是作为组织的代表，还是以私人身份出席，从入宴到告辞都应注重礼节规范。这既是个人素质与修养的表现，又是对主人的尊重。

（一）认真准备

接到邀请后，能否出席应尽早答复对方，以便主人做出安排。接受邀请后不要随意改动，万一遇到特殊情况不能出席时，要尽早向主人解释、道歉，甚至亲自登门表示歉意。应邀出席一项活动前，要核实宴请的主人、活动举办的时间与地点、是否邀请配偶及主人对服饰的要求等情况。出席宴会前，应按主人的要求穿着。

参加家庭宴会，可给女主人准备礼品，在宴会开始前送给女主人。礼品价值不一定很高，但要有意义。

（二）按时抵达

按时出席宴会是最基本的礼貌。出席宴请活动抵达时间的早晚、逗留时间的长短，应根据活动的性质和当地的习俗灵活掌握。地位高者可略晚些到达，一般客人应略早些到达。

（三）礼貌入座

应邀出席宴请活动，应听从主人的安排。若是正式宴会，在进入宴会厅之前要先了解自己的桌次和座位。入座时注意座位卡上是否写有自己的名字，不可随意入座。如邻座是长者或女士，应主动协助他们坐下。入座后姿势要端正，不可用手托腮或将双肘放在桌上。入座后，不可玩弄桌上的酒杯、盘碟等餐具，不要用餐巾或纸巾擦餐具，以免他人认为餐具不洁。

（四）注意交谈

坐定后，如已有茶，可饮茶，也可与左邻右座交谈。若与邻座不相识，可做自我介绍。谈话要掌握好时机、把握好分寸，不可只顾一人夸夸其谈，或谈些荒诞离奇的事而使人不悦。

（五）文雅进餐

宴会开始时，一般是主人先致祝酒词。此时应停止谈话，注意倾听。致辞完毕，主人招呼后即可开始进餐。

进餐时要注意举止文雅，取菜时不可一次盛得过多。盘中食物吃完后如果不够，可以再取。如遇本人不能吃或不爱吃的菜品，当服务员或主人夹菜时，不可拒绝，可取少量放入盘中，并表示谢意。对不合口味的菜，勿作出难吃的表情。

作为主人宴请时，席上不必说过于谦虚的话。给客人夹菜时，要使用公用餐具。

冷餐酒会，服务员上菜时，不可抢着去取，待送至本人面前时再取。周围的人未取得第一份时，自己不可急于去取第二份。不要围在菜台旁，取完即离开，以便让别人取食。

吃食物时要微闭着嘴咀嚼，不可发出声响；要将食物送进口中，不可伸口去迎食物。食物过热时，可稍候再吃，切勿用嘴吹。鱼刺、骨头、菜渣不可直接外吐，要用餐巾掩住嘴，轻吐在叉匙上，放在骨碟中。嘴里有食物时不可谈话。剔牙时，要用手绢或餐巾遮口，不可边走动边剔牙。吃剩的菜、用过的餐具和牙签等应放在骨碟中，不要放在桌子上。

（六）学会祝酒

参加宴请时，应事先了解宴请者祝酒的习惯，如为何人何事祝酒等，以便做必要的准备。

碰杯时主人先和主宾碰，人多时可同时举杯示意，不一定碰杯。主人祝酒、祝词时，应停止交谈、停止进餐。宴会上切忌饮酒过量，一般应控制在本人酒量的 1/3 以内。不能喝酒时可以礼貌地声明，但不可把杯子倒置，应轻轻按着杯缘。

正式场合敬酒一般用香槟酒，不会喝酒也要多少品尝一点。一般来说，倒入杯中的酒要喝完，不然就不礼貌了。

（七）告辞致谢

正式宴会一般是吃完水果宴会就结束了。此时，一般先由主人向主宾示意，请其做好离席的准备，然后从座位上站起，这是全体起立的信号，一般以女主人的行动为准，女主人先邀请女主宾离席退出宴会厅。

告辞时应礼貌地向主人道谢。通常是男主宾向男主人告辞，女主宾向女主人告辞，然后交叉，再与其他客人告辞。

席间一般不应先退席。若确实有事需提前退席，应向主人打招呼后轻轻离去，也可事先打招呼到时再离去。

除了在宴会结束告辞时对主人表达谢意之外，若参加的是正式宴会，还可在宴会结束2至3天后以印有“致谢”或“P. R”字样的名片或便函向主人表示感谢。有时私人宴请也需致谢，名片可寄送或亲自送达，应首先谢女主人，但不必说过谦的话。

第二节　中餐礼仪

中餐礼仪是中华饮食文化的一个重要组成部分。它主要体现一种人文精神，要求不能只顾自己吃得舒服，更重要的是要给予客人方便，增添客人的兴致，所以特别讲究进餐中的待客礼节。

一、入席的规矩

所谓首席，是指进门正对着的那个位置。据说古代皇帝的座位是坐北朝南，所以把朝南的位置作为尊位。这其实也与建筑有关，我国民宅通常是坐北朝南，那么座位正对门，也就朝南了，后来沿袭下来，就以朝南为尊了。

入席时通常应遵循下列规定：

一是出席者都是平辈，年长者在前，年幼者在后。宾主人数超过两桌时，主人坐第一席首座。

二是出席者辈分有高低，按辈分高低依次入座。

二、中餐餐具的使用礼仪

中餐的餐具主要有杯、盘、碗、碟、筷、匙六种。在正式的宴会上，水杯放在菜盘上方，酒杯放在右上方，筷子与汤匙可放在专用的座子上或放在纸套中。

（一）筷子的使用礼仪

筷子是中餐中最主要的进餐用具。中国的筷子是十分讲究的，“筷子”又称“箸（筯）”，远在商代就有用象牙制成的筷子。《史记·宋微子世家》中记载“纣始为象箸”。用象牙做箸，是富贵的标志。做筷子的材料各不相同，考究的有金筷、银筷、象牙筷，一般的有骨筷、竹筷、塑料筷。

进餐时，握筷姿势应规范；需要使用其他餐具时，应先将筷子放下，筷子一定要放在筷子架上，不能放在杯子或盘子上，否则容易被碰掉。如果不小心把筷子碰掉在地上，可请服务员换一双。在用餐过程中，已经举起筷子但不知道该吃哪道菜时，不可将筷子在各碟菜之间来回移动。不要用筷子叉取食物放进嘴里，或用舌头舔食筷子上的附着物，更不要用筷子去推动碗、盘和杯子。有事暂时离席时，不能把筷子插在碗里，应把它轻放在筷子架上。

在席间说话的时候，不要把筷子当道具，随意乱舞；或是用筷子敲打碗、碟、桌面，用筷子指点他人。每次用完筷子要轻轻地放下，尽量不要发出响声。

阅读材料

日本学者曾测定，人在用筷子夹食物时，有 80 多个关节和 50 条肌肉在运动。因此，用筷子吃饭使人手巧，并可以训练大脑。西方人对这两根神奇的棍状物能施展出夹、挑、舀、撅等功能羡慕不已，并以自己能使用它进食而感到高兴。

在长期的生活实践中，人们对使用筷子也形成了一些礼仪上的忌讳：

一忌敲筷。在等待就餐时，不能拿着筷子随意敲打。

二忌掷筷。在餐前发放筷子时，要把筷子一双双理顺，然后轻轻地放在每个人面前；距离较远时，可以请人递过去，不能将筷子随手掷在桌上。

三忌叉筷。筷子不能一横一竖交叉摆放，不能一根是大头，一根是小头。筷子要摆放在碗的旁边，不能搁在碗上。

四忌插筷。在用餐中途因故需暂时离开时，要把筷子轻轻搁在筷子架上，不能插在饭碗里。

五忌挥筷。在夹菜时，不能把筷子在菜盘里挥来挥去；遇到别人也来夹菜时，要有意避让，谨防“筷子打架”。

六忌舞筷。在说话时，不要把筷子当作工具，在餐桌上乱舞；也不要在请别人用菜时，把筷子戳到别人面前，这样做是失礼的。

（二）汤匙的使用礼仪

暂时不用汤匙时，应置放在自己的食碟上。用汤匙取用食物后，应立即食用。食用汤匙里盛放的食物时，尽量不要将汤匙放入口中。若取用的食物过烫，也不应用嘴吹。

（三）碗的使用礼仪

不要端起碗来进食，尤其不要用双手端起碗来进食；暂时不用的碗里不宜乱扔东西。食用碗里盛放的食物时，应以筷子、匙加以辅助，切勿直接以手取用或不用任何餐具而用嘴吸食。也不能把碗倒扣在桌子上。

（四）盘的使用礼仪

盘又叫盘子，稍小一点的叫碟子。盘子在中餐中主要用以盛放食物，其使用方面的讲究与碗略同。

（五）辅助餐具

中餐的辅助餐具是指在进餐时可发挥辅助作用的餐具，最常见的有水杯、湿巾、水盂、牙签等。

中餐中的水杯，主要用来盛放清水、汽水、果汁等，不要用来盛酒；水杯不可倒扣。

湿巾只能用来擦手，不可以用来擦脸、擦嘴、擦汗。

水盂里面的水不能喝，只能用来洗手。洗时双手轮流沾湿指头，轻轻涮洗，然后用餐巾或小毛巾擦干。

牙签主要用来剔牙。在进餐时，尽量不要当众剔牙；如需剔牙，应用手或餐巾遮挡口部。

三、中餐的用餐礼仪

在中餐正式宴会上，最标准的上菜顺序通常是：冷盘、热炒、主菜、点心、汤和水果。一般的宴请，上菜的基本原则为：先冷后热，先主菜后汤，先鲜后咸，先烧后蒸，先清淡后肥腻，先主食后甜品，先点心后水果，先优质后一般。

“民以食为天。”中国人不但热衷饮食，还很讲究用餐礼仪，主要有以下几方面。

（一）不违食俗

任何国家的餐饮，都有自己的传统习惯和寓意，中餐也不例外。例如，过年少不了鱼，表示“年年有余”；和渔民、海员吃鱼的时候，忌把鱼翻身，因为那有“翻船”的意思。对这类中餐食俗，不要轻易违反。

（二）不坏吃相

用餐时要讲究吃相。吃得摇头摆脑、宽衣解带、满脸油汗，不但失态欠雅，而且会败坏别人的食欲。不要当众清嗓子、擤鼻涕、吐痰等，此类举止不但有碍观瞻，还会让人倒胃口。如果需要清嗓子、擤鼻涕、吐痰等，可去洗手间解决。

（三）不去布菜

用餐时可以劝别人多用一些，或是品尝某道菜肴，但不要擅自做主为别人夹菜、添饭。这样做既不卫生，也会让人感到为难。

（四）不挑不拣

取菜的时候，不要在公用的菜盘内挑挑拣拣，要是夹起来又放回去就显得缺乏教养。

（五）不争不抢

多人一桌用餐时，取菜要注意相互礼让、依次而行、取用适量，不要好吃的就多吃，而不考虑别人用过没有。够不到的菜，可以请人帮助，不要起身甚至离座去取。

（六）不玩餐具

用餐期间，不宜随意玩弄餐具，也不要敲餐桌、晃座椅。

（七）不做修饰

用餐的时候，不要当众修饰，如梳理头发、化妆补妆等。如有需要，可以去化妆间或洗手间。

（八）不乱走动

用餐的时候不要离开座位四处走动，如果有事要离开，也要先和旁边的人打个招呼，可以说声“失陪了”“我有事先行一步”等。

第三节　西餐礼仪

西餐是对西式饭菜的一种约定俗成的统称。在中国人眼里，西餐除了与中餐在口味上有所区别外，还有两个鲜明的特点：一是它们源自西方国家，二是它们必须以刀叉取食。随着中西方文化交流的深入，西餐目前已经逐渐进入中国人的生活。掌握西餐的进餐礼仪在现代生活中是非常有必要的。

根据社交礼仪的规范，要吃好西餐，并且不失风度，就必须对西餐的菜序、座次、餐具、品尝等方面有一定程度的了解。

一、西餐的菜序

西餐的正餐，尤其是在正式场合所用的正餐，其菜序复杂多样又讲究甚多，最明显的特点是主料突出、营养丰富、讲究色彩、味道鲜香。一般由八道菜肴构成：

（1）开胃菜。即用来开胃之物，亦称西餐的头盘。一般有蔬菜、水果、海鲜、肉食等冷盘。

（2）面包。在西餐正餐里所吃的面包，一般是已经切成片的面包，或是从整个大面包上切片而食。面包一般要掰成小块送入口中，抹黄油和果酱时，也要先将面包掰成小块再抹。

（3）汤。西餐中的汤是西餐的“开路先锋”，只有在开始喝汤时，才算正式开始吃西餐了。喝汤不要发出声音，吃东西要闭嘴咀嚼，如汤菜过热，可等稍凉后再吃，不要用嘴吹。

（4）主菜。西餐里的主菜有冷有热，一般以热菜为主。比较正式的正餐上，有一个冷菜、两个热菜。两个热菜中一个是素菜，另一个是肉菜。有时还会加一个海鲜。

（5）点心。主菜之后一般要上蛋糕、饼干、吐司、馅饼、三明治之类的小点心，使没有吃饱的人借以填饱肚子。

（6）甜品。最常见的甜品有布丁、冰激凌等。

（7）果品。吃水果时应先切成 4 瓣或 6 瓣，再用刀去掉皮、核，用叉子叉着吃。

（8）热饮。在用餐结束之前，会为用餐者提供热饮，以此作为“压轴戏”。最正规的热饮是红茶或黑咖啡，两者只能选择其一。

西餐便餐则相对简单一些，通常由五道菜构成：开胃菜、汤、主菜、甜品和咖啡。

二、西餐的座次

西餐的座次排列与中餐相比既有相同之处，又有一些不同点。西餐的座次更多地表现为位次，除非是非常隆重的宴请，一般很少涉及桌次。排列西餐的位次，应按照一些约定俗成的规则进行。

（一）女士优先

在西餐礼仪中，女士处处受尊重。在排列西餐位次时，尤其是安排家宴时，一般是女主人坐主位，男主人坐第二主位。

（二）恭敬主宾

在西餐中，主宾是最重要的客人。即使来宾中有人在地位、身份、年纪等方面高于主宾，但主宾仍是主人关注的中心。应请男、女主宾分别紧挨着女主人和男主人就座，以便其受到进一步的照顾。

（三）以右为尊

以右为尊仍是西餐排列位次的基本原则。就其一特定位置而言，其右侧位应高于左侧位。所以，应安排男主宾坐在女主人的右侧，女主宾坐在男主人的右侧。

（四）距离定位

西餐餐桌上位次的尊卑与距离主位的远近相关。通常情况下，距离主位近的座位高于距离主位远的座位。

（五）面门为上

面对餐厅正门的座位，在序列上要高于背对餐厅正门的座位。

（六）交叉排列

正式的西餐宴会在排列位次时，要遵循交叉排列的原则。按照这一原则，男女应当交叉排列，生人与熟人也要交叉排列。所以一个用餐者的对面和侧面，往往是异性，而且还有可能与其不熟悉。这样做最大的好处就是加强交流和沟通，使每位用餐者都可以因此而广交朋友。

（七）不同桌型的排位

最规范、最常见的西餐餐桌是长桌，圆桌比较少见。长桌的排位主要有两种方式：一种是男、女主人在长桌中央面对面就座，长桌两端可以坐人也可以不坐人，如图 6－6 所示；另一种是男、女主人分别就座于长桌两端，如图 6－7 所示。

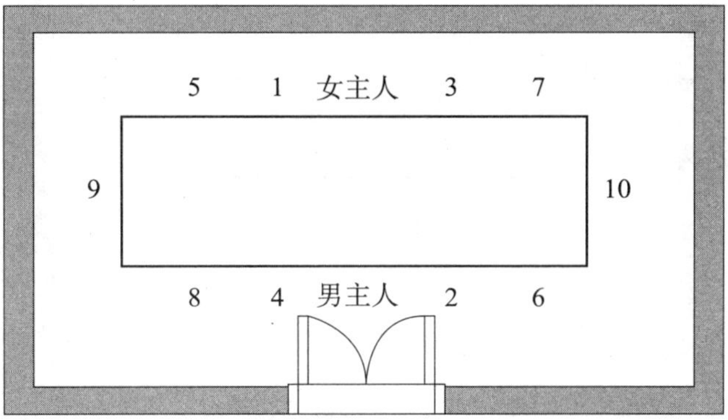

图 6－6　长桌上男女主人居中而坐的位次排列

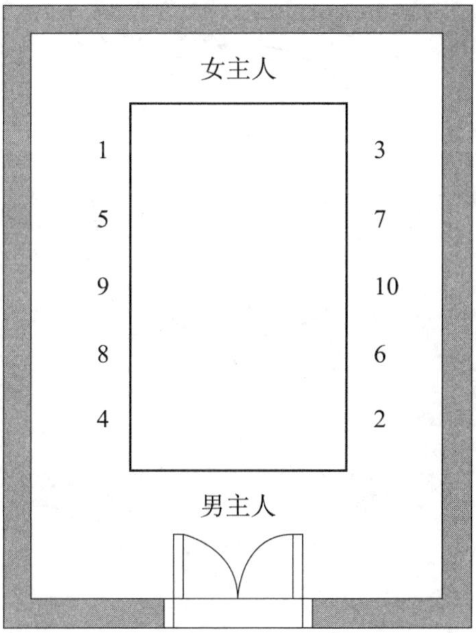

图 6－7　长桌上男女主人分坐两侧的位次排列

使用方桌排位时，就座于餐桌四面的人数应当相等，一般一侧坐两人。在进行排位时，应使男、女主人与男、女主宾面对面而坐，如图 6－8 所示。若用圆桌，其位次排列如图 6－9 所示。

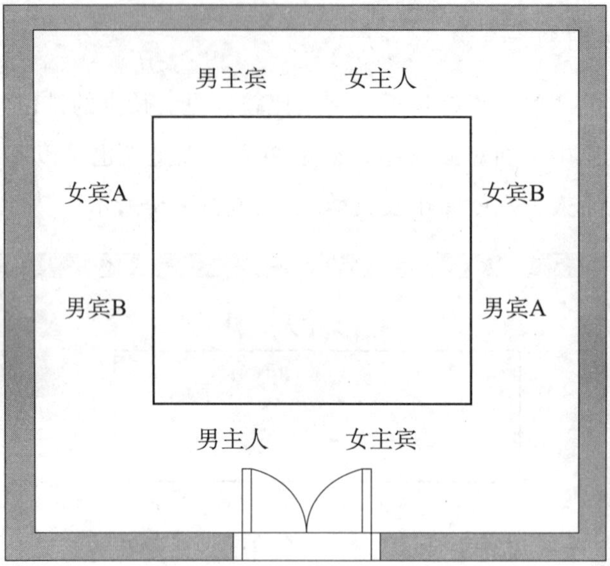

图 6-8　方桌上的位次排列

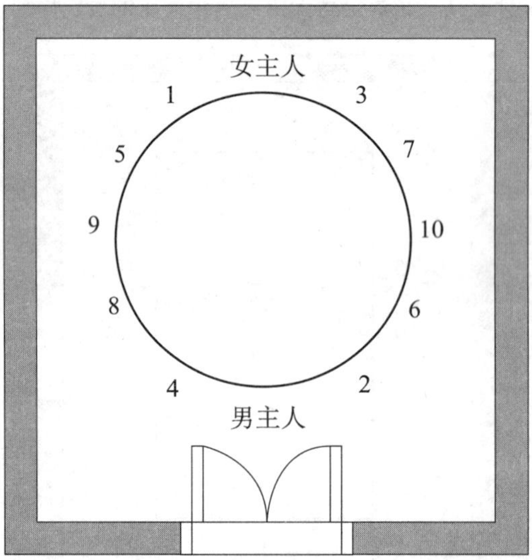

图 6-9　圆桌上的位次排列

三、西餐餐具的使用礼仪

广义的西餐餐具包括刀、叉、匙、盘、杯、餐巾等。其中，盘又有菜盘、布丁盘、奶盘、白脱盘等；酒杯更是讲究，正式宴会几乎每上一种酒，都要换上专用的玻璃酒杯。

狭义的西餐餐具则专指刀、叉、匙三大件。刀分为食用刀、鱼刀、肉刀（刀口有锯齿，用以切牛排、猪排等）、黄油刀和水果刀。叉分为食用叉、鱼叉、肉叉和虾叉。匙则有汤匙、甜食匙、茶匙。公用刀、叉、匙的规格明显大于餐用刀、叉、匙。

（一）餐具的摆放

垫盘放在餐席的正中心，盘上放折叠整齐的餐巾或餐纸（也有把餐巾或餐纸折成花蕊状放在玻璃杯内的）。两侧的刀、叉、匙排成整齐的平行线，如有席位卡，则放在垫盘的前方。所有的餐刀放在垫盘的右侧，刀刃朝向垫盘。各种匙放在餐刀右边，匙心朝上。餐叉则放在垫盘的左边，叉齿朝上。一个座席一般只摆放三副刀叉。

面包碟放在客人的左手边，上置面包刀（即黄油刀，供抹奶油、果酱用，而不是用来切面包）一把，各类酒杯和水杯则放在右前方。如有面食，吃面食的匙、叉则横放在前方。

（二）餐具的用法

1. 刀、叉的持法

用刀时，应将刀柄的尾端置于手掌之中，以拇指抵住刀柄的一侧，食指按在刀柄上，但需注意食指不能触及刀背，其余三指则顺势弯曲，握住刀柄。叉如果不是与刀并用，叉齿应该向上。持叉应尽可能持住叉柄的末端，叉柄倚在中指上。

2. 刀、叉的使用

右手持刀，左手持叉，先用叉把食物按住，然后用刀切成小块，再用叉送入嘴内。欧洲人使用时不换手，即从切割到送食物入口均以左手持叉。美国人则在切割后，将刀放下换右手持叉送食入口。

刀叉并用时，持叉姿势与持刀相似，但叉齿应该向下。取食主菜的时候可以刀叉并用，但若主菜不需要刀切割时，可用叉切割。

3. 匙的用法

持匙用右手，持法同持叉，但手指务必持在匙柄末端。除喝汤外，不能用匙取食其他食物。

4. 餐巾的用法

进餐时，大餐巾可折起（一般对折或折成三角形），折口向外平铺在腿上，小餐巾可展开直接铺在腿上。需要注意的是：不可将餐巾挂在胸前。拭嘴时需用餐巾的上端，并用其内侧，餐巾不可用来擦脸部或擦刀叉、碗碟等。

（三）餐具的使用礼仪

吃西餐时，必须注意餐桌上餐具的排列和置放位置，不可随意乱取乱拿。在正规宴会上，每一道菜肴配一套相应的餐具（刀、叉、匙），并以上菜的先后顺序由外向内排列。进餐时，应先取左右两侧最外边的一套刀叉。每吃完一道菜，将刀叉合拢并排置于碟中，表示此道菜已用完，服务员便会主动上前撤去这套餐具。如尚未用完或暂时停顿，应将刀叉呈八字形左右分架或交叉摆在餐碟上，刀刃向内，意思是告诉服务员“我还没吃完，请不要把餐具拿走”。

使用刀叉时，尽量不使其相互碰撞，以免发出较大的声音，更不可挥动刀叉与别人讲话。

四、西餐进餐礼仪

西餐主要在餐具、菜肴、酒水等方面有别于中餐，因此参加西餐宴会，除了应遵循中餐宴会的基本礼仪外，还应掌握以下几个方面的礼仪知识。

（一）了解各种菜肴的进餐方法

西餐里的各道菜式，在具体的食用方法上均有所不同，了解各种菜肴的进餐方法是西餐礼仪的基本要求。

1. 面包

取面包时，用左手拿取，右手撕开，再把奶油涂上去，一小块一小块撕着吃，不可用面包蘸汤吃，也不可一整块面包咬着吃。

2. 汤

喝汤时，不可以汤盘就口，必须用汤匙舀着喝。如果汤太烫，应待其自然降温后再喝，不要用嘴吹。喝汤时，用汤匙从里向外舀；汤盘中的汤快喝完时，用左手将汤盘的外侧稍稍翘起，用汤匙舀净即可。吃完汤菜时，将汤匙留在汤盘（碗）中，匙把指向自己。

3. 主菜

吃肉或鱼的时候，要特别小心。用叉按好后，慢慢用刀切，切好后用叉进食，千万不可用叉将其整个叉起来送到嘴里去咬。主菜的菜盘里一般有些生菜，是用来点缀和增加食欲的，吃不吃随意。

吃鸡时，欧美人以鸡胸脯肉为贵。吃鸡腿时应先用力将骨去掉，不要用手拿着吃。吃鱼时不要将鱼翻身，要吃完上层后用刀叉将鱼骨剔掉后再吃下层。吃肉时，要切一块吃一块，不能切得过大，或一次将肉都切成块。吃鱼、肉等带刺或骨头的菜肴时，不要直接把刺或骨头往外吐，可用餐巾捂嘴轻轻吐出放入盘内。

餐桌上的佐料，通常已经备好。如果距离太远，可以请别人代拿，不要自己站起来伸手去拿。

4. 咖啡

喝咖啡时如果愿意添加牛奶或糖，添加后要用小勺搅拌均匀，然后将小勺放在垫碟上。喝咖啡时应右手拿杯把，左手端垫碟，直接用嘴喝，不要用小勺一勺一勺地舀着喝。

5. 水果

吃水果时，不要拿着水果整个去咬，应先用水果刀将其切成 4 瓣或 6 瓣，再用刀去掉皮、核，用叉子叉着吃。

（二）注重举止

就座时，身体要端正，手肘不要放在桌面上，脊背不可紧靠椅背，一般坐座椅的四分之三即可。坐下后不可伸腿，不可跷足，与餐桌的距离以便于使用餐具为佳。餐台上已摆好的餐具不要随意摆弄。

进餐时，不要解纽扣或当众脱衣。如主人请客人宽衣，男客人可将外衣脱下搭在椅背上，不要将外衣或随身携带的物品放在餐台上。

吃西餐时相互交谈是很正常的现象，但不可大声喧哗。如果不认识左右座的客人，可先自我介绍。别人讲话时不可搭嘴插话。吃东西时应细嚼慢咽，嘴里不要发出很大的声响，更不能把刀叉放进嘴里。每次送入口中的食物不宜过多，在咀嚼时不要说话。

不可在餐桌边化妆，用餐巾擦鼻涕。用餐时打嗝也不适宜，万一发生此种情况，应立即向周围的人道歉。在进餐尚未全部结束时，不可抽烟，直到上咖啡表示用餐结束时方可。如果座位左右有女客人，应有礼貌地询问一声“您不介意吧”。

西餐既重礼仪，又讲规矩，只有认真掌握好，才能在就餐时表现得温文尔雅。

阅读材料

女士用餐礼仪八个“不”

用餐时经常会遇到食物塞进牙缝、不小心掉下刀叉，甚至在菜肴中见到“异物”等尴尬的情况。倘若处理不当，会给人没有礼貌的感觉，更糟糕的是会影响别人的食欲。女士要想处理得体，便应留意用餐礼仪的八个“不”：

1. 不宜喷洒过浓的香水，以免香水味盖过菜肴味。

2. 出席隆重晚宴时，不要戴帽子及穿高筒靴。

3. 刀叉、餐巾掉在地上时，不要随便趴到桌下捡回，应请服务员另外补给。

4. 食物塞进牙缝时，不要当众用手剔除，应喝点水，试试情况能否改善。若不行，应到洗手间处理一下。

5. 菜肴中有异物时，切勿花容失色地告知邻座的人，以免影响别人的食欲。应保持镇定，用餐巾把它挑出来并弃之。

6. 切忌在妙语连珠的时候不自觉地挥舞刀叉。

7. 不可在用餐时吐东西，如遇太辣或太烫的食物，可赶快喝一口冰水作调适，实在吃不下时应到洗手间处理。

8. 不要在杯子或餐具上留下唇印，给人不洁之感。在用餐前应先将口红擦掉。

五、西餐中酒水的饮用

在正式的西餐宴会中，酒水是绝对的主角。西餐宴会中的酒水，可分为餐前酒、佐餐酒和餐后酒三种。

餐前酒又称开胃酒，在正式开始用餐之前饮用，或在吃开胃菜时与之搭配。一般有鸡尾酒、味美思和香槟酒。

佐餐酒是在正式用餐期间饮用的酒水，西餐里的佐餐酒均为葡萄酒，而且一般多是干型葡萄酒或半干型葡萄酒，很少搭配甜型葡萄酒。选择佐餐酒要遵循“白酒配白肉、红酒配红肉”的原则。白葡萄酒具有一定的酸味，可以去腥，一般配鱼肉、鸡肉等肉质细嫩的肉类食用。红葡萄酒略带苦涩，苦涩可以去油腻，一般配肉质纤维较粗的牛肉、羊肉、猪肉等菜肴。

餐后酒是指用餐之后用来助消化的酒水，常见的有利口酒和白兰地。

饮用不同的酒水，要用不同的专用酒杯。在每位用餐者餐刀的上方，会横排放置三四只酒杯，可依次由外侧向内侧取用，也可按照女主人的选择进行选用。

第四节　饮品礼仪

一、饮酒礼仪

酒席、宴会上的祝酒，既能表达对客人的尊敬，又可增添席间的热烈气氛。用酒来表达对宾客的欢迎或尊敬，不仅是我国人民的传统风俗习惯，也是世界各族人民增进友谊的一种方式。

（一）敬酒礼仪

在较为正式的场合，饮酒要讲究具体的程式。从操作流程的角度来看，敬酒应注意以下几个方面：

1. 斟酒

中国有句俗话“酒满情深”，但并不是指酒要斟满到杯口几乎溢出来。斟酒时，一般斟八九成满就行了。主人斟酒时，客人可行“叩指礼”，表示感谢主人斟酒。除主人和服务人员外，其他宾客一般不要自行给别人斟酒。如果是大型的商务用餐，应该由服务人员来斟酒。斟酒时，酒杯应放在餐桌上，酒瓶不要碰到杯口。

斟酒时的顺序是：先客人后主人；先长辈后晚辈；先主宾后次宾；先女士后男士。拿酒杯的姿势因酒杯不同而有所不同，高脚杯应以手指捏住杯腿；短脚杯应用手掌托住酒杯。葡萄酒、香槟酒、白兰地以斟到酒杯容量的1/3处为宜，目的是使饮者在饮用前可以晃杯，以使酒香充分地挥发出来。

2. 敬酒

敬酒指在宴会上，由主人向来客提议为了某事而饮酒，通常要讲一些约定俗成的祝福之言。

（1）敬酒的时机。

敬酒分为正式敬酒和普通敬酒。正式敬酒一般在宾主入席后、用餐开始前就可进行，一般由主人来敬，同时还要说祝酒词。普通敬酒，只要是在正式敬酒后就可以开始，但是要在对方方便的时候，比如对方当时没有和其他人敬酒、嘴里没有咀嚼食物等。向同一个人敬酒时，应该等身份比自己高的人敬过之后再去敬。

（2）敬酒的顺序。

一般情况下应以年龄大小、职位高低、宾主身份为序，敬酒前一定要充分考虑敬酒的顺序，分清主次，避免出现尴尬的情况。

（3）敬酒的礼仪。

当主人向集体敬酒，说祝酒词的时候，所有人应该停止用餐或喝酒。当主人提议干杯的时候，所有人都要端起酒杯站起来，互相碰一碰。按国际通行的做法，敬酒不一定要喝完，但即使平时滴酒不沾的人，也要拿起酒杯抿上一口，以示对主人的尊重。

别人向你敬酒的时候，要手举酒杯到双眼高度，在对方说了祝酒词或“干杯”之后再喝。喝完后，还要手拿酒杯和对方对视一下，这一过程才结束。

3. 拒酒

在宴会上，如果不会喝酒或不打算喝酒，可以有礼貌地说明原因。拒绝他人敬酒通常有三种方法：

第一，主动要一些非酒类的饮料，并说明自己不饮酒的原因。

第二，让对方在自己面前的杯子里稍许斟一些酒，然后用手轻轻推开酒瓶。按礼节，杯子里的酒可以不喝。

第三，当敬酒者斟酒时，用手轻轻敲击酒杯的边缘，含义是：“我不喝酒，谢谢。”

（二）碰杯

在中餐宴请中，干杯前，可以象征性地和对方碰一下酒杯；碰杯的时候，应该让自己的酒杯低于对方的酒杯，表示你对对方的尊敬，如图6－10所示。如果对方先敬酒，而你比他年长，你同他平碰就可以了，或者稍高于他的酒杯也是可以的。

图 6-10　碰杯

（三）酒态

古人饮酒，很注意有节有度，十分讲究酒态。酒过三巡，仍无节制就叫失态。通过饮酒也能考察一个人的自制力，从而了解其素质的高低。参加宴会时，饮酒量应控制在自己平时酒量的 1/3 左右为宜。

（四）酒忌

碰到需要举杯的场合，切忌贪杯，头脑要清醒，不可见酒而忘乎所以。贪杯好酒是失礼的。工作前不得喝酒，以免与人谈话时酒气熏人。休假时喝酒要有节制，在任何情况下过量饮酒都是错误的。

在宴会上，不要竞相赌酒、强喝酒。喝酒如拼命，劝酒如打架，就会把文明礼貌的交际变成粗俗无礼的行为，这是要不得的。主人或在座客人看到某人酒杯空了，可有礼貌地先询问："请再喝一杯?"如果对方用手遮掩杯口并说明不想喝了，则不必勉强。"舍命陪君子"是饮酒者的不自量而不是有礼行为，劝酒不成而恼羞成怒则是劝酒者的无礼无德。席间的干杯或共同敬酒一般以一次为宜，不要重复敬酒。勉强别人，不但达不到传递敬意的目的，而且会使对方感到为难而不悦。碰杯和喝多少亦应随各人之意，那种以喝酒多少论诚意的做法是不通情理的。

忌猜拳行令，吵闹喧嚣，粗野放肆。公共场合不得划拳，家庭私人酒会一般也不宜划拳，如有特殊需要应注意不要干扰邻居。醉酒呕吐是十分失礼的，既伤身体，又当众出丑，惹人厌烦。

忌酒后无德，言行失控。酒能麻醉人的神经，使人思维紊乱，言语行为失控。如果借酒发疯，胡言乱语，说一些平时难以出口的话，做一些丑态百出的事，往往会使人追悔莫及。

二、饮茶礼仪

我国是茶的故乡，有着悠久的种茶历史。早在3 000多年前的周朝，茶已被奉为礼品和贡品。我国历来就有“客来敬茶”的民俗。到两晋、南北朝时，客来敬茶已经成为人际交往中的社交礼仪。当今社会，客来敬茶更是人们日常社交中的基本礼仪。茶与咖啡、可可并称世界三大饮料，但是茶已经远远超越了自身的物质属性，不仅作为一种饮料简单存在，而且与琴棋书画一样成为人们的精神食粮，成为一种修养、一种境界。

（一）茶叶的种类

饮茶首先要区分茶叶的品种。区分茶叶的品种，可以采取多种方法。目前我国采用最广的方法，就是根据加工、制作方式的不同来区分茶叶的具体品种。根据这一标准，可将茶叶划分为绿茶、红茶、青茶、花茶、白茶、黄茶、黑茶等。

绿茶是不发酵茶，它经过高温杀青，保持了茶叶嫩叶原有的青绿色泽。绿茶沏出的茶水色绿汤清、香气清幽、滋味鲜爽。

红茶与绿茶恰恰相反，是一种全发酵茶（发酵程度大于80%）。红茶的名字得自其汤色红。红茶色泽乌黑油润，冲泡后有甜花香或蜜糖香。

青茶也叫乌龙茶，是一类介于红茶与绿茶之间的半发酵茶。乌龙茶在六大类茶中工艺最复杂，泡法也最讲究，所以喝乌龙茶也被人称为喝工夫茶。青茶色泽青灰，茶汤金黄，香气浓郁。

白茶则基本上靠日晒制成，芽头肥壮，汤色黄亮，滋味鲜醇。

黄茶的制法有点像绿茶，不过中间需要闷黄三天。黄茶多数芽叶细嫩，黄汤黄叶。

黑茶原来主要销往边区，如云南的普洱茶就是其中一种。普洱茶是在已经制好的绿茶上浇上水，再经发酵制成的。

阅读材料

茶文化最初是由儒家积极入世的思想开始的，逐渐渗透到社会发展的各个角落。

两晋南北朝时，一些有眼光的政治家提出“以茶养廉”，对抗当时的奢侈之风。

魏晋以来，天下骚乱，文人无以匡世，渐兴清淡之风。这些人终日高谈阔论，必有助兴之物，于是多兴饮宴，所以最初的清淡家多酒徒。后来清淡之风发展到一般文人，但能豪饮终日不醉的毕竟是少数，而茶则可长饮且始终保持清醒，于是清淡家们就转向好茶，所以后期出现了许多茶人。

唐朝时期疆域广阔，注重对外交往，中国茶文化正是在这种大气候下形成的。茶文化的形成还与当时佛教的发展、诗风大盛、贡茶的兴起、禁酒等有关。唐朝陆羽自成一套的茶学、茶艺、茶道思想及其所著的《茶经》是一个划时代的标志。《茶经》不但述茶，而且把诸家精华及诗人的气质和艺术思想渗透其中，奠定了中国茶文化的理论基础。

唐朝是以僧侣、道士、文人为主的茶文化，宋朝则进一步向上向下拓展，拓宽了茶文化的社会层面和文化形式，茶事十分兴旺，但茶艺走向繁复、琐碎、奢侈，失去了唐朝茶文化的思想精神。

元朝时，北方民族虽嗜茶，但对宋人烦琐的茶艺不耐烦。文人也无心以茶事表现自己的风流倜傥，而希望在茶中表现自己的清节，磨炼自己的意志。在茶文化中，这两种思潮暗暗契合，茶文化开始返璞归真。

元朝到明朝中期的茶文化形式相近，一是茶艺简约化；二是茶文化精神与自然契合，以茶表现自己的苦节。

晚明到清初，精细的茶文化再次出现，制茶、烹饮虽未回到宋人的烦琐，但茶风趋向纤弱，不少茶人甚至终生泡在茶里，出现了玩物丧志的倾向。

（二）茶具的选择

茶具要选用干净、卫生、实用，并且美观、大方的，不要选用破损、残缺、有裂纹的。平日存放茶叶的专用器皿要防潮、避光、隔热、无味，最好选用特制的铝罐、锡罐、竹罐，尽量不要使用玻璃罐、塑料罐，更不要长时间以纸张包装、存放茶叶。

（三）以茶待客的礼节

喝茶称为品茗，讲究的是品尝。品茶不但是喝茶的味觉享受，也是喝茶最基本的礼仪。喝茶应慢慢地小口细心品尝，切忌大口大口地吞咽茶水，或者喝得咕噜咕噜直响。如此喝茶，不但暴露出饮茶者缺乏修养，也会影响旁人。《红楼梦》里妙玉说：“一杯为品，二杯既是解渴的蠢物，三杯便是饮牛饮骡了。”明人许次纾说：“一壶之差只堪再巡，初巡鲜美，再则甘醇，三巡意欲尽矣。”

1. 喝茶座次礼仪

茶道讲究的是“主随客便”，但是从礼仪文化上讲，喝茶也要遵循座次礼仪。

面对主人或泡茶的人，左手是“尊位”，尊位的顺序为：老年人、领导、女士。如果年龄相差不大，女士优先坐尊位。

从主人左手方向顺时针旋转，由尊到卑，直到主人的右手边，无论怎样的茶座，都应该遵循这个原则。

2. 敬茶礼仪

斟茶不可过满，以八分满为佳。敬茶应双手奉上，一般首杯要敬给德高望重者。上茶应以右手端茶，从客人的右方奉上。当宾主边谈边饮时，要及时添加茶水，以体现对客人的尊重。客人则需善“品”，小口啜饮，而不能做“牛饮”态。

客人品茶时可用拇指、食指捏起茶盅，观色嗅味，放于鼻唇之间细细体味。

3. 让茶礼仪

在以茶待客的过程中，为了表现对客人的尊重，主人要不时为客人斟茶、续水，以表示“慢慢喝、慢慢叙”。而在我国古代讲究以茶待客不过三杯，第一杯叫敬客茶，第二杯叫续水茶，第三杯叫送客茶。所以无论是喝盖碗茶还是工夫茶，让茶应该尽量随意自然，如果一而再再而三地劝，就有暗示“应该要走了”的意思。

阅读材料

茶艺

1. 嗅茶。主客坐定以后，主人取出茶叶，主动介绍该品种的特点、风味，客人则依次传递嗅赏。

2. 温壶。先将开水冲入空壶，使壶体温热，然后将水倒入“茶船”（一种紫砂茶盘）。

3. 装茶。用茶匙向空壶中装入茶叶，通常装满大半壶。切忌用手抓茶叶，以免手气或杂味混入。

4. 润茶。用沸水冲入壶中，待壶满时，用竹筷刮去壶面泡沫，随即将茶水倾入“茶船”。

5. 冲泡。至此，才可正式泡茶。要用开水，但不宜用沸水。

6. 浇壶。盖上壶盖之后，在壶身外浇开水，使壶内、壶外温度一致。

7. 温杯。泡茶的间隙，在茶船中利用原来温壶、润茶的水，浸洗一下小茶盅。

8. 运壶。第一泡茶泡好后，提壶在茶船边沿巡行数周，以免壶底的水滴滴入茶盅串味。

9. 倒茶。将小茶盅一字儿排开，提起茶壶来回冲注，俗称“巡河”。切忌一杯倒满后再倒第二杯，以免茶水浓淡不均。

10. 敬茶。双手捧上第一杯茶，敬奉在座的客人；当客人不止一位时，第一杯茶应奉给德高望重的长者。

11. 品茶。客人捏着小茶盅，观茶色，嗅茶味，闻茶香，然后腾挪于鼻唇之间，或嗅或啜。

在以茶待客前，若有可能，应尽量照顾来宾的偏好。可多备几种茶叶，在上茶前，征询一下来宾的意见。

以茶待客要上热茶。通常可由家中的晚辈为客人上茶。接待重要的客人时，则应由女主人，甚至由主人亲自奉茶。单位待客时，一般由秘书、接待人员、专职人员为来客上茶。接待重要的客人时，则应由本单位在场的职位最高者亲自为之上茶。上茶时应以右手端茶，从客人的右方奉上。

无论是主人还是客人，饮茶时都不应大口吞咽茶水，或发出声响。端起茶杯时，应以右手持杯耳；端无杯耳的茶杯，则应以右手握茶杯的中部。不要双手捧杯，以手端起杯底，或用手握住茶杯杯口。

同时，要注重奉茶顺序：先为客人上茶，后为主人上茶；先为主宾上茶，后为次宾上茶；先为女士上茶，后为男士上茶；先为长辈上茶，后为晚辈上茶。

三、饮咖啡的礼仪

长期以来，咖啡一直是诸多饮料中的主角之一。现在，咖啡已逐渐步入中国人的日常生活，并已成为国人尤其是文化程度较高的人士所喜爱的一种时尚饮品。

咖啡根据配料的不同，主要分为黑咖啡、白咖啡、浓黑咖啡、浓白咖啡、爱尔兰咖啡和土耳其咖啡；根据制作方法的不同，主要分为现煮咖啡、速溶咖啡和罐装咖啡。

（一）饮用的数量

关于咖啡的饮用数量，在正式场合应注意以下两点：

一是饮用的杯数宜少。在正式场合饮用咖啡，与其说咖啡是一种饮料，不如说它是一种休闲或交际的陪衬。一般情况下，饮咖啡一杯足矣，最多不超过三杯。

二是饮用时入口要少。既然饮用咖啡不是为了充饥解渴，那么在饮用咖啡时，切勿饮相粗鲁，端起杯子一饮而尽或大口吞咽。一般来说，一杯咖啡要喝上十来分钟，并应小口饮用，才能品出咖啡的味道。

（二）配料的添加

在某些情况下饮用咖啡，需要饮用者自己动手，根据个人需要和偏好在咖啡里添加牛奶、方糖之类的配料。添加配料时要注意以下两项基本要求：

一是自主添加。为他人添加配料，往往会强人所难，令对方感到不快。当然，若他人为自己添加配料，还是应当真诚地向其道谢，而不宜责怪对方。

二是文明添加。添加时应自然大方、温文尔雅，尽量避免不得体、不卫生的做法，不能直接用手取方糖。

（三）饮用的礼仪

1. 咖啡杯的持握

持握咖啡杯的得体方法是：伸出右手，用拇指与食指握住杯耳之后，再轻缓地端起杯子。用一只手握住杯身、杯口，或是将手指穿过杯耳之后再握住杯身，都是不正确的方法。

在正式场合，咖啡都是盛入杯中，然后放在碟子上一起端上桌的。碟子的作用主要是用来放置咖啡匙，并接收溢出杯子的咖啡。若碟中已有溢出的咖啡，切勿倒在地上，可用纸巾将其吸干。

饮咖啡时，是否需要端起碟子不能一概而论。若坐在桌子附近饮咖啡，通常只宜端杯子，而不必端碟子。若距桌子较远，或站立、走动时饮咖啡，则应用左手将杯、碟一起端至齐胸高度，再以右手持杯而饮。

2. 咖啡匙的使用

加入牛奶和奶油后，可用咖啡匙轻轻搅动，使之与咖啡融合。加入方糖之后，可用咖啡匙略加搅拌，使其迅速溶化。若咖啡太烫，也可以用咖啡匙稍作搅动，使咖啡变凉。

咖啡匙的使用禁忌：咖啡匙用于搅拌后即放入咖啡碟内，不可以用咖啡匙舀起咖啡来饮用，也不可以让咖啡匙在咖啡杯中竖立。

3. 取食甜点

在饮用咖啡时，为了不伤肠胃，往往会同时备一些糕点、果仁、水果之类的小食品。需要取食甜点时，要先放下咖啡杯。在饮用咖啡时，手中也不宜同时拿着甜点品尝。此外，也不宜只吃不喝，本末倒置。

4. 交谈须知

在饮用咖啡时，应适时地与交往对象进行交谈。在交谈时，务必要柔声细语，千万不要大声喧哗、乱开玩笑。不要在他人饮用咖啡时向其提出问题。自己饮用咖啡后若要讲话，最好先用纸巾揩一揩嘴，免得咖啡顺嘴流淌，或弄脏嘴角，使自己出丑。

问题探究

1. 宴会有哪几种形式？
2. 参加鸡尾酒会应注意哪些基本礼仪规范？
3. 赴宴应注意哪些礼仪规范？
4. 西餐中餐巾的使用需注意什么？
5. 中西方饮酒有何差异？
6. 中餐中使用筷子时需注意什么？
7. 敬酒的礼节有哪些？
8. 奉茶的正确顺序是什么？
9. 使用咖啡匙需遵循什么规范？
10. 如何理解“酒满情深”中的“满”？

第七章

办公礼仪

学习目标

熟练掌握商务场合中名片、电话、电子邮件的礼仪规范，了解馈赠和送花的基本要求，并能在工作、生活中遵循这些礼仪规范与要求。

第一节　名片礼仪

名片早在我国西汉时期就已经广为流行，不过当时没有纸，只能削竹、木为片，称为“谒”，东汉时改叫“名刺”，唐时称为“名纸”，晚唐又称为“门状”，明朝叫“名帖”，清朝才正式有“名片”的称呼。

交换名片是社交场合中一种重要的自我介绍方式。两个人初次见面，互通姓名后再奉上名片，直接回答了一些对方想问又不便贸然出口的问题，如单位、职务、电话等，对方在名片上都能找到答案，使相互间的距离一下子拉近了很多。

一、名片的用途

（一）介绍自身

会客交友时递上一张名片，他人对你的基本情况就一目了然。有时，对于自己的职务不便开口说出，因为介绍自己的一官半职总有自我炫耀之嫌，当身兼数职时更不好一一说明，有了名片就不用为难和啰唆，因为一切都写得清清楚楚，他人通过名片就能较多地了解你。

（二）维持联系

名片犹如袖珍通讯录，利用名片上提供的各种联络方式即可与名片的提供者保持联系。如果名片是重要客户的，在节假日联系一下，表达祝福之意，还可加深对方对本企业的印象。

（三）显示个性

名片上印上代表自己爱好和特点的图案，或印上自己的座右铭、喜爱的格言，很容易给对方留下好感，加深交往。

（四）拜会他人

初次前往他人居所或工作单位进行拜会时，可将本人名片交由对方家人、门卫或秘书，然后由其转交给拜访之人，意为“我是×××，我希望拜访您”，对方确认了拜访者的实际身份后，再决定双方是否见面。

（五）特殊用途

在社交场合，尤其是国际社交场合，人们往往将名片代替一封简洁的信函来使用，此即名片的特殊用途。具体做法是：在社交名片的左下角写上一行字或一句短语，然后装入信封寄交他人。如果是本人亲自递交或托人带给他人，要用铅笔书写；如果采用邮寄方式，则应用钢笔书写。书写时多采用法文缩略语，较常见的法文缩略语及其对应含义如下：

n. b. 意为“注意”；

p. c. 意为“谨唁”，凭吊、追悼时用；

p. f. 意为“祝贺”，庆祝节日时用；

p. m. 意为“备忘”，提请对方注意某事时使用；

p. r. 意为“谨谢”，在接受礼物、款待、祝词之后，或收到别人庆祝、吊唁之类的名片后使用；

p. p. 意为“介绍”，向对方介绍某人时用；

p. p. c. 意为“辞行”，调离、离任时用；

p. p. n. 意为“慰问”，问候病人时用；

p. f. n. a. 意为“新年愉快”。

名片代替信函使用时，通常有以下几个用途：

1. 充当礼单

以私人身份向他人馈赠礼品时，可将本人的名片充当礼单，置于礼品包装之内。但最好是将其装在一个与名片大小相当的信封里，信封上写收礼者姓名，信封可以不封口。名片上可根据实际情况简单留言。

2. 介绍相识

如欲向自己相识之人介绍某人，亦可使用名片。具体做法是：在自己名片的左下角写上“p. p.”，然后在后面附上被介绍人的名片，并由被介绍人交给对方，或直接邮寄给对方。在把名片交给被介绍人之后，应当先用电话告诉对方：有人将拿着自己的名片去见对方，否则就会使对方有点摸不着头脑，而被介绍者也会因为对方没接到任何通知而感到尴尬。

3. 简短留言

如果拜访某人或需要向某人传达某事而对方不在时，可留下自己的名片，并在名片上简单写上具体事由，然后委托他人转交。

（六）其他用途

（1）赠送礼物时，若礼物需要由别人代送，可以将名片包在礼物里面或外面；

（2）在赠送鲜花或花篮时，可把名片附在花束上；

（3）在非正式邀请中，可用名片代替请帖，在名片上写明时间和地址即可；

（4）当朋友请人送来礼品或书信时，可将名片代作收条；

（5）可以用名片向亲朋好友通知本人的有关变动。

二、名片的制作

名片的制作一般委托给名片制作商。为了使自己的名片规范实用，还应当精心设计，以求名片体现本人的风格。

（一）名片的规格、材质与色彩

国内通用的名片规格为 9cm×5.5cm，还有两种常见的规格：10cm×6cm（境外人士使用多）和 8cm×4.5cm（女士专用）。如果无特殊需要，不应将名片制作得过大，甚至有意做成折叠式，免得给人标新立异之感。

名片的材质可选用耐折、耐磨、美观、大方的白卡纸、再生纸，外观高雅的布纹纸、麻纹纸，或者带有香味的香片纸。必要时，还可以在名片上加膜。

名片的色彩一般宜选用庄重朴素的白色、米色、淡蓝色、淡黄色、淡灰色，并且以一张名片一色为好。最好不要印制杂色名片，也不要用红色、紫色、绿色等视觉冲击太强烈的色彩印制名片，以免给人不庄重的感觉。

（二）名片的内容

很多企业认为名片是宣传组织的一个极好的媒介，若所有工作人员特别是业务员的名片设计得风格一致，并加印公司标识或经营理念，会给人一种非常正规的感觉。

名片的内容包括工作单位、姓名、电话、职务、地址、邮政编码等。工作单位一般印在名片的上方，社会兼职紧接着工作单位排下来，姓名印在名片中央，姓名右侧印职务、职称；名片的下方为地址、邮政编码、电话号码、电子邮箱等。

名片的背面一般印有相应的英文，在对外交往时使用。也有在背面印上企业或公司的简介、经营范围、产品及服务范围的，以方便客户和扩大宣传。

（三）名片的分类

因为用途、内容不同，日常生活中所用的名片可分为应酬式名片、社交式名片、公务式名片、单位式名片四类。在正式场合，面对不同的交往对象可使用不同的名片，故一个人携带多种不同的名片不足为奇。

1. 应酬式名片

又称本名式名片，内容只有个人姓名一项，最多也只是加上本人的籍贯与字号。这种名片适合在社交场合应付泛泛之交。

2. 社交式名片

社交式名片用来作自我介绍及与他人保持联系，其内容包括个人姓名和联系方式。个人姓名应以大号字体印于名片中央，联系方式应以较小的字体印于名片右下方。

3. 公务式名片

公务式名片是指在正式的业务交往中使用的个人名片，它是目前最为常见的一种个人名片，内容包括单位、本人称呼、联系方式等。公务式名片示例如图 7－1 所示。

（1）单位。

主要由企业标识、供职单位、所在部门三个部分组成，可酌情增减，但供职单位与所在部门均不宜多于两个，免得给人用心不专的感觉。供职单位与所在部门均应采用全称。

（2）本人称呼。

主要由本人姓名、所任职务以及学术头衔（如教授）三个部分组成，后两项可有可无，但不宜过多。在本人姓名后加注先生、小姐、夫人是没有必要的。

✲北京市××科技有限公司

徐克茹 总经理秘书

地址：北京市朝阳区新路××××号　　邮政编码：100108

电话：(010) 8379××××　　手机：1369×××278

E-mail:xukeru@263.net　网址：bolg.sina.com.cn/xukeru

图 7－1　公务式名片示例

（3）联系方式。

单位地址、办公电话、邮政编码是联系方式的三要素，不可或缺。由于这种名片主要用于业务交往，所以不宜提供家庭住址与住宅电话。可根据实际情况列出手机号码、传真号码、E-mail 等。

4. 单位式名片

又称企业式名片，主要用于企业对外宣传、推广活动，其内容包括单位的全称及标识、单位的联系方式等。

三、递送名片的礼仪

在国内，递送名片通常在自我介绍或经人介绍后进行，应事先将名片放在身上易于取出的位置，在适当的时机得体地递给对方。

向对方递送名片时，应面带微笑，双目注视对方，用双手递过去，以示尊重，如图 7－2所示。名片应放置于手掌中，用拇指夹住名片，其余四指托住名片的反面，名片的文字要正向对方，以便对方观看；若对方是外宾，则最好将名片上印有对方认识的文字的那一面面向对方。如果事先是坐着的，应当起立或欠身递送。递送时可以说“这是我的名片”“我叫××，请多关照”“请多联系”等。

递送名片的注意事项有以下几点：

（1）与国内人打交道，递送名片要用双手。而与外国人打交道，一般只用右手，因为在印度和中东的一些国家，左手被认为是不洁的。与这些国家的人交往，切记不要用左手接触对方，也不要用左手为之传递物品。日本人喜欢右手送自己的名片，左手接对方的名片。

(a)　　(b)　　(c)

图 7-2　递送名片

（2）交换名片的时机。如果双方是事先有约或事先双方已有所了解，不一定忙着交换名片，可在交谈结束、临别之时取出名片递给对方，以表示愿意保持联络的诚意。美国人一般不在刚见面的时候送名片给对方，只在双方想保持联系时才送。

（3）与多人交换名片应注意先后次序，或由近到远，或由尊到卑，一定要依次进行，切勿挑三拣四，有的人给有的人不给。当然，也没有必要像发传单似的滥发名片，这会令名片贬值。在人较多的聚会场合，交换名片应在私下进行，一般每次只在两个人之间交换。发名片前应先问问自己，对方是否需要同你保持联系。

（4）拜访家庭。拜访者如果是男子，应分别给男女主人各一张名片，再给这个家庭中超过 18 岁的女子一张名片，但不能在同一个地方留下三张以上的名片。拜访者如果是女子，应给这个家庭中超过 18 岁的女子每人一张名片，但不应该给男子名片。

如果拜访人未预约，也不想受到会见，只想表示一下敬意，可以把名片递给任何来开门的人，请他转交主人。若主人亲自开门并邀请进去，也只应稍坐片刻。名片应放在桌子上，不可直接递到女主人手中。

四、接受名片的礼仪

接受他人名片时，态度一定要恭敬，应起身面带微笑地注视着对方。双手接过名片后应当先认真地看看名片上的内容，必要时可把名片上的姓名、职务（较重要或较高的职务）读出声来，如“您就是×××啊，久仰久仰！”以表示对对方的尊重，同时也加深了对对方的印象。如图 7-3 所示。

图 7-3　接受名片

在别人给了名片后，如果有不认识或读不准的字要虚心请教。请教别人的姓名丝毫不会降低你的身份，反而会使人觉得你是一个对待事情很认真的人，增加对你的信任。

接过别人的名片切不可随意摆弄或扔在桌子上，也不要随便地塞在口袋里或丢在包里，应放在西装左胸的内衣袋或名片夹里，以示尊重。如果接下来要与对方谈话，就不要将名片收起来，应该放在桌子上，并保证不被其他东西压住，这会使对方感觉你很重视他。

五、索取名片的礼仪

如果你想得到对方的名片，但他却并未给你，那最好不要直截了当地说："请您给我一张名片。"而应该以请求的口吻说："如果没有什么不方便的话，能否请您留一张名片给我?"若对方确实已经没有名片，一般会说明。

如果没必要，最好不要强行索要他人的名片。若不宜直接向他人索取名片时，可先主动递上自己的名片，向对方提议交换名片，这叫"将欲取之，必先予之"。向尊者、长者索要名片时，可以说"今后如何向您请教"；向平辈或晚辈索要名片时，可以说"以后怎么与你联系"。

当他人向自己索要名片，自己不想给对方时，不能直截了当地拒绝，应委婉地表达此意："对不起，我忘带名片了"；"抱歉，我的名片用完了。"

六、名片的存放

（一）存放在名片夹内

随身携带的名片应放在较精致的名片夹里。着西装时，名片夹只能放在左胸内侧的口袋里。左胸是心脏的所在地，将名片放在靠近心脏的地方是对对方的一种礼貌和尊重。不着西装时，名片夹可放于自己随身携带的小手提包里。将名片放于其他口袋，甚至后侧裤袋是一种很失礼的行为。

在交际场合中，最好将别人的名片放在一起，将自己的名片放在一起，这样就不用在使用时再去乱找，甚至把他人的名片当作自己的送给对方。

（二）整理名片

参加交际活动后，应立即对所收到的他人名片加以整理，以便今后使用。存放名片时可以根据自己的需要进行排列，如按字母顺序、按姓名的笔画多少排列等。

（三）记录资料

在收藏的他人名片上记下有利于人际交往的资料：

(1) 收到名片时的具体情况。如收到的时间、地点以及是否与对方亲自交换等。在国外有一种做法就是将名片的右下角下折，然后再使其恢复原状，它表示该名片是对方亲自与自己交换的。

(2) 交换名片者的个人资料。如性别、年龄、籍贯、学历、专长、爱好等。记下这些信息，将有助于下次的交往顺利进行。

(3) 交换名片者在交换名片后的变化情况。如单位、部门的变化，职业的变动，联系方式的改变等。特别是联系方式的改变应及时记下，否则就有可能与对方失去联系。

七、名片礼仪实训

（一）实训目的

帮助从事服务工作的人员在服务场合能够正确地使用名片，从而体现对服务对象的尊重。

（二）实训安排

如表 7-1 所示。

表 7-1　　名片礼仪实训安排

课时安排	1 课时。
实训准备	名片。
实训要求	掌握递送名片、接受名片、索取名片、婉拒他人索取名片的礼仪。
实训方法	1. 将学生分成两人一组。 2. 由学生分组练习，教师进行指导。 3. 对学生分组考核，用摄像机等记录学生考核过程。 4. 回放考核过程，由学生自我评价，教师总结点评学生存在的问题。

（三）实训操作规范

如表 7－2 所示。

表 7－2　　名片礼仪实训操作规范

实训项目		实训要求	操作规范
名片礼仪	递送名片	正确递送名片	1. 注意交换的时机。 2. 与多人交换名片，要注意先后次序。 3. 递送时起身站立。 4. 口头应有所表示，可以说：“请多指教”“多多关照”“今后保持联系”“我们先认识一下吧”等话语。 5. 面带微笑，双目注视着对方，用双手或右手将名片正面面向对方。
	接受名片	正确接受名片	1. 停止手中的事情。 2. 态度谦恭，起身站立，面带微笑，目视对方。 3. 右手或双手接过名片，口头表示感谢后认真地看名片上的内容，读出名片上的姓名、职务。 4. 把名片放在西装左胸的内侧口袋或名片夹、公文包里，以表示对对方的尊重。
	索取名片	正确索取名片	1. 交易法，“将欲取之，必先予之”。 2. 激将法，“教授，能不能有幸交换一下名片？”。 3. 谦恭法，“今后如何向您请教？”适用于向尊长索取名片。 4. 平等法，“以后怎样与你联系？”适用于向平辈或晚辈索要名片。
	婉拒他人索取名片	正确婉拒他人索取名片	1. 对不起，我的名片忘带了。 2. 抱歉，我的名片用完了。

（四）实训考核要求

如表 7－3 所示。

表 7－3　　名片礼仪实训考核要求

考核项目		考核要求	是否做到	改进措施
名片礼仪	递送名片	1. 时机选择。	□是　□否	
		2. 先后次序。	□是　□否	
		3. 起身站立，面带微笑，目视对方。	□是　□否	
		4. 动作标准。	□是　□否	
		5. 存放得当。	□是　□否	
	接受名片	1. 停止手中的事情。	□是　□否	
		2. 起身站立，面带微笑，目视对方。	□是　□否	
		3. 右手或双手接过名片，口头表示感谢后认真地看名片上的内容，读出名片上的姓名、职务。	□是　□否	
		4. 存放得当。	□是　□否	
	索取名片	采用正确索取名片的方法。	□是　□否	
	婉拒他人索取名片	态度谦和，表现自然。	□是　□否	

第二节　电话礼仪

美国《电话综述》说，人的一生平均有 8 760 小时在打电话。在可视电话还没有普及之前，人们通过电话给人的印象完全依靠声音和使用电话时的习惯，要想有“带着微笑的声音”，或者通过电话赢得别人的信任，就必须掌握使用电话的礼节与技巧。

一、注重电话形象

电话交谈与面对面交谈相比，最大的区别就是通话双方相互不能见面，人们在通过声音去了解谈话的内容、谈话人的意图的同时，还会由声音去推测、猜想谈话人的情绪、表情。一个人在电话里的声音形象往往是表现自我风度、展示自我修养的重要渠道，因此，每个人都要注意自己的电话形象。注重电话形象也是塑造企业形象的需要。我们很难相信一个打电话时啰唆、满嘴粗话的人所在的公司是一家有良好风范和实力强大的公司。

精彩案例

松下电器商学院训练学员打电话时，要求正襟危坐、聚精会神，不能吃东西、不能吸烟。听到电话铃响，应立即接听，声音清晰、态度和蔼地表明自己公司的名称和所属的部门，并准确地记下电话内容，交由相关人员处理。打电话时，内容力求简明扼要；拨通电话后，马上报出自己公司的名称和所属部门及自己的姓名，在简短的问候后，把要求和希望简要告诉对方；说话时，语气要委婉诚恳。

无论是拨打电话还是接听电话，当拿起电话听筒的时候，一定要面带笑容。不要以为笑容只能表现在脸上，它也会藏在声音里。亲切、温情的声音会使对方马上产生良好的印象，而绷着脸的话，声音也会变得冷冰冰。身体也应保持标准站姿或坐姿，人的姿态是能够通过声音传播出去而让对方感知到的。当身体呈放松懒散的姿态时，声音也会变得慵懒。

此外，在拨打、接听电话的时候，不能叼着香烟或嚼着口香糖；说话时，声音不宜过大或过小，吐字应清晰，保证对方能听清楚。

二、拨打电话的礼仪

（一）选择适当的通话时间

1. 通话时间

如果双方事先有约，就应该在双方约定的时间准时打过去，免得对方等你的电话。如果事先没有约好，就应尽量选择对方方便的时间打电话。一般应避开上午 7 时前、晚上 10 时后；对于有午休习惯的人，在中午休息时间也不要打电话打扰他；在用餐时间给别人打电话也是不合适的。给海外人士打电话时，要先了解时差。

一般来说，打公务电话应该以不影响受话人的家庭生活为宜，应有意识地避开对方的通话高峰时间、业务繁忙时间、生理厌倦时间及节假日。拨打公务电话谨记“黄金十点钟”守则，即在工作日的上午十点到十一点之间一般是人们较为放松的时间段，在未预约的情况下，此时拨打电话沟通效果会更好。

2. 通话长度

一般情况下，对每一次通话的具体时间应有所控制，尽量做到以短为佳，宁短勿长。打电话有个“3 分钟原则”，即打电话时，发话人应当自觉地、有意识地将每次通话的时间控制在 3 分钟之内，尽量不要超过这一限定，把事情说清楚就可以了。如果事情比较多，需占用较长时间，可在一开始就向对方先说明大概要占用多长时间。

3. 体谅对方

在开始通话时，应先问一下对方现在通话是否方便。如果对方不方便，可另约时间。通话时间较长时，也应征求一下对方的意见，并在通话结束时表示歉意。假如在节假日、用餐时间、睡觉时万不得已打电话影响了对方，不仅要讲清楚原因，还要向对方表达歉意。

（二）通话内容要简练

每次通话前应做好充分的准备，最好把对方的姓名、公司或单位的名称、电话号码、通话要点等内容列一张清单，准备好在通话中可能会用到的纸和笔以及必要的资料和文件。

在通话时一定要务实，问候完毕就直奔主题讲正事，不要和对方闲聊。

（三）表现要文明

接通电话后，应主动友好地向受话人问好，应说“您好”，而不是以“喂”开头。问好后自报家门，先说自己是谁。如果是工作电话，还需要报出自己的公司及部门名称，然后再核实一下对方的名称。

打电话找人要有礼貌，若你要找的人不在，可以请接电话的人转告并道谢。

通话结束时，要向对方道谢和说“再见”，这是通话结束的信号，也是对对方的尊重。通话时电话突然中断，依礼节需由发话人立即再拨，并说明通话中断是线路故障所致，不要不了了之或等对方打过来。如果拨错了电话，应对接听者表示歉意，不能一挂了事。

一般情况下，打电话的人先挂断电话，接电话的人再放下电话。如果是与上级、长辈、客户等通话，无论你是发话人还是受话人，都最好让对方先挂断电话。放下电话时动作应轻柔，不能让对方听见电话挂机的声响。

三、接听电话的礼仪

接听电话的受话人虽然处于被动位置，但也要注意礼仪规范。

（一）“铃响不过三”原则

接听电话时，以电话铃响三次左右拿起话筒最合适。拿起话筒后，应先向发话人问好，然后报出自己单位的名称，有时还应报出自己的姓名。这样做一方面是出于礼貌，另一面是让发话人验证一下是否拨错了号码，或者找错了人。千万不要拿起电话一声不吭。

如果电话铃响了很多声才拿起话筒，应向对方道歉：“对不起，让您久等了。”如果受话人正在做一件要紧的事情不能及时接听电话，代接电话的人应妥当解释。如果既不及时接听电话又不道歉，甚至表现得极不耐烦，就是很不礼貌的行为。

（二）精神集中，随声应答

在通话时应聚精会神，及时给对方以积极的反馈；有听不清楚或不明白的地方，要马上告诉对方。见面谈话时可以安静地在一旁点头、微笑以表示赞成，但电话通话就不能了。打电话一定要不断地随声应答才能使谈话进行下去。随声应答时，最恰当的用语就是“是的”。应答时，除了表示在听之外，还有促使对方尽快讲出重点的效果。

如果对方向你发出邀请，不管是否答应，回答一定要明确，不能只说声“谢谢”。在涉外活动中，你说“谢谢”对方会认为你不会去，就不会再考虑你的席位。当你到时候又出现时，双方都会很难堪。

（三）做好电话记录

为了不在电话应对上有所疏忽或闪失，做好电话记录非常重要。一般应在电话机旁边准备好便签和笔，当电话铃声响起来的时候，先下意识地拿起纸和笔，然后再接电话。为了正确地记录，对对方的谈话要点可做必要的重复，重复的内容应简明扼要地记录下来，如时间、地点、联系事宜、需解决的问题等。

（四）代接电话

代接电话时应先弄明白对方是谁，要找什么人。如果被找的人离电话不远，要说："请稍等，我去请他来听电话"；如果对方要找的人虽然在，但离电话较远，则可礼貌地向对方解释："××在，可离这儿较远，我去请他，您几分钟后再打过来好吗"；如果对方要找的人不在，最好也能给对方一个合理的建议："需要我转告吗"。若对方请你转告，应做好记录，记录完毕后把主要内容向对方复述确认，以免漏记或错记，事后及时转告电话内容。

当接到打错的电话时，也要和接听一般电话相同，要有礼貌。

四、使用手机的礼仪

手机是一种非常便捷的通信工具，在当前"人手一机"的情况下，手机的使用场合、方法都很重要。在公众场合，不恰当地使用手机不仅影响他人，更影响自身形象。

（一）手机携带的一般位置

手机一般放在随身携带的提包内，这样既安全又方便；体积较小的手机可以放在衣袋内。与人交谈时，可将手机放在身旁、背后等不起眼的地方，一般不要将手机挂在脖子上、别在腰上或握在手中。

（二）使用手机应不扰乱公共秩序

在正式场合，不宜当众使用手机，以免影响别人；若确实需要使用手机，应暂时告退，找一个僻静的地方通话。在公共场合使用手机时，应背过身去轻声讲话。

在一些寂静、严肃的场合，如音乐厅、美术馆、影剧院、歌剧院等场所应关掉手机，以免手机的铃声影响别人，干扰秩序。在使用手机前，应注意观察周围是否有禁止无线电发射的标志。在飞机上应当关掉手机，以免干扰通信，影响飞行安全。此外，不要在楼梯、电梯、路口、人行道等人来人往的地方使用手机，以免影响他人的通行。

在开会、上课时也不能使用手机，因为这样会分散他人的注意力，也是对他人的不尊重。应养成在开会或会面前关掉或把手机设置成震动模式的好习惯，在会议中接听电话是失礼的。如果在会面之前你知道有重要的电话要打来，那么提前声明一下，向对方说明一会儿会有一个重要的来电需要接听，一般情况下对方是会同意的。

（三）使用手机的注意事项

（1）使用手机通话应力求简明扼要，通话时间不宜过长。

（2）手机是贵重物品，不可随便借用别人的手机。手机的号码一般不宜随便告诉别人，所以当对方不告诉你他的手机号码时，不要强要，以免对方为难。

（四）使用手机时安全至上

（1）不在驾驶汽车时使用手机或查看短信内容。

（2）不要在医院病房使用手机，以免手机信号影响医疗仪器。

（3）不要在加油站等易燃易爆处使用手机，以免引发火灾、爆炸等。

（4）不要在飞机飞行期间使用手机，以免干扰飞行信号，影响飞行安全。

五、电话用语礼仪实训

（一）实训目的

帮助从事服务工作的人员在服务场合能够正确地使用电话用语，从而体现对服务对象的尊重。

（二）实训安排

如表 7－4 所示。

表 7－4　电话用语礼仪实训安排

课时安排	2 课时。
实训准备	职业装、数码摄像机、大屏幕教室。
实训要求	1. 掌握电话用语的规范要求。 2. 正确、熟练地使用电话用语。
实训方法	1. 将学生分组，每组 5～6 人。 2. 由学生分组练习，教师进行指导。 3. 对学生分组考核，用摄像机等记录学生考核过程。 4. 回放考核过程，由学生自我评价，教师总结点评学生存在的问题。

（三）实训操作规范

如表 7－5 所示。

表 7－5　　电话用语实训操作规范

<table>
<tr><th colspan="2">实训项目</th><th>实训要求</th><th>操作规范</th></tr>
<tr><td rowspan="2">电话用语</td><td rowspan="2">通话前的准备</td><td>打电话前的准备要求</td><td>1. 慎选通话时间。
2. 准备好通话内容。
3. 挑准通话地点。
4. 做好心理准备。</td></tr>
<tr><td>接听电话的准备要求</td><td>1. 确保电话畅通。
2. 由专人值守。
3. 预备记录本。</td></tr>
<tr><td rowspan="15">电话用语</td><td rowspan="2">通话初始</td><td>打电话开始时的要求</td><td>1. 问好：问候对方的常用语是“您好”，如果通话对方已率先向自己问好，应立即以相同的问候语回应对方。
2. 自报家门。
3. 确认对方的身份。</td></tr>
<tr><td>接电话开始时的要求</td><td>1. 问候。
2. 自报家门。
3. 询问对方具体事务。</td></tr>
<tr><td rowspan="5">通话中</td><td>声音清晰</td><td>1. 吐字准确。
2. 音量适中。
3. 语速适中。
4. 语句简短。
5. 姿势正确。</td></tr>
<tr><td>态度平和</td><td>1. 不卑不亢。
2. 不骄不躁。</td></tr>
<tr><td>不忘职责</td><td>1. 接听及时：电话铃响三声左右应及时予以接听。
2. 如因特殊原因不能及时接听电话，应在拿起听筒后首先向对方表示歉意：“对不起，让您久等了。”</td></tr>
<tr><td>内容紧凑</td><td>每次通话的具体时间以 3～5 分钟为宜。</td></tr>
<tr><td>主次分明</td><td>在相互问好之后应立即转入正题。</td></tr>
<tr><td rowspan="6">通话结束</td><td>再次重复重点</td><td>1. 通话即将结束时，拨打电话的一方应将重要的内容简单复述一下，以确认双方沟通无误。
2. 为避免给对方以烦闷之感，在重复时应多采用礼貌用语。</td></tr>
<tr><td>暗示通话结束</td><td>在挂断电话前，应先向通话对象暗示此意。</td></tr>
<tr><td>感谢对方帮助</td><td>在通话之中，如果对方给予了自己一定程度的帮助，则在即将结束通话时勿忘向对方正式道谢。</td></tr>
<tr><td>代向他人问候</td><td>如果通话双方是旧交，那么在通话结束之前不妨相互问候一下对方的家人。</td></tr>
<tr><td>互相道别</td><td>结束通话的最后一句话，应当是通话双方互道“再见”。</td></tr>
<tr><td>轻轻挂上话筒</td><td>挂机时应小心轻放，别让对方听到很响的挂机声。</td></tr>
<tr><td>代接电话</td><td>代接电话应态度友好并主动为对方提供帮助</td><td>1. 如果对方要找的人就在附近，应告知对方稍候片刻，然后立即去找。
2. 如果对方要找的人已经外出，应先告知对方他要找的人已经外出，然后再询问对方是否有事需要转达，如对方有事需要转达，应认真记录下来，并尽快予以转告。
3. 如果对方要找的人正在忙于其他事，不便立即接听，代接电话的人可以实相告，并询问对方要不要替双方预约方便的通话时间。</td></tr>
</table>

续前表

实训项目		实训要求	操作规范
电话用语	做好电话记录	选择适当的记录工具，力求记好要点并核实	1. 电话记录的内容应当包括：来电的时间、来电人的情况、电话的主要内容及处理方式等。 2. 做好电话记录之后，一定要将其精心保管。 3. 对于重要的电话记录，尤其是当其涉及行业秘密时，务必要严格保密。 4. 电话记录应及时转交给相关人员。

（四）实训考核要求

如表 7－6 所示。

表 7－6　　电话用语实训考核要求

考核项目		考核要求	是否做到	改进措施
通话前的准备	打电话前的准备	1. 慎选通话时间。	□是　□否	
		2. 准备好通话内容。	□是　□否	
		3. 挑准通话地点。	□是　□否	
		4. 做好心理准备。	□是　□否	
	接听电话的准备	1. 确保电话畅通。	□是　□否	
		2. 由专人值守。	□是　□否	
		3. 预备记录本。	□是　□否	
通话初始	打电话	1. 问好。	□是　□否	
		2. 自报家门。	□是　□否	
		3. 确认对方的身份。	□是　□否	
	接电话	1. 问候。	□是　□否	
		2. 自报家门。	□是　□否	
		3. 询问对方具体事务。	□是　□否	
通话中		1. 声音清晰。	□是　□否	
		2. 态度平和。	□是　□否	
		3. 不忘职责。	□是　□否	
		4. 内容紧凑。	□是　□否	
		5. 主次分明。	□是　□否	
通话结束		1. 再次重复重点。	□是　□否	
		2. 暗示通话结束。	□是　□否	
		3. 感谢对方帮助。	□是　□否	
		4. 代向他人问候。	□是　□否	
		5. 互相道别。	□是　□否	
		6. 轻轻挂上话筒。	□是　□否	

续前表

考核项目	考核要求	是否做到	改进措施
代接电话	1. 如果对方要找的人就在附近，应告知对方稍候片刻，然后立即去找。	□是　□否	
	2. 如果对方要找的人已经外出，应先告知对方他要找的人已经外出，然后再去询问对方是否有事需要转达。	□是　□否	
	3. 如果对方要找的人正在忙于其他事，不便立即接听，代接电话的人可以实相告，并询问对方要不要替双方预约方便的通话时间。	□是　□否	
做好电话记录	1. 内容全面。	□是　□否	
	2. 精心保管。	□是　□否	
	3. 认真保密。	□是　□否	
	4. 及时处理。	□是　□否	

第三节　电子邮件礼仪

如今，电子邮件已经是人们经常采用的一种交流方式，在职场中更是得到了越来越广泛的应用。在职场中，很多时候工作交流、汇报工作都是通过电子邮件进行的，如果一个工作人员电子邮件写得不好，领导、同事、客户就需要花更多的时间去理解邮件中的内容和意思，甚至有可能曲解你本来的意思。电子邮件泛滥、经常收到垃圾邮件也是困扰职场人士的一个问题，只有学会职场中的电子邮件礼仪才可以减少无用电子邮件的数量，促进交流合作，提高工作效率。

一、电子邮件的主题

添加邮件主题是电子邮件和信笺的主要不同之处，发件人在主题栏里用短短的几个字概括出整个邮件的内容，便于收件人权衡邮件的轻重缓急，分别处理。

（1）电子邮件的主题类似于文章的标题，应提纲挈领、简明扼要，不宜冗长，不要让Outlook用“…”才能显示完主题。

（2）不要让主题出现“关于……”这种以省略号标识的简略主题，同时注意规避附件主题，如“附件1……”也一定不要不写主题，这是最失礼的，对方很可能会误认为是恶意邮件，在没打开之前就删除了。

（3）在回复对方邮件的时候，根据实际内容对邮件主题作出相应的调整，比如删除多余的“Re：Re：”这样的重复标题。

（4）最好写上来自××公司（或××人）的邮件，以便对方一目了然又便于留存，时间可以不用注明，因为电子邮箱会自动生成，写了反而累赘。

（5）主题要能反映邮件的内容和重要性，切忌使用含义不清的标题，如“王先生收”。也不要用无实际内容的主题，例如：“嘿!”或“收着!”

（6）一封邮件尽可能只针对一个主题，不在一封邮件内谈及多件事情，以便于日后整理。

（7）可适当使用大写字母或特殊字符（如“*!”等）来突出主题，以引起收件人注意，但应适度，特别是不要随便用“紧急”之类的字眼。

（8）主题千万不可出现错别字和不通顺之处，切莫只顾检查正文却在发出电子邮件前忘记检查主题。主题是给别人的第一印象，一定要慎之又慎。

二、电子邮件的正文

（一）恰当地称呼收件者，拿捏好尺度

在邮件的开头要称呼收件人，这既显得礼貌，也明确提醒某收件人，此邮件是面向他的，要求其给出必要的回应；在多个收件人的情况下可以称呼“大家”“All”。

如果对方有职务，应按职务尊称对方，如“××经理”；如果不清楚职务，则应按通常的“×先生”“×小姐（女士）”称呼，但要先把性别弄清楚。

不熟悉的人不宜直接称呼姓名，对级别高于自己的人也不宜称呼姓名。称呼全名也是不礼貌的，不要滥用“亲爱的×××”，虽然显得很熟络，但实际上双方关系并没有如此密切。

（二）正确运用格式

称呼是第一行顶格写。电子邮件的开头、结尾最好要有问候语，最简单的开头写一个“Hi”，中文写“你好”或者“您好”，开头问候语是称呼换行空两格写。

结尾常见的是写“Best Regards”，中文写“祝您顺利”或“诚祝工作愉快，一切顺利!”之类，若是尊长应使用“此致敬礼”。注意，在非常正式的场合应完全使用信件标准格式，“祝”和“此致”为紧接上一行结尾或换行开头空两格，而“顺利”和“敬礼”为再换行顶格写。

俗话说：“礼多人不怪。”礼貌一些，总是好的，即便邮件中有些地方不妥，对方也能平静地看待。

（三）正文简明扼要，行文通顺

1. 表明身份

若对方不认识你，应当说明自己的身份，姓名或你所代表的企业名称是必须通报的，以示对对方的尊重。表明身份时应当简洁扼要，最好是和本邮件以及对方有关的，主要功能是为了收件人能够顺利地理解邮件来意，有些联系方式之类与正文无关的信息应在签名档中表明。

2. 正文应简洁

正文应简明扼要地说清楚事情。如果具体内容确实很多，正文应只作摘要介绍，然后单独写个文件作为附件进行详细描述。如果加附件的话，正文一定要有摘要，一个只有附件没有摘要说明的邮件，会让对方对你的印象大大减分。

正文行文应通顺，多用简单词汇和短句，表达准确清晰，不要出现晦涩难懂的语句。最好不要让对方拉滚动条才能看完你的邮件。

3. 正文应清晰明确

如果事情复杂，最好分列几个段落进行清晰明确的说明，确保每个段落简短不冗长。

最好在一封邮件中把相关信息全部说清楚、说准确，不要过几分钟之后再发一封“补充”或者“更正”之类的邮件，这会让人很反感。

4. 尽可能避免错误

邮件中要尽可能避免出现错误，这既是对别人的尊重，也是自己工作态度的体现。如果是英文邮件，最好把拼写检查功能打开；如果是中文邮件，注意同音别字。

在邮件发送之前，务必仔细阅读一遍，检查行文是否通顺、拼写是否有错误。

5. 合理提示重要信息

对重点内容进行合理的加粗标记，会使电子邮件的整体效果显得简洁大方、重点突出。也可以合理利用图片、表格等来辅助阐述。很多带有技术介绍或讨论性质的邮件，单纯以文字很难描述清楚，如果配合图表加以阐述，收件人一定会赞赏你的细致周到。但不要滥用大写字母、粗体斜体、颜色字体、加大字号等手段对一些信息进行提示。合理的提示是必要的，但过多的提示会让人抓不住重点，影响阅读。

在公务电子邮件中要尽量避免使用缩写或者表情符号等，这显得过于随意。

6. 注意邮件的表述语气

根据收件人与自己的熟络程度、等级关系，以及邮件是对内还是对外，选择恰当的语气进行表述，以免引起对方反感。

表述中用语要礼貌，“请”“谢谢”之类的词语要经常出现，以示对收件人的尊重。电子邮件可轻易地转给他人，因此对他人意见的评论必须谨慎而客观。

三、电子邮件的附件

如果电子邮件带有附件，应在正文里提示收件人查看附件。附件文件应按有意义的名字命名，最好能够概括附件的内容，方便收件人下载后管理。

正文中一定要对附件予以摘要说明，特别是有多个附件时。如果附件较多，要打包后再发送。如果附件过大（一般不宜超过 2MB），应分割成几个小文件分别发送，方便他人，也方便自己。附件太大会挤占收信人邮箱空间，如果必须要发送较大的附件，应在正文中进行说明，以提醒对方注意。

如果附件是特殊格式的文件，应在正文中说明打开方式，以免影响收件人使用。要尊重收件人的习惯，依据收件人的习惯来选择合适的附件格式与内容。

四、电子邮件的签名

每封电子邮件在结尾都应签名，这样收件人可以清楚地知道发件人信息。

（一）签名信息不宜过多

电子邮件正文末尾加上签名档是必要的。合理使用签名档，能有效地向对方介绍你的相关信息。签名档可包括姓名、职务、公司、电话、传真、地址等信息，但信息不宜行数过多，一般不超过 4 行。你只需将一些必要的信息放在上面，对方如果需要更详细的信息，自然会与你联系。

引用一个短语作为你的签名的一部分是可行的，比如你的座右铭、公司的宣传口号。但是要分清对象与场合，切记一定要得体。

（二）不要只用一个签名档

签名档应根据亲疏远近不同而区别设置。对内、对私、对熟悉的客户等群体的邮件往来，签名档应该简化，过于正式的签名档会让你与对方显得疏远。可以在 Outlook 中设置多个签名档，灵活调用。

（三）签名档文字格式与正文相匹配

签名档文字应选择与正文文字匹配的简体、繁体或英文，字号一般比正文小一些。

五、电子邮件的发送

要区分发送、抄送和密送。发送代表需要对方答复；抄送表示需要对方知情，可以不回复；密送表示私密发送，其他收件人不知。

邮件只发给相关者，不要浪费其他不相关人员的时间。

发送邮件之前再仔细阅读一遍，应从收件人的角度来阅读，这样不仅使信息更加有效，而且能避免误解和不合适的评论。

六、回复电子邮件

（一）及时回复电子邮件

收到他人的重要电子邮件后，即刻回复对方是对他人的尊重，理想的回复时间是 2 小时内，特别是对一些紧急重要的邮件。但对每一份邮件都立即进行处理是很占用时间的，一些优先级低的邮件可集中在一个特定时间处理，一般不要超过 24 小时。

如果事情复杂，无法及时确切回复，应该及时回复“收到了，我们正在处理，一旦有结果就会及时回复”，不要让对方苦苦等待。

如果你正在出差或休假，应该设定自动回复功能以提示发件人，以免影响工作。

（二）进行针对性回复

当回件答复问题的时候，最好把相关的问题抄到回件中，然后附上答案。不要仅用几个词进行简单的回复，显得过于生硬，应该进行必要的阐述，让对方一次性理解，避免反复交流，浪费时间。

（三）回复不得少于 10 个字

对方给你发来的邮件写了一大段，你却只回复“是的”“对”“谢谢”“已知道”等字眼，这是非常不礼貌的。例如：“邮件已收到，辛苦您了！我会马上反馈给经理，尽快回复您。”这种表述就要好得多。

（四）来回回复邮件的次数不宜过多

不要就同一问题多次回复讨论，多次沟通无果建议放弃邮件沟通。如果收发双方就同一问题的交流回复超过 3 次，这只能说明交流不畅，说不清楚。此时应采用电话沟通等其他方式进行交流后再做判断。电子邮件有时并不是最好的交流方式。

对于较为复杂的问题，多个收件人频繁回复，发表看法，把邮件越 Re 越高，这将导致邮件过于冗长而不可阅读。此时应及时对之前讨论的结果进行小结，突出有用信息。

（五）要区分单独回复和回复全体（区分 Reply 和 Reply All）

如果你对发件人提出的问题作出了结论性响应，应该 Replay All，让大家都知道。

如果你对发件人提出的问题不清楚或有不同意见，应该与发件人单独沟通。

点击“回复全体”前，要三思而行。

（六）主动控制邮件的来往

为避免无谓的回复浪费资源，可在电子邮件正文中指定部分收件人给出回复，或在文末添上以下提示性语句：“全部办妥”“无须行动”“仅供参考，无须回复”。

七、审慎使用电子邮箱

除非获得允许，否则不要复制消息和附件，不要使用邮件讨论机密信息，谨慎地使用抄送邮件。

因为电子邮箱空间有限，而且现在有的网站会对邮件进行自动删除管理，所以定期整理收件箱，对不同邮件分别予以保存和删除非常重要。对于有价值的邮件，必须保存，或者在复制后进行专门保留。对于和公务无关的垃圾邮件，或者已无实际价值的公务邮件，要及时删除。

第四节　馈赠礼仪

俗话说“礼轻情义重”，人们常以送礼来表达情谊。有时候，礼品本身并不贵重，却恰到好处地表达了送礼人的心意，使受礼人为之感动。在国际交往中，相互馈赠也是一种表示友好和敬意的重要方式。但如果馈赠的方法不对头，馈赠的礼品不对路，那很可能你的好意会变成客套，甚至还会被误解为是一种“行贿”行为。所以在送礼和接受礼品之前，需了解馈赠的礼仪。

一、选择合适的礼品

凡是向别人赠送礼品的人，都希望能借礼品表达自己的感情并给对方留下深刻的印象。然而，并不是每个人在赠送礼品时都能达到这一目的，有时甚至会适得其反。赠送给别人的礼品，必须是自己真正喜欢的，也还得考虑礼品的接受者。

（一）赠送的对象是谁

赠送的对象是赠送礼品时应当首先考虑的因素。不分对象，恐怕是“物不达意”的主要原因。

精彩案例

原联邦德国总统卡斯滕斯访问非洲某国时，东道主送给他一匹骆驼作为礼物，因为骆驼在该国是吉祥友好的象征，但骆驼在德意志民族风俗中却是表示蠢笨的动物。这位总统虽然微笑着接受了礼物，但他的心情是可想而知的。

美国总统里根在任期间，美国国务院的礼宾司长是赛尔娃·罗斯福女士。她是美国前总统罗斯福的孙媳妇，对总统赠礼这一套相当内行。罗斯福女士指出，最重要的一点是礼品要因人而异，给不同的人应送不同的礼品。正因为如此，在外国贵宾到达华盛顿的几周前，礼宾官员就同国务院和有关驻外使馆人员商量，弄清来访贵宾的兴趣爱好和该国的风俗习惯与禁忌。美国总统、副总统和国务卿出国访问，向东道主赠礼答谢时，其做法也相同。

（二）赠送的目的是什么

赠送礼品有各种各样的目的，如祝贺生日、恭贺新禧、答谢回赠等。如果赠送的目的不明确，就很难使对方满意。祝贺新婚之喜时赠送一件具有装饰性和实用价值的礼品，探望病人时赠送一些水果和补品，都能让对方感到亲友之情、同志之谊，而如果把这两种情况颠倒一下，结果就完全不一样了。

（三）要送别人没有的东西

为了让受礼者高兴地收下礼品，平时就要留意他们喜欢的东西。向其他国家的客人赠礼时，可以选择本民族的工艺品，这些物品在国外很难见到，而且富有情调，人们一般乐于接受。在国际交往中，送礼的艺术在于送别人买不到的东西。

（四）礼不在贵重而在于合适

礼品应能够恰到好处地反映出送礼者对对方真挚的情谊。有时，贵重的礼品非但不合适，还可能伤害别人的自尊心。太贵重的礼品容易使对方感到不安，甚至会有“重礼之下，必有所求”之感。需要注意的是，世界上有些国家是禁止政府公职人员接受贵重礼品的，有些管理严格或规范的公司，对于员工收受贵重礼品也有严格的规定。赠送礼品时要切记不能超出该公司规定的额度，比如赠送一些价值不高但有意义的伴手礼就比较合适。

（五）付出心血的礼物最理想

并非从商店里买来的东西才能做礼物，一件付出时间、心血和智慧的礼物，才是理想的礼物。

当你第一次拜访朋友家时，你可能会注意到主人有一些特别的收藏爱好，如集邮、集币或收集其他一些有纪念意义的东西。那么，下次你再来拜访时，就一定要记住带一些这样的东西来。

有的时候，送礼只是一种需要，是一种情谊的表达，而礼物本身价值的大小并不重要。在新邻居的门口留下一瓶葡萄酒，给报童送上一副露指手套，都是能温暖人心的馈赠。

此外，把受礼人的单位或姓名刻在礼品上的某个位置并注明赠礼的理由，也会使礼品具有更大的珍藏价值。

送礼时最重要的一点就是送出去的礼物要使人开心而不是让人窘迫。这里有一个基本的准则：在非正式的场合不要送奢侈的礼物给你的熟人和朋友。例如，一位男士送给一位女士一枚珠宝戒指会让她觉得很尴尬，而她丈夫这样做却会让她欣喜万分。

选择不同的礼物给不同的人是很多国家的习俗，特别是给不同身份的人送不同的礼物非常重要。如果给主人和陪同人员的礼物完全相同，在一些国家会被认为是对主人的不尊重。

（六）不适宜赠送的物品

（1）现金。从理论上说，现金并不是好礼物。在实际生活中，现金一般只给比自己年轻的人、家庭成员和雇员。

（2）刀。赠送刀被认为有一刀两断的意思，应避免选作礼品。但有两种刀有时可以作为礼品赠送：一种是特别富有民族特色的礼品刀（如阿拉伯弯刀），另一种是瑞士军刀。很多国家的男子很喜欢这两种刀。

（3）钟和鞋子。钟或代表死亡，或代表浪费时间，因此不宜作为礼品送人。鞋子往往被认为不洁或不吉利，也应避免作为礼品。如果觉得对方对这两类物品有需求，可赠送专柜或商场的礼券，让对方自己选购。

（4）药品。药品与疾病、不健康或死亡相联系，因此不适宜作为礼品，但保健品在很多国家是比较受欢迎的礼品。

（5）动植物活体、生鲜食品、种子。许多国家有很严格的动、植物检疫法，不允许此类物品进入国门。

二、赠送礼品的时间与场合

（一）赠送礼品的时间

送礼时间的选择很重要，但是对选择何时送礼并无习惯可言。一般来说，最佳时机是节庆日或对方的纪念日。此外，拜访他人时，应在见面之初送上礼品；接待客人时，应在客人离开前赠送礼品；如果客人来自外地或国外，应在客人离开的前夜或告别宴会上向其赠送礼品。当表达对所接受的特殊服务的感激之情时，礼品最好是在服务结束之后再送，表明你的动机仅仅是感谢。

（二）赠送礼品的场合

赠送礼品的地点公私有别。公务交往中，礼品应在办公室、会客厅等公务场合赠送；私人交往中，应在私人居所或其他私人场合赠送。赠送礼品时，应恰当说明礼品的用途和含义。如果是集体会面，应该由身份最高的人出面向客人赠送礼品，以表示尊重。送礼一定要公开大方，把礼品不声不响地丢在某个角落后离开是不合适的、不礼貌的。

在人多的场合赠送礼品，首先要考虑礼品的数量、礼品发放的范围、礼品的种类。在人多的场合发放礼品往往可能会漏掉一些人，因此，要格外小心礼品的数量。宁可多备一些，也不可少发，否则会比较尴尬。也可双方协商好，只赠主宾，其他客人的礼品另行择机赠送。

（三）礼品的包装

包装礼品前一定要把礼品的价签取掉，如果很难取，则应把价签用深色颜料涂掉。易碎的礼品一定要装在硬质材料的盒子里，然后填充防震材料，如海绵、棉花等，外面再用礼品纸包装。

选择礼品纸时，要注意色彩、图案等，不同国家和民族的人对色彩与图案有不同的理解。如果用彩带扎花，不能呈“十字”状，日本人则不喜欢“蝴蝶结”。

如果礼品是托人转交的，为了保证受礼人知晓礼品的来源，可以在礼品包装好后把送礼人的名片放在一个小信封中，粘贴在礼品纸上。

三、赠送礼品的礼仪

如果是会谈、会见等活动，一般由最高职位的人代表本方向对方人员赠送礼品。赠送应从地位最高的人开始；同一级别的人员中应先赠女士后赠男士，先赠年长者后赠年少者。赠送礼品应双手奉送，或者用右手呈交，避免用左手。

有些国家的人在接受礼品时有推辞的习惯，但这只是一种礼节，并不代表拒绝。如果赠送的礼品确实没有贿赂之意，则应大胆坚持片刻。如果对方坚持拒收，则可能确实有不能接受的理由，不能一再强求，但也不应表现出不高兴的情绪。

四、收受礼品的礼仪

接受礼品时应表现得落落大方，不可再三推辞、心口不一。当面接受礼品时应起身站立，面带微笑，双手捧接，口中称谢。一般东方人接受礼品时，在表示感谢后，往往会把礼品收起来，而西方人习惯于当场打开礼品，表示赞美，有时还会表示礼品正是自己期待已久的物品等。西方人的习惯一般是在收到礼品一周之后，写一封信表示感谢。如果是收到邮寄、快递来的礼品，应及时联系送礼人向其道谢。

如果认为对方的礼品考虑欠妥，应在事后及时予以说明，取得对方的谅解后再行退还，一般不当面拒绝礼品。虽然拒绝了礼品，但仍要感谢对方的好意，态度要友善、诚恳。

五、回礼的礼仪

一般而言，来客赠送礼品，主人则应回礼。回礼的方式有很多种，既可以回赠礼品，也可以用款待对方的方式来回礼。如果是回赠礼品，应注意以下几点：

（1）不超值。回礼的价值一般不应超过对方赠送的礼品，否则会给人攀比之感。

（2）收到私人赠送的礼品，回礼时应有一个恰当的理由和合适的时机，不能为了回礼而不选时间、地点单纯地回送等值的礼品。分别时是最好的回礼时机之一，回赠之礼品也不一定要等值，只要你用心替对方选择一件适当的礼品即可。

第五节　送花礼仪

鲜花是人们用来传递亲情、友情、爱情的美丽使者；一束适宜的鲜花，能准确地传达关怀、致意或祝福。但是在不同的场合，赠送的鲜花也应有所区别。

一、花的语言

花语是指人们用花来表达人的某种感情与愿望，它是在一定的历史条件下逐渐约定俗成的、为一定范围人群所公认的信息交流形式。花语虽无声，但此时无声胜有声，其中的含义和情感表达甚于言语。

花语最早起源于古希腊，那个时候不只是花，叶子、果树都有一定的含义。在希腊神话里记载着爱神出生时创造了玫瑰的故事，玫瑰从那时起就成为爱情的代名词。花语真正盛行于19世纪初的法国，贵族们将民间关于花卉的资料整理编档，里面就包括了花语的信息，这些信息在宫廷后期的园林建筑中得到了完美的体现。大众对于花语的接受也在19世纪左右，那个时候的社会风气还不是十分开放，在大庭广众下表达爱意是很难为情的事情，所以恋人间赠送的花卉就成为爱情的信使。随着时代的发展，花卉成了社交的一种赠予品。

阅读材料

红玫瑰：热情、爱情

粉红玫瑰：感动、爱的宣言、铭记于心

白玫瑰：天真、纯洁、尊敬

黄玫瑰：不贞、嫉妒

捧花玫瑰：幸福之爱

花苞玫瑰：美丽和青春

红十白玫瑰：共有

红十黄玫瑰：快乐

红郁金香：爱的宣言、喜悦、热爱

粉郁金香：美人、热爱、幸福

黄郁金香：高贵、珍重、财富

紫郁金香：无尽的爱、最爱

白郁金香：纯情、纯洁

双色郁金香：美丽的你、喜相逢

羽毛郁金香：情意绵绵

香水百合：纯洁、婚礼的祝福、高贵

白百合：纯洁、庄严、心心相印

葵百合：胜利、荣誉、富贵
姬百合：财富、荣誉、清纯、高雅
野百合：永远幸福
狐尾百合：尊贵、欣欣向荣、杰出
玉米百合：执着的爱、勇敢
编笠百合：才能、威严、杰出
圣诞百合：喜洋洋、庆祝、真情
水仙百合：喜悦、期待相逢
红康乃馨：相信你的爱
粉红康乃馨：热爱、亮丽
白康乃馨：吾爱永在、真情、纯洁
爱丽斯鸢尾：好消息、使者、想念你
德国鸢尾：神圣
小鸢尾：协力抵挡、同心
天堂鸟：潇洒、多情公子
中国水仙：多情、想你
西洋水仙：期盼爱情、爱你、纯洁
黄水仙：重温爱情
山水仙：美好时光、欣欣向荣
向日葵：爱慕、光辉、忠诚
白山茶花：纯真无邪
红山茶花：天生丽质
三色堇：沉思、请想念我、快乐
玛格丽特：骄傲、满意、喜悦
牡丹：圆满、浓情、富贵
翠菊：追想、可靠的爱情、请相信我
春菊：为爱情占卜
六月菊：别离
冬菊：别离
法国小菊：忍耐
瓜叶菊：快乐
波斯菊：野性美

大波斯菊：少女纯情
万寿菊：友情
矢车菊：纤细、优雅
麦秆菊：永恒的记忆、刻画在心
鳞托菊：永远的爱
白风信子：恬适
蓝风信子：恒心、贞操
紫风信子：悲伤
丁香石竹：大胆、积极
五彩石竹：女性美
香石竹：热心
牵牛花：爱情、冷静、虚幻
矮牵牛：安全感、与你同心
紫丁香：表示初恋
白丁香：青春欢笑
茉莉花：和蔼可亲
萱草：遗忘的爱
长春花：快乐回忆
蒲公英：勇敢无畏
黑桑：生死与共
白桑：智慧过人
番红花：青春之乐
风铃草：坚贞、感激
金盏菊：悲伤、嫉妒
夹竹桃：注意危险
大丽花：幽雅、尊贵
飞燕草：傲慢、轻率
金雀花：幽雅、整洁

人们还常常把鲜花的不同品质加以人格化。例如，玫瑰花表示热烈的爱情；郁金香表示名贵；水仙花、荷花、百合花表示圣洁、高雅；兰花被誉为德高望重，有君子之风；牡丹、芍药是富贵吉祥、繁荣幸福的象征；山茶花、石榴花代表火红年华、前程似锦；梅花是战严寒、傲冰雪、坚强不屈、独步早春的象征；文竹、罗汉松、万年青、君子兰等常青盆景则表示健康长寿；等等。就花的颜色而言，红色表示热情；白色表示纯洁；金黄色表示富丽；绿色表示青春；等等。需要注意的是，鲜花在不同国家或地区会有不同的含义，赠送外国友人鲜花时必须事先了解对方国家或地区的禁忌，以免送错引人不悦。

二、送花的方式

在迎接远方来客时，献上一束鲜花，表示热情的欢迎；在别国国庆节日，送去一篮鲜花，祝贺对方繁荣昌盛、人民幸福；在公司、商场开业典礼时，送去一个花篮，祝贺对方生意兴隆、兴旺发达；在表演家们演出结束时，送上花篮或花束，庆贺演出成功；在亲友结婚时，送花祝福婚姻美满幸福；在探视病人时，送花表示慰问，这些都是我们在日常生活中经常遇见的。可以说，鲜花已成为世界各国人民不可或缺的礼品。

（一）送花篮

花篮由色彩鲜艳的各种花组成，适用于开业、开幕、演出及祝寿，以显示隆重热烈。新店开张、公司开业时，宜送大型花篮，可选用月季花、大丽花、香石竹、美人蕉、山茶花等配万年青、苏铁叶、桂花叶或松柏枝，以表示祝贺兴旺发达。

拜访他人时，则适宜送小型花篮，可根据花语选择适宜的花卉。

（二）送花束

花束由寓意不同的鲜花外加包装纸和彩色丝带组成。一般用于探望亲友、祝贺新婚、看望病人。如果是夫妻俩一同做客，应由男方负责把花束献给女主人，献花时要双手奉上。女主人接过鲜花后，应当表示感谢和喜爱之意，最好马上闻一闻花香，然后把花束插在花瓶内，并把花瓶摆放在送花者可以看到的显眼位置上，千万不要一言不发，一只手随随便便地接过花束，马上就扔到不起眼的角落里。

（三）送盆花

品种名贵的盆栽花卉是人人喜爱的礼品，它可以送给长辈或祝贺乔迁，但不适宜用于探望病人，以免产生“久病成根”的误解。

三、送花的技巧

送花有一定的技巧，什么样的鲜花送给什么关系的人，什么场合送什么花，一定要弄清楚，否则会闹笑话或出现适得其反的效果。

（一）春节适宜送的花

春节是一个喜庆的节日，适宜送：松、竹、梅（岁寒三友）；山毛榉树（落叶乔木，春天开花，淡黄绿色），代表昌盛、兴隆；火百合，代表喜气洋洋；桃花，代表宏图大展；蝴蝶兰，代表高洁。

（二）情人节适宜送的花

情人节常以赠送一支红玫瑰来表达情人之间的感情。玫瑰一般有深红、粉红、黄色、白色等，给情人送的玫瑰数量不同，寓意也不同。1 枝代表情有独钟；3 枝代表“我爱你”；6 枝、8 枝代表吉祥；11 枝，是将 10 枝送给最心爱的人，另一枝代表自己。

（三）清明节扫墓适宜送的花

清明节扫墓一般用以下几种花：三色堇、三轮草、满天星（代表思念、想念）；文竹（代表永恒）；柏枝、柳枝（代表悲伤、哀悼）。

（四）母亲节适宜送的花

通常以大朵粉色的香石竹作为母亲节的用花。粉色是代表女性的颜色，香石竹的层层花瓣代表母亲对子女绵绵不断的感情。还可用康乃馨表示对母亲的真情，粉色的康乃馨用来祝愿母亲永远年轻、美丽；红色的康乃馨用来祝愿母亲健康长寿；黄色康乃馨代表对母亲的感激之情。另外，也可用勿忘我代表永恒的爱，用茉莉代表和蔼可亲。

（五）父亲节适宜送的花

父亲节通常以送黄色的玫瑰花为主。还可选用盆栽花，如石斛兰是父亲之花，代表坚毅、勇敢；橘树代表宽容大度。

（六）教师节适宜送的花

教师节适宜送给师长代表高尚、美德的花，如木兰花代表灵魂高尚；蔷薇枝代表严肃、朴素；蔷薇花冠代表美德；悬铃木代表才华横溢；月桂树代表功劳、荣誉。

（七）参加婚礼适宜送的花

参加婚礼适宜送色彩鲜艳、寓意美好的花。如送白百合代表完美、百年好合；送红掌代表天长地久；送合欢代表夫妻相爱；送勿忘我代表永恒的爱。

（八）探望病人适宜送的花

探望病人时不要送整盆带根的花，以免病人误会为久病成根；也不要送香味很浓的花，以免对手术病人不利，引起过敏咳嗽。山茶花容易落蕾，也会被认为不吉利。颜色过于鲜艳的花，会刺激病人的神经，激发病人烦躁的情绪，因而也不适宜选择。一般可选用雏菊代表同情；蔷薇代表希望；兰花代表虔诚；马蹄莲代表吉祥如意；满天星代表关怀；野百合象征康复。

一般在非正式的社交场合，只有男士送女士鲜花，而女士不要回送男士鲜花。但在正式的工作场合，如果双方都代表的是各自公司而非个人，则不受此限制，即女士可以公司的名义赠送鲜花给对方公司的男士。

四、送花的禁忌

酒店在接待不同国家的客人时，对摆放在每一间客房的花要因人而异，餐桌上摆放的花也有讲究。在人际交往中，也要注意各地区的风俗习惯和对花的禁忌。

（一）中国的民俗

（1）凡颜色为红、橙、黄、紫的暖色花和花语中有喜庆吉祥含义的花，可用于喜庆事宜；而白、黑、蓝等偏冷色的花，大多用于伤感事宜。

（2）中国人喜欢菊花，而在西方黄菊代表死亡。中国人喜欢荷花，而在日本荷花表示死亡。

（3）中国人喜欢红色的花，特别是结婚时，送红色的鲜花才算吉利。而西方人认为把白色的花送给新娘，才是最合适的。现在随着国际交往的逐渐深入，中国人对西方文化的接受程度很高，西方婚礼上用白色寓意纯洁这一观点在中国社会也被广泛接受，婚礼上白色的花也很常见了。

（4）在中国，喜庆活动中送花要送双数，意思是“好事成双”。但中国广东话中“4”的发音听起来很像“死”字，广东人普遍认为“4”不吉利，所以送花的数目不能是“4”，韩国人、日本人也有此禁忌。日本人还特别忌讳送花的数目为“9”，认为送花数量为“9”的话，是视其为强盗。

（二）西方的民俗

（1）西方人送花只送单数，但不能送 13 枝。

（2）西方人送花一般用玫瑰代表爱情，用菊花代表哀思。在讲法语的地区不要送菊花，因为只有在葬礼时才使用菊花。拉丁美洲一些国家把菊花看成是一种“妖花”，只有人死了，才在灵前放菊花。西班牙、加拿大等国也比较忌讳菊花。

（3）很多地方的人都认为黄色的花不太好，所有送黄色花要慎重。在法国，黄色的花是不忠诚的表示。

（4）到英国人、加拿大人家里做客，可向女主人送一束鲜花，但不要送白色的百合花，因为在那里百合花表示死亡。到芬兰、瑞典等北欧国家做客，一定要给女主人带几束单数的鲜花，最好是 5 朵或 7 朵。到德国人家里做客，千万不要送给女主人红玫瑰，情人、恋人之间才送红玫瑰，给德国人送花时，不要用纸包装。

（5）在巴西，绛紫色的花主要用于葬礼，所以不要送绛紫色的花给巴西人。

（6）在俄罗斯，送女主人的花束一定要送单数，这将使她感到非常高兴。送给男子的花必须是高茎、颜色鲜艳的大花。俄罗斯人也忌讳“13”，认为这个数字是凶险和死亡的象征，而“7”在他们看来却意味着幸运和成功。

（7）罗马尼亚人什么颜色的花都喜欢，但一般送花时送单不送双，过生日时则例外。如果你参加他们的生日酒会，将两枝鲜花放在餐桌上，那是最受欢迎的。

每个国家基本都有自己的国花，送国花一般都会受欢迎。

问题探究

1. 名片有哪些用途？
2. 公务式名片包括哪些内容？
3. 递送、接受名片的注意事项是什么？
4. 打电话给别人时，什么时间是适宜的？
5. 如何为别人代接电话？
6. 哪些地方绝对不能使用手机？
7. 不适宜作为礼品的物品有哪些？
8. 公务交往中礼品适宜在什么地点赠送？
9. 花篮适合在什么情况下赠送给别人？
10. 比较中西方民俗中对于送花的禁忌。

第八章

礼俗与禁忌

学习目标

通过本章的学习，从社交礼仪、服饰礼仪、餐饮礼仪及习俗禁忌等方面了解各大洲部分国家的礼俗与禁忌，并在人际交往或外事活动中能熟练进行运用。

国际礼仪与交际礼节是在长期的国际交往中逐渐形成的，受到各国的普遍重视与广泛运用，在官方或民间的友好往来中都具有相当重要的作用。

第一节　部分亚洲国家的礼俗与禁忌

亚细亚洲，简称亚洲，是世界第一大洲。在历史上，亚洲各国之间交往频繁、关系密切，因此相互间影响很大，许多国家、民族的习俗、礼节都有相近之处。

一、日本的礼俗与禁忌

（一）社交礼仪

在人际交往中，日本人通常都习惯于以鞠躬作为见面礼节。在行鞠躬礼时，日本人不但讲究行礼者必须毕恭毕敬，而且在鞠躬的度数、时间的长短、次数等方面也有特别的讲究。一般而言，日本人在行鞠躬礼时，鞠躬度数的大小、时间的长短以及次数的多少，往往与对对方所表达的尊敬程度成正比。日本人在行鞠躬礼时，还要求手中不得拿东西、头上不得戴帽子，把手插在衣袋里亦不允许。

有的时候，日本人还会一边与人握手，一边鞠躬致敬。不过日本妇女，尤其是日本的乡村妇女，见面时，是只鞠躬不握手的。

日本人与他人初次见面时，通常都要互换名片，否则即被理解为不愿与对方交往。因而，有人将日本人的见面礼节归纳为“鞠躬成自然，见面递名片”。一般情况下，日本人外出时会带上好几种印有自己不同头衔的名片，以便在交换名片时可以因人而异地使用。

日本人十分重视清洁，对他们来讲，每天都非得洗澡不可。不仅如此，日本人还有请人一起去浴室的习惯。他们认为，这一做法可以使人减少束缚、坦诚相交。由于日本人坚信“优胜劣汰”，所以在交际中他们十分尊重强者。

日本人姓名的组合顺序与中国人姓名的组合顺序一样，都是姓在前、名在后。不过日本人的姓名字数往往较多，以四字的最为多见。日本妇女婚前随父姓，婚后则改随夫姓。称呼日本人时，可称之为“先生”“小姐”“夫人”，也可以在其姓氏之后加上一个“君”字，将其尊称为“某某君”。只有在很正式的情况下，称呼日本人才需使用其全名。

在交际场合，日本人的信条是“不给别人添麻烦”，因此，他们忌讳高声谈笑。在外人面前，他们大都会满脸笑容，而不论自己是否开心。他们认为，这也是做人的一种礼貌。

（二）服饰礼仪

日本人在交际应酬中对穿着打扮十分注意。在商务交往、政务活动以及对外的场合，通常要穿西式服装。而在民间交往中，他们有时也会穿着自己的国服。

日本的国服名为和服，它是大和民族的一种传统服装。和服的基本特点在于它是由一块布料缝制而成的，并且没有什么线条。它的领口很大，袖子宽短，腰身广阔。穿和服的时候，一般都要脚穿木屐或草屐，并配以布袜。日本妇女在穿和服时，还必须腰系彩带，腰后加上一个小软托，并且手中打伞。唯其如此，才能产生一种特殊的和谐美。

过去，在等级森严的日本，和服的色彩、图案、款式、面料乃至穿着方法，无一不与穿着者的地位、身份相关，因此人们在穿和服时一点儿也不敢马虎大意。而今，随着社会的进步，人们对此已不甚讲究了。

与日本人打交道时，在衣着上有四点必须注意：

一是日本人认为衣着不整齐意味着没有教养，或不尊重交往对象。所以与日本人会面时，一般不宜穿着过于随便，特别是不要光脚或穿背心。

二是到日本人家里做客时，进门前要脱下大衣、风衣和鞋子。

三是拜访日本人时，切勿未经主人许可而自行脱去外衣。

四是参加庆典或仪式时，不论天气多么热，都要穿套装或套裙。单穿衬衫、短袖衫，或是将长袖衬衫袖管卷起来，都会被日本人视为失礼。

（三）餐饮礼仪

在饮食方面，日本菜可以说是自成一体，世人一般称之为和食或日本料理。

有人将和食的主要特色归纳为“五味”“五色”“五法”。所谓“五味”，是指日本人在不同的季节里，饮食的口味有不同的侧重，通常讲究春苦、夏酸、秋滋、冬甜，此外还好食涩味。所谓“五色”，是指和食注重外形，讲究色彩搭配要令人赏心悦目，并且在不同的季节也有不同的侧重，一般的要求是绿春、朱夏、白秋、玄冬，再就是黄色的广泛运用。所谓“五法”，则是指和食的烹饪方法主要有蒸、烧、煮、炸、生五种。

日本人的饮食禁忌不是很多。他们主要是不吃肥猪肉和猪的内脏，也有一些人不喜欢松花蛋、羊肉和鸭肉。

日本人非常爱喝酒，男士下班后先去酒馆喝几杯几乎成了“例行公事”。在日本，斟酒讲究满杯。多喝几杯，甚至喝的酩酊大醉，人们也会见怪不怪，不以为耻。日本人所喜饮的酒是日本独有的清酒。

在日本，人们普遍爱好饮茶。久而久之，形成了讲究“和、敬、清、寂”四规的茶道。茶道具有参禅的意味，其重心在于陶冶人们的情趣。它不仅要求优雅的饮茶环境，还有一整套有关点茶、泡茶、献茶、饮茶的具体方法。

日本人在用餐时，要摆上一张矮桌，然后男士盘腿而坐，女士则跪坐而食。日本人吃饭是用筷子的，但他们所用的筷子不是平头的，而是尖头。在用筷子时，日本人有“忌八筷”之说。即下述八种使用筷子的方法，在日本是禁止的：

其一，忌舔筷，即不准用舌头舔筷子。

其二，忌迷筷，即不准拿着筷子在饭菜上晃来晃去，举棋不定。

其三，忌移筷，即不准夹了一种菜接着又去夹另一种菜，而不去吃饭。

其四，忌扭筷，即不准将筷子头反过去，吞在口里。

其五，忌插筷，即不准将筷子插在饭菜里，或者把它当做叉子，叉起饭菜吃。

其六，忌掏筷，即不准用筷子在饭菜里扒来扒去，挑东西吃。

其七，忌跨筷，即不准将筷子跨放在碗、盘之上。

其八，忌别筷，即不准将筷子当牙签用。

日本人在宴客时，大都忌讳将饭盛得过满，并且不允许一勺盛一碗饭。作为客人，则不能仅吃一碗饭。哪怕是象征性的，也要再添一次饭。否则，就会被视为宾主无缘。

（四）习俗禁忌

日本人对荷花非常反感，因为荷花在日本仅用于丧葬活动。菊花在日本是皇室的标志，不能作为礼物赠送。盆花和带有泥土的花被认为隐含“扎根”之意，因此，不要将其送给日本的病人。在日本，探望病人时送山茶花、仙客来花、白色的花和淡黄色的花，也是不受欢迎的。

日本人很喜欢鹤和乌龟，认为二者都是长寿、吉祥的代表。但是，日本人对金色的猫以及狐狸和獾极为反感，认为它们是“晦气”“贪婪”“狡诈”的化身。

一般来说，日本人大都喜爱白色和黄色。他们讨厌的颜色主要是绿色和紫色。在日本，绿色与紫色都具有不祥与悲伤的意味。

日本人有敬重“7”这一数字的习俗，将“4”与“9”视为不吉。因为“4”在日文里的发音与“死”相似，而“9”的发音则与“苦”相近。

日本人很爱给人送小礼物，但下列物品不应包括在内：梳子、圆珠笔、T 恤、火柴、广告帽等。在包装礼品时，不要扎蝴蝶结。

即便自己是吸烟者，日本人也不愿意让别人给自己敬烟。同时，他们也绝对不会给别人敬烟。

同他人相对时，日本人觉得注视对方双眼是失礼的。因此，他们绝不会直勾勾地盯视对方，而通常只会看着对方的双肩或脖子。

日本人用右手的拇指与食指合成一个圆圈时，不是表示“OK”的意思，而是在表示“钱”。

二、韩国的礼俗与禁忌

（一）社交礼仪

在人际交往中，韩国人的常规礼仪既保留了本民族的特点，又受到了西方文化与中国儒家文化的双重影响。

在交际场合，韩国人一般采用握手礼作为见面礼节。在行握手礼时，他们讲究使用双手，或单独使用右手。当晚辈、下属与长辈、上级握手时，后者伸出手来之后，前者须先以右手握手，随后再将自己的左手轻置于后者的右手之上。这样做是为了表示自己对对方的特殊尊重。韩国妇女在一般情况下不与男子握手，而以鞠躬或者点头致意代之。韩国小孩子向成年人所行的见面礼，大抵也是如此。

韩国人有时也采用先鞠躬、后握手的方式，作为与他人相见时的礼节。同他人相见或告别时，若对方是有地位、身份的人，往往要多次行礼。行礼三五次，也不算多。

在一般情况下，韩国人在称呼他人时爱用尊称和敬语，很少会直接叫出对方的名字。要是交往对象拥有能够反映其社会地位的头衔，那么韩国人在称呼对方时一定会使用。

与外人初次打交道时，韩国人非常讲究事先约定并遵守时间，他们还十分重视名片的使用。

（二）服饰礼仪

韩国人非常看重自己留给交往对象的印象如何。为了维护个人形象，他们对社交场合的穿着打扮十分在意，不少女性不惜重金为自己整容。

韩国人在交际应酬中通常穿着西式服装，着装讲究朴素、整洁，并且较为庄重、保守。例如，在商务活动中，韩国男子大都会穿深色的西服套装，而韩国妇女的着装则绝对不会过于前卫。在韩国，邋里邋遢、衣冠不整的人，和着装过露、过透的人一样，都是让人看不起的。

在某些特定的场合，尤其是在逢年过节的时候，韩国人往往会穿本民族的传统服装。这种情况在乡村和老年人身上尤为多见。在休闲时，年轻人的衣着则较为新潮。

韩国人的传统服装是：男子上身穿袄，下身穿宽大的长裆裤，外面有时还会加上一件坎肩，甚至再披上一件长袍。过去，韩国男子外出时还喜欢头戴一顶斗笠。韩国妇女则大都上穿短袄，下着齐胸长裙。

在韩国，参加社交活动时光脚穿鞋子，是一种失礼的行为。其实，在社交活动中穿袜子还有一个好处，即进屋之际需要脱鞋时不至于尴尬。进屋之前需要脱鞋时，韩国人是不准将鞋尖直对房间之内的，否则会令对方极度不满。

（三）餐饮礼仪

韩国人的饮食以辣和酸为主要特点。韩国人的主食是米饭和冷面。他们爱吃的菜肴，则主要有泡菜、烤牛肉、烧狗肉、人参鸡等。总体而言，韩国菜的品种不太多，其中的绝大多数都比较清淡。

韩国男子通常酒量都不错，对烧酒、清酒、啤酒往往来者不拒。韩国妇女则多不饮酒。平日，韩国人喝的较多的是咖啡和大麦茶。韩国人通常不喝粥，并且不喜欢喝清汤，他们认为只有穷人才会如此。

在用餐的时候，韩国人使用筷子。为了环保，韩国的餐馆里往往只向用餐者提供铁筷子。关于筷子，韩国人的讲究是，与长辈同桌就餐时不许先动筷子，不可用筷子对别人指指点点，在用餐完毕后要将筷子整齐地放在餐桌的桌面上。吃饭的时候不宜边吃边谈，吃东西时嘴里响声大作也是非常丢人的。

韩国人在自己家中设宴招待来宾时，宾主一般都是围在一张矮腿方桌周围，盘腿席地而坐。在这种情况下，切勿用手摸脚或悄悄脱袜子，将双腿直伸开来或双腿叉开也是不允许的。

（四）习俗禁忌

韩国人大都喜爱白色，并且对熊和虎十分崇拜。受西方风俗影响，也有不少韩国人不喜欢“13”这个数字。在韩国，不宜谈论的话题有政治腐败、经济危机、意识形态、南北分裂、韩美关系、韩日关系等。韩国人的民族自尊心很强，他们反对崇洋媚外，倡导使用国货。在韩国，一身外国名牌的人往往会被人看不起。需要向韩国人馈赠礼品时，宜选择鲜花、酒类或工艺品。在接受礼品时，韩国人大都不习惯当场打开其外包装。

尽管在主流社会，韩国人已十分西化，但在韩国民间仍讲究“男尊女卑”。进入房间时，女人不可走在男人前面。进入房间后，女人须帮助男人脱下外套。男女一同就座时，女人应自动坐在下座，并且不得坐得高于男人。与此同时，尊重长辈在韩国被视为做人的基本修养。在日常生活中，长辈通常说一不二。

三、新加坡的礼俗与禁忌

（一）社交礼仪

在社交场合，新加坡人与他人所行的见面礼多为握手礼。一般情况下，他们对于西式的拥抱或亲吻是不太习惯的。

由于新加坡政府注重保护各民族的传统，因此新加坡的礼仪与习俗也呈现出多元化的特点。比如，在社交活动中，华人习惯于拱手作揖或者行鞠躬礼；而马来人则大多采用其本民族传统的“摸手礼”。跟新加坡人打交道时，最明智的做法是不但要“入国而问禁”，而且还需要牢记“遇人而问俗”。

在待人接物方面，新加坡人特别强调笑脸迎客、彬彬有礼。对新加坡人而言，在人际交往中讲究礼貌、以礼待人，不但是每个人所应具备的基本修养，而且已成为国家和社会对每个人所提出的一项必须遵守的基本行为准则。

新加坡政府注重“礼治”，强调“不学礼，无以立”，并专门编制了《礼貌手册》，对人们在各种不同场合的所作所为是否符合礼仪都做出了明确的规定和指导。“人人讲礼貌，生活更美好”“真诚微笑，处世之道”等一系列具体规范，在新加坡早已家喻户晓、深入人心。在新加坡，不讲礼貌不仅会让人瞧不起，而且会寸步难行。

（二）服饰礼仪

新加坡人的国服，是一种以胡姬花作为图案的服装。在国家庆典及其他一些隆重的场合，新加坡人经常会穿着自己的国服。

在政务活动和商务交往中，新加坡人的着装讲究郑重其事。男子一般要穿白色长袖衬衫和深色西裤，并且打上领带；女子则须穿套装或深色长裙。在对外交往中，新加坡人则大多按照国际惯例穿深色的西装或套裙。

在日常生活中，不同民族的新加坡人的穿着打扮往往各具其民族特色。华人的日常着装多为长衫、长裤、连衣裙或旗袍，马来人最爱穿巴汝、纱笼，锡克人则是男子缠头，女子身披纱丽。

在新加坡的许多公共场所，穿着过分随便者，比如穿牛仔装、沙滩装、低胸装、露背装、露脐装的人，往往被禁止入内。

（三）餐饮礼仪

由于新加坡人多为华人，而新加坡华人绝大多数祖籍为广东、福建、海南和上海等地，因此他们在饮食习惯上与中国人大同小异，偏好中餐。因为籍贯方面的缘故，新加坡华人在口味上喜欢清淡，偏爱甜味，爱吃米饭和海鲜，不太喜欢面食，粤菜、闽菜和上海菜都很受欢迎。

在设宴款待新加坡人时，务必在安排菜单方面要注意因民族而异。必须谨记，马来人忌食猪肉、狗肉、自死之物和动物的血，不饮酒。在用餐时，马来人习惯用右手直接抓取食物，但他们忌用左手抓取食物。对其他人的这种做法，他们也是难以容忍的。

新加坡人，特别是新加坡华人，大都喜欢饮茶。当客人到来时，新加坡人通常会以茶相待。每逢春节来临之际，新加坡人经常还会在清茶中加入橄榄之后饮用，称之为“元宝茶”。他们认为，喝这种茶可以令人“财运亨通”。新加坡华人还有饮用加入一定配方的中药后制成的补酒的嗜好。

（四）习俗禁忌

新加坡人非常喜欢鲜花，尤其是自己的国花。通常情况下，新加坡人会在装饰华美、花草繁多的环境中会客、宴请或休息。新加坡人在人际交往中崇尚清爽卫生。对于蓬头垢面、衣冠不整的人，新加坡人大都会侧目而视。

在色彩方面，绝大多数的新加坡人都非常喜欢红色。他们认为，艳丽夺目的红色是庄严、热烈、喜庆、吉祥的象征，而且还具有激励人们奋发向上的作用。黑色、紫色不为新加坡人所欢迎，他们认为黑色、紫色代表着不吉利。另外，新加坡人普遍喜欢白色，视之为纯洁与美德的象征。新加坡的国旗，就是由红色和白色两种颜色构成的。

就数字而言，新加坡人不喜欢“4”与“7”。因为在华语中，“4”的发音与“死”相仿，而“7”则被视为一个消极的数字。在新加坡华人看来，“3”表示“升”，“6”表示“顺”，“8”表示“发”，“9”表示“久”，都是吉祥的数字。

在日常生活中，新加坡华人对传统民俗非常讲究，吉祥字、吉祥画在他们的周围随处可见。最受他们喜爱的吉祥字有“囍”“福”“吉”“鱼”等。最受他们欢迎的吉祥画，则有表示“平安”的“苹果”，表示“和平”的“荷花”，表示“力量”的“竹子”，表示“幸运”的“蝙蝠”，等等。

与新加坡人交谈时，要多使用谦辞、敬语。与此同时，对于话题的选择务必加以注意。最受新加坡人青睐的话题有运动、旅游、传统文化以及有关经济建设方面的成就。对于新加坡国内的政治、宗教、民族问题，执政党的方针政策，领导人的选拔，以及新加坡与邻国的关系问题，最好不要涉及。

新加坡的华人大都很讲“面子”，并且“乡土观念”极强。与其交往时，千万不要不给对方“面子”。要是能用“家乡话”与其进行交谈，则必会大受欢迎。

在新加坡，人们普遍讲究社会公德。政府通过采用“法”与“罚”这两大法宝，去促使人们提高社会公德意识。例如，在新加坡，人们不准嚼口香糖，过马路时不能闯红灯，“方便”之后必须冲洗，在公共场合不准吸烟、吐痰和随地乱扔废弃物品。不然的话，就必受处罚，需要交纳高额的罚金，搞不好还会吃官司，甚至受鞭刑。

四、马来西亚的礼俗与禁忌

（一）社交礼仪

在马来西亚，不同民族的人采用不同的见面礼节。马来人的常规做法是：向对方轻轻点头，以示尊重。除男人之间的交往以外，马来人很少相互握手，男女之间尤其不会这么做。马来人传统的见面礼节是“摸手礼”。它的具体做法为：与他人相见时，一方将双手先伸向对方，另一方则伸出自己的双手，轻轻摸一下对方伸过来的双手，随后将自己的双手收回胸前，稍举一下，同时身体前弯呈鞠躬状。与此同时，他们往往还会郑重其事地祝愿对方：“真主保佑！”或“一路平安”。被问候者须回以：“愿你也一样好。”马来西亚的华人与印度人同外人见面时，则大多以握手作为见面礼节。

在马来西亚民间，人们见面时经常会问对方：“你到哪里去?”它的真实含义与我国许多地方略同，仅仅是一种一般性问候。对此，既可以回答，也可以不回答。

马来人的姓名颇具特点，他们通常只有自己的名字，而没有固定的姓氏。一般情况下，马来人总是儿子以父名为姓，父亲则又姓祖父的名字，因此一家几代人的姓氏会各不相同。

马来人不爱主动与外国人交谈，即使在商务谈判中，他们也是问得多、答得少。在一般情况下，不宜与其谈论国内政治、马来西亚与新加坡或西方国家的关系，不宜议论宗教或民族问题。在与熟人交往时，马来人以“笑口常开”作为一种基本礼貌。

（二）服饰礼仪

平日，马来人喜欢身穿以天然织物做成的服装。马来西亚的“国服”是一种叫做“巴迪”的长袖上衣，它多以蜡染的花布做成。

在一般情况下，马来人习惯穿着本民族的传统服装。马来族男子通常上穿“巴汝”，它是一种无领、袖子宽大的外衣；下身则围一大块布，叫做“纱笼”；他们的头上还要戴一顶无檐小帽。马来族的女子则一般要穿无领、长袖的连衣长裙，她们的头上必须围以头巾。

在社交场合，马来人可以穿西装或套裙。但是在正规的场合，绝对不允许人们露出胳膊和腿部，所以背心、短裤、短裙往往是忌穿的。

（三）餐饮礼仪

在马来西亚，由于以伊斯兰教为国教，因此在饮食习俗上首先必须了解并尊重穆斯林的有关禁忌。马来西亚的穆斯林是不饮酒的，他们喜欢的饮料有椰子水、红茶、咖啡等。在宴请中需要干杯时，他们会以茶或其他软饮料来代替酒。

马来西亚的穆斯林不吃猪肉，不吃自死之物和动物血液，不吃一切未按教规宰杀之物。平时，他们爱吃米饭，喜食羊肉，极爱吃咖喱牛肉饭。居住在马来西亚的印度人通常不吃牛肉，但是吃羊肉、猪肉和家禽肉。

马来人十分好客，他们认为，客人在主人家里若不吃不喝等于不尊敬主人。在用餐时，马来人习惯于将食物放在地上的毯子或席子上，然后环绕其而坐。在坐姿上，他们讲究男女有别：男子通常应双脚交叉在前，盘腿而坐；女子则必须屈膝而坐，只有上年纪之后方可例外。

只有在十分正规的宴请中，马来人才以刀、叉、匙进餐，平常他们用餐时只用右手抓取食物。由于左手被视为“不洁之手”，因此禁用其取食食物或饮料。马来人很讲究卫生。在用餐前，他们必定先用清水冲手。在餐桌上，则多备有水盂，以供人们用餐时涮洗手指。

（四）习俗禁忌

有关马来西亚的习俗禁忌，总体而言要特别注意以下两点：

第一，伊斯兰教在马来西亚具有举足轻重的影响。伊斯兰教的教规教义在马来西亚具有法律效力，并为人们所严格遵守。在马来西亚，人们有“男女授受不亲”的讲究。在社交场合，不允许男女进行身体接触。即使夫妻或情侣在大庭广众之下勾肩搭背、挽臂而行或拥抱亲吻，也在禁止之列。

第二，马来人的礼仪习俗在社会生活中居于支配地位。在马来西亚，马来人不仅人口最多，政治影响最大，社会地位也最高，他们的语言与信仰的宗教亦分别成为国语与国教。从某种意义上讲，马来西亚的礼仪习俗主要就是马来人的礼仪习俗。因此，在马来西亚不要非议马来人的特殊地位。对马来人的习俗，以多多了解为宜。

跟马来人接触时，下列五点务请留意：

其一，不要触摸被其视为神圣不可侵犯的头部与背部。

其二，不要在其面前跷腿、露出脚底，或用脚去挪动物品，因为他们认为在人身体中脚的地位最为低下。

其三，不要用一手握拳，去打另一只半握的手，这一动作在马来人看来是十分下流的。

其四，与其交谈时，不要将双手贴在臀部上。

其五，不要当众打哈欠。万不得已要打哈欠时，务必以手遮挡口部，否则便是失敬于人。

五、泰国的礼俗与禁忌

（一）社交礼仪

由于信仰佛教的缘故，泰国人在一般的交际应酬中不喜欢与人握手。他们所用最多的见面礼节，是带有浓厚佛教色彩的合十礼。行合十礼时，需站好立正，低眉欠身，双手十指相互合拢，并且同时问候对方：“您好！”行合十礼的最大讲究，是合十于身前的双手所举的高度不同，给予交往对象的礼遇便有所不同。合十的双手举得越高，表示对对方越尊重。

目前，泰国人所行的合十礼大致可以分为四种：其一，双手举于胸前，它多用于长辈向晚辈还礼。其二，双手举到鼻下，它一般在平辈相见时使用。其三，双手举到前额之下，它仅用于晚辈向长辈行礼。其四，双手举过头顶，它只用于平民拜见泰王之时。

行合十礼时，晚辈要先向长辈行礼；身份、地位低的人要先向身份、地位高的人行礼。对方随后亦应还之以合十礼，否则即为失礼，只有佛门弟子可以不受此限制。行合十礼之后不必握手。

在交际场合，泰国人习惯以“小姐”“先生”等国际上流行的称呼彼此相称。只是有一点较为特殊，那就是他们在称呼交往对象的姓名时，为了表示友善和亲近，不惯于称呼其姓，而惯于称呼其名。例如，他们不会称交往对象为“庞先生”“曹小姐”，而会将其称为“光华先生”“敏娜小姐”。

泰国人一贯讲究“温、良、恭、俭、让”，并且总是喜欢面带微笑，因此泰国在国际上亦被称为“微笑之国”。在交谈时，泰国人总爱低声细语。在泰国人看来，跟旁人打交道时面无表情、愁眉苦脸或高声喧哗、大喊大叫都是失敬于人的。与泰国人交往时，越谦虚、越讲礼貌便越受欢迎。

（二）服饰礼仪

泰国的各个民族都有自己的传统服饰。在正式场合，泰国人都爱穿着自己本民族的传统服饰，并以此为荣。

从总体上讲，泰国人的服饰喜用鲜艳之色。在泰国，有用不同的色彩表示不同日期的讲究。例如，黄色表示星期一，粉色表示星期二，绿色表示星期三，橙色表示星期四，淡蓝色表示星期五，紫色表示星期六，红色表示星期日。因此，泰国人常按不同的日期穿着不同色彩的服装。

由于气候炎热，泰国人平时多穿衬衫、长裤与裙子。只有在商务交往中，他们才会穿深色的套装或套裙。但是，在公共场合，尤其是在参观王宫、佛寺时，穿背心、短裤和超短裙是被禁止的。

去泰国人家里做客，或进入佛寺之前，务必要记住先在门口脱下鞋子。另外，在泰国人面前，不管是站还是坐，都不要让鞋底露出来，尤其不要以其朝向对方，泰国人对此是最为忌讳的。

（三）餐饮礼仪

泰国人是不喝热茶的，他们的做法是在茶里加上冰块，令其成为冰茶。泰国人一般不喝开水，而惯于直接饮用冷水。在喝果汁的时候，他们还要在其中加入少许盐。

在口味方面，泰国人不爱吃过咸或过甜的食物，也不吃红烧的菜肴。从总体上讲，泰国人喜食辛辣、鲜嫩之物。在用餐时，他们爱往菜肴之中加入辣酱、鱼露或味精。他们最爱吃的食物，当属具有其民族特色的“咖喱饭”。

在泰国民间，人们用餐时多惯于围绕着低矮的圆桌跪膝而坐，以右手抓取食物享用。

在泰国，人们普遍认为“左手不洁”，所以绝对不能以左手取用食物。现在，有些泰国人用餐时爱叉、勺并用，即左手持叉，右手执勺，两者并用。

（四）习俗禁忌

泰国宪法规定：国王神圣不可侵犯，任何人不得对其进行指责和控告。在泰国，国王深受人民的尊敬与爱戴。在正式集会时，必须首先演奏歌颂国王的颂歌。届时，全场必须肃立，不得走动或交谈，不然必受严惩。在宴会上致祝酒词，必须首先祝国王身体健康。尽管泰国实行言论自由，人们对一般人甚至政府首脑都可以说三道四，但是对国王和王室的其他成员，则绝对不允许任意评说。

在社会生活方面，佛教对泰国人有着重要的影响。比如，他们的历法采用的是佛历；泰国男子年满 20 岁后，都要出家一次，做 3 个月的僧侣，即使国王也不能例外，否则就会被人看不起；几乎所有的泰国人脖子上，都配有一件据称可令其趋吉避邪的佛饰。鉴于此，与泰国人进行交往时，千万不要非议佛教或对佛门弟子有失敬意。在泰国参观佛寺之时，除了进门前要脱鞋之外，还要摘下帽子和墨镜。在佛寺之内，切勿高声喧哗，随意摄影、摄像。特别要牢记，不要爬到佛像上去拍照，不能抚摸佛像，妇女不能接触僧侣。

泰国人非常喜爱红色和黄色，并且对蓝色颇有好感。在他们看来，蓝色象征着“永恒”与“安定”。在泰国的三色国旗上，蓝色居中，并且代表着王室。对于褐色，泰国人比较忌讳。泰国人还忌讳用红色的笔签字或用红色刻字，因为他们视之为死人所受的待遇。

在泰国举行聚会时，参加者的数目有时是有讲究的。官方举行活动时，参加者通常为双数。私人举行活动时，被邀请的人数则常为单数。在民间活动中讲究请 9 个人参加最佳。据说，这是因为“9”在泰语符号中像一头大象，而且它的发音与“兴旺”“发达”相似。

泰国人不喜欢狗的图案。在泰国也不能向僧侣送现金。泰国人家里大都不种茉莉花，因为在泰语里它的发音与“伤心”一词相似。

在举止动作上，泰国人的禁忌很多。总的来说，他们有“重头轻脚”的讲究。所谓“重头”，是说泰国人的头部，尤其是孩子的头部，一般不准触摸。拿着东西从泰国人头上通过，被视作一种侮辱。在睡觉时，他们忌讳“头朝西，脚向东”，因为在泰国只有停尸时才那么做。所谓“轻脚”，则是说泰国人认为脚除了走路外，别无所长。因此，他们不准用脚指示方向，不准脚尖朝着别人，不准用脚踏门或踩踏门槛。在外人面前席地而坐时，不准盘足或双腿叉开。

跟泰国人接触时，千万不要用手拍打对方。用左手接触对方，讲话时以手指对对方指指点点，也是不允许的。

六、越南的礼俗与禁忌

（一）社交礼仪

在人际交往中，越南人普遍讲究礼貌，并且注重以礼待人的种种具体细节。一般与客人相见时多行握手礼。有些少数民族的人，在与外人会面时，往往还会采用本民族的传统礼节。例如，苗族人、瑶族人大都会行抱拳作揖礼，而高棉族人则一般会行双手合十礼。

在公共场合，越南人通常对长辈表现得尊重有加。与长辈一同出行时，他们必然会请其先行。万一要超过长辈走在前面时，则会先向对方打个招呼。路遇亲朋好友时，通常会主动热情地上前与对方打招呼，或向对方点头致意。人们最常采用的问候语是："你的身体好吗?"

越南人的姓名与中国人的姓名相似，多数由三个字组成。阮、范、黎、陈、黄、潘、武、吴等，都是越南的大姓。过去，越南人起名时，中间一字多用垫字。男子常用的字是"文"，女子常用的字是"氏"。还有一些少数民族，往往有名而无姓。

根据越南人的习惯做法，在需要以姓名称呼对方时，最好只称其名，而不称其姓。在称名时，往往也只称最后一个字。例如，在称呼"阮文才"时，宜以"才"相称。一般情况下，最好在其名之后再加上兄、弟、姐、妹、叔、伯之类的称呼。要切记，越南人不喜欢被以"你"相称。在需要进行自称时，通常不用"我"字，而宜使用弟、妹、侄之类的自谦辞。除此之外，西式的称呼目前在越南也有。而在政府机关里，人们则习惯以"同志"相互称呼。

（二）服饰礼仪

在日常生活里，越南人的穿着打扮讲究朴素实用。大部分人喜欢上身穿一件素色的衬衣，下身则穿一条宽松肥大的深色裤子。一般还喜欢头戴斗笠，脚穿凉鞋。而在乡间，越南人则大多爱穿褐色无领窄袖上衣和黑色宽腿长裤。只有在政务或商务活动中，穿西服、套裙、皮鞋的人才较为常见。在节日庆典之时，越南人有穿着本民族服装的习惯。

（三）餐饮礼仪

在饮食习惯上，越南人的主食是大米。在口味方面，他们喜欢清淡的食物，爱吃生、冷、酸、甜的东西。他们不喜欢将菜肴烧得过熟，也不大喜欢吃红烧的菜肴，或脂肪过多的食物。越南人不大爱吃的东西还有羊肉、豆芽、甜点、过辣的菜肴和多刺的鱼。

越南的少数民族，在饮食上也有一些各自的禁忌，如瑶族人不吃狗肉。“鱼露”是最常使用的佐餐调料，它有生、熟之别，气味很冲，深受喜爱。

越南人大多数不能喝烈性酒，但爱喝茶和咖啡。在日常生活中，越南人大多爱嚼食槟榔。他们常将槟榔切片后，与蚌壳粉等物一起入口咀嚼，但不会咽下去。这种做法据说可以固齿、驱虫、清热、除湿。

越南人用餐使用筷子，忌将筷子直插于饭菜之中。他们就餐不用桌子，而是习惯于将饭菜一次上齐，摆在一个大炕上，然后围坐而食。在越南人家中就餐时，吃饭多多益善。如果剩的东西过多，对主人是失敬的。

（四）习俗禁忌

竹子在越南人的生活中不可或缺，所以他们又被称为“与竹子为伴的民族”。

除个别民族之外，绝大多数越南人都非常喜欢狗。他们认为狗勇敢、忠诚、可靠，是人类最好的朋友。在越南民间，许多民族都有用动物进行祭祀之习俗。凡拟作祭祀之用的动物，必须精心饲养，绝对不能再出售。

与中国人一样，越南人最爱红色。他们认为红色是喜庆、吉利之色，因此在喜庆场合广为采用。

越南人很讲究清洁卫生。在他们看来，当众擤鼻涕、挖耳朵，都是粗鲁和失态的。在民居门口若挂有绿树枝，则表明此户人家有人生病、生孩子或正在祭祀，外人不得进入。他们还讲究青叶不能带入家门，非用不可时，只能从自家地里采摘。傣族人、瑶族人、佬族人还忌讳使用白蚊帐、白被子，因为他们认为白色不吉利。

在越南，以手指人、拍打肩部或摸别人的头都是禁忌的动作。他们认为，那将给对方带来厄运。

七、印度的礼俗与禁忌

（一）社交礼仪

印度人在交际应酬中常用的见面礼节有合十礼和拥抱礼，其具体做法与其他国家大同小异。印度人所用的较有特色的见面礼节有以下三种：

一是贴面礼。它流行于印度的东南部地区。具体的做法是：与客人相见时，将自己的鼻子与嘴巴贴在对方的面颊上，并且用力地吹气，同时还要念道：“嗅一嗅我。”

二是摸脚礼。它在印度是一种礼遇极高的见面礼。具体的做法是：晚辈在拜见长辈时，先弯腰用右手触摸长辈的脚部，然后再用它去摸一下自己的前额，以示用自己的头部接触对方的脚部。

三是举手礼。它是合十礼的一种变通。当一手持物难以双手合十时，则举起右手，指尖向上，掌心向内，向交往对象致敬。与此同时，还需问候对方："您好!"

目前，印度也流行握手礼。但是，在一般情况下，印度妇女仍不习惯于同异性握手。

在迎接嘉宾时，印度人往往要向对方敬献用鲜花编织而成的花环。为了表示诚意，主人通常要亲自将其挂在客人的脖子上。

印度人以往对等级、地位、身份极其关注。印度所特有的种姓制度，就是对印度人地位、身份所进行的一种划分。现在，自由、平等的观念在印度已日益深入人心，传统的种姓制度因而广遭非议，不过，它的影响仍在。在社交场合，人们依旧讲究等级，重视身份有别。这一点，甚至体现于对印度人的称呼之中。

在印度，人们正式的姓名往往很长。不同种姓的人，在自己的姓之前必须加上一个表示本人种姓的专用称呼，以示区别。在印度，"老爷""主人"一类的称呼，通常代表着一个人的社会地位。除此之外，印度人的姓名有时也反映着他的民族归属与宗教信仰。

（二）服饰礼仪

印度人的着装讲究朴素、整洁。在一般场合，印度男子的着装往往是上身穿一件"吉尔达"，即一种宽松的圆领长衫，下身则穿一条"陀地"，即一种以一块白布缠绕在下身、垂至脚面的围裤。在极其正规的活动中，他们则习惯于在"吉尔达"之外，再加上一件外套。

印度妇女最具民族特色的服装是纱丽。它实际上是一大块丝制长巾，披在内衣之外，好似一件长袍。其具体穿法是：从腰部一直围到脚跟，使之形成筒裙状；然后将其末端下摆披搭在肩头，自成活褶。印度妇女所穿的纱丽色彩鲜艳、图案精美，非常漂亮。

出门在外时，尤其是在正式场合，印度人大都讲究不露出头顶。为此，妇女要头披纱巾，男子则根据宗教信仰的不同而各有特色：印度教教徒要戴白色船形帽，伊斯兰教教徒要戴伊斯兰小帽，锡克教教徒则要在头上包裹一块头巾。

印度的妇女大多习惯在自己的前额上以红色点一个"吉祥痣"。过去，它用于表示妇女已婚，而今则主要用于装扮。纱丽与"吉祥痣"，是印度妇女穿着打扮上的两个独特之处。

（三）餐饮礼仪

印度人的主食是大米和面食。他们在烹调时喜欢加入各种香料，尤其是咖喱粉等辛辣香料。印度食素的人特别多，而且社会地位越高的人越忌荤食。有许多印度人不吃蛇肉、竹笋、蘑菇和木耳，还有不少印度人甚至不吃鸡蛋。绝大多数印度人不吸烟。

平时，印度人不太爱喝汤，也不怎么喜欢饮酒。有许多印度人认为，白开水是世界上最佳的饮料。印度人用餐的时候，一般不用任何餐具，而习惯于用右手抓食。

在请客的时候，印度人往往会请在座者中最有钱的人或者最受欢迎的人付账。

（四）习俗禁忌

有多种动物在印度被神化。除了被定为国鸟的蓝孔雀外，最受印度人崇拜的动物是黄牛。敬牛、爱牛，不打牛、不杀牛、不使用牛皮制品，在印度也已成为一种普遍的社会风气。与欧美人爱狗一样，印度人爱牛也绝对不容非议。

在印度的某些部族里，眼镜蛇被看做“神的朋友”而被顶礼膜拜。除此之外，猫、狗、鼠等动物在印度也都各有其崇拜者。大多数印度人不喜龟、鹤及其图案。

许多虔诚的印度教教徒，有早睡早起的习惯。在一年之中，他们必须封斋一次，每次三天左右。

在印度，当众吹口哨是失礼之举。在印度南部的一些地方，人们以摇头表示同意。以左手接触别人或摸别人的头，在印度通常是不被允许的。

印度人忌讳白色，忌讳弯月图案，忌讳送人百合花。“1”“3”“7”这三个数字，均被他们视为不吉利。

同印度人交谈时，对宗教与民族矛盾、印巴冲突、克什米尔问题、核武器、两性关系等问题，千万不要主动涉及。

第二节 部分欧洲国家的礼俗与禁忌

欧洲的全称是欧罗巴洲。“欧罗巴”一词据说最初来自腓尼基语的“伊利布”一词，意思是“西方日落的地方”或“西方的土地”。关于欧洲这个名称的由来，有这样一个传说：在希腊神话中，德墨忒尔是专管农事的女神，她保佑人间五谷丰登、人畜两旺。在有关这位女神的画像中，人们总是让她坐在公牛背上。这位女神的另一个名字叫欧罗巴，人们出于对女神的敬意，就把欧罗巴称为大洲的名字。

一、英国的礼俗与禁忌

（一）社交礼仪

在待人接物方面，英国人的所作所为不仅与欧洲其他国家的人大不相同，就是与语言、宗教信仰、文化相仿的美国人、加拿大人、澳大利亚人和新西兰人相比，也有许多显著的不同之处。

英国人的特点之一，是他们在为人处世上较为谨慎和保守。对待任何新生事物，英国人往往都会先持观望的态度，他们原有的生活方式和习惯做法通常是一成不变的。在外人看来，他们事事循规蹈矩，不但保守，而且守旧。英国人的逻辑性很强，凡是自己所想的事情，他们总要设法做出逻辑性很强的说明。

在人际交往中，假如说美国人为人爽朗、不拘小节、容易“自来熟”的话，那么英国人相对而言则比较难以打交道。这主要是因为英国人不善于夸夸其谈，感情不大外露，也不喜欢在公共场合引人注目。在交际应酬中，他们轻易不会与人一见如故，更不会立即称兄道弟、推心置腹。

英国人的特点之二，是他们在待人接物上讲究含蓄和距离。从总体上讲，英国人性格内向，不善表达，不爱张扬。他们不仅自己如此，而且也乐于看到别人这么做。因此，在外人看来，英国人个个严肃刻板、神情冷漠、不苟言笑。对他人的喜怒哀乐他们不仅毫无兴趣，而且往往表现得无动于衷，因而使人们觉得他们过于矜持、冷漠。

英国人通常显得非常自信，并且喜欢孤芳自赏，不愿与别人过于亲近。在英国，爱串门、爱找别人聊天的人是很难找得到的。英国人普遍认为：与人打交道时，没有适当的距离，对于双方都有害而无益。有位英国名人甚至说：“我是英国人，请离我远一些，我宁愿孤立独处。”其实，英国人的这种性格是其高度自信的一种表现形式。

英国人的特点之三，是他们在人际交往中崇尚宽容和容忍。与外人进行交往时，英国人一般都非常善解人意，懂得体谅人、关心人、尊重人。他们特别看重的是，既然要讲究个人自由，那么首先就要宽以待人，对别人的所作所为要善于理解和容忍。在一般情况下，他们都不爱跟别人进行毫无意义的争论，而且极少当着外人的面使性子、发脾气。英国人的这种做法，并不意味着他们自命清高、难以接触。实际上，一旦慢慢地跟他们交上了朋友，他们还是表现得十分亲善、友好的。

英国人的特点之四，是他们在正式场合注重礼节和风度。英国人平时十分重视个人的教养，他们认为：一个人在大庭广众之下之所以必须注意自己的举止行为，就是因为他人可以从中察知这个人的风度、礼貌和修养。

在社交场合，英国人极其强调“绅士风度”。这不仅表现在英国人对妇女的尊重和照顾方面，而且也见之于英国人的仪表整洁、服饰得体和举止大方。

在交际活动中，握手礼是英国人使用最多的见面礼节。与他人见面时，英国人既不会像美国人那样随随便便地“嗨”一声作罢，也不会像法国人那样非要和对方热烈地拥抱、亲吻不可，英国人认为那些做法都有失风度。

英国人待人十分客气。“请”“谢谢”“对不起”“你好”“再见”一类的礼貌用语，他们是天天不离口的。即使是家人、夫妻、至交之间，英国人也会经常使用这些礼貌用语。不过，英国人平常不太爱讲寒暄话。

在进行交谈时，英国人，特别是那些上了年纪的英国人，喜欢别人称呼其世袭的爵位或荣誉的头衔。至少，也要郑重地称之为“阁下”或“先生”“小姐”“夫人”。

由于种种原因，英国各个地区的人都十分重视自己的民族自尊。他们对于“英国人”这一笼统的称呼极为反感，认为它以偏概全，以“英格兰人”等同于其全国各民族的称呼，抹杀了其他民族的个性。因此，与他们进行交往时，一定要具体情况具体对待，将其分别称为“英格兰人”“苏格兰人”“威尔士人”“北爱尔兰人”。不过，要是采用“不列颠人”这一统称，也能行得通。

（二）服饰礼仪

英国人在人际交往中十分注重衣着。一旦出门，他们便会衣冠楚楚。与此同时，他们也极爱以衣帽取人。用英国大文豪莎士比亚的话来讲，这主要是因为“一个人的穿着打扮，就是其自身修养的最好的说明”。尽管如此，英国人又十分注意节省衣着方面的开销。对于他们来说，一套衣服穿上十年八年是常有的事情。

英国人在交际应酬之中的衣着，非常注意体现其“绅士”“淑女”之风。过去，英国绅士参加社交应酬时，要身穿燕尾服、头戴高筒礼帽、手持文明棍或者雨伞。他们的这身“标准行头”，曾经给世人留下了很深的印象。直至今日，英国人在正式场合的衣着仍然十分庄重和保守。一般男士穿三件套的深色西装，女士穿深色的套裙或者素雅的连衣裙。庄重、肃穆的黑色服装是英国人的首选。

在英国的传统民族服装之中，苏格兰男子所穿的“基尔特”最为著名。它实际上是一条由腰至膝的花格子短裙。穿它的时候，还要配上很宽的腰带，并在裙前系上一小块椭圆形的垂巾。在苏格兰，每逢喜庆聚会之时，男人们都要穿上“基尔特”，以寄托自己强烈的民族感情。

英国人在正式场合的着装，大致有以下四条禁忌：其一，忌打条纹式领带。因为那样会让英国人联想起旧式的“军团领带”或老式学校的制服领带。其二，忌不扣长袖衬衫袖口的扣子。不论是直接外穿，还是与西装配套，都不允许那么做。也不允许将长袖衬衫的袖管挽起来。其三，忌在正式场合穿凉鞋。英国人认为，只有在海滨度假或在家中闲居时，才能穿凉鞋。不然的话，就是不礼貌。其四，忌以浅色皮鞋配西装。过去，英国男士穿西装时，必须要穿黑色系带皮鞋。现在，虽然不像过去那样要求严格，但浅色皮鞋依然难登大雅之堂。

英国男子讲究天天刮脸，“当我年轻时，我每天刮两次脸”是英国的俗语之一。在英国，留胡须者往往会令人反感。

（三）餐饮礼仪

英国人的饮食具有“轻食重饮”的特点。说英国人“轻食”，主要是英国人在菜肴上没有多大特色，日常的食物基本上没有多大的变化。除了面包、牛肉、火腿之外，英国人平常爱吃的也就是土豆、炸鱼和煮菜了。

“烤牛肉加约克郡布丁”是深受英国人喜爱的一道菜。它由牛腰肉、土豆，加上鸡蛋、牛奶、面粉，放在烤箱内一起烤制而成。在上桌时，还要另配一些单煮的青菜。在使用刀叉时，英国人往往一丝不苟，他们在切割食物时必须左手持叉、右手持刀，切好一块即以叉送入口中。

英国人的饮食禁忌主要是不吃狗肉，不吃过咸、过辣或带有黏汁的菜肴。在评论欧洲主要国家菜肴的特点时，有人曾概括为：德国人是“考虑着营养吃”，法国人是“夸奖着厨师的手艺吃”，意大利人是“痛痛快快地吃”，而英国人则是“注意着礼节吃”。这一评价，在客观上反映了英国菜肴特色不多的特点。

有别于“轻食”的是，英国人在日常生活中非常“重饮”。对于世人而言，英国名气最大的饮品当推红茶和威士忌。

英国人所喝的茶是红茶，他们不仅早上醒来先要赖在床上喝上一杯“被窝茶”，就是在上班期间还要专门挤出时间来喝“下午茶”。在英国，“下午茶”既是午餐与晚餐之间的一顿小吃，也是人们“以茶会友”的一种社交方式。

英国苏格兰生产的威士忌，曾与法国的干邑白兰地、中国的茅台酒并列为世界三大名酒。英国人除了以威士忌佐餐外，还喜欢净饮。英国人饮酒，很少自斟自酌，他们习惯去酒吧饮酒。因此，英国的酒吧比比皆是，并且成为英国人的主要社交场所之一。

（四）习俗禁忌

英国人十分忌讳百合花和菊花，视其为死亡的象征。不喜欢孔雀和猫头鹰，但对猫和狗等宠物却十分喜欢。只是对于黑色的猫，他们是十分厌恶的。此外，他们也不大喜欢大象。

遇上碰洒了食盐或打碎了玻璃之类的事情，英国人通常认为是很倒霉的。

在颜色方面，英国人偏爱蓝色、红色与白色。它们是英国国旗的主要颜色。英国人反感的颜色主要是墨绿色。

英国人在图案方面忌讳甚多。人像、大象、孔雀、猫头鹰等图案，都会令他们反感。在握手、干杯或摆放餐具时，无意之中出现了类似十字架的形状，他们也认为是十分晦气的。

英国人忌讳数字“13”与“星期五”。当二者恰巧在一起时，不少英国人都会产生大难临头之感。

在排列位次时，英国人认定“右高”。

与英国人打交道时，需要了解的主要禁忌还有下列五条：一忌当众打喷嚏，二忌用同一根火柴连续点燃三根香烟，三忌把鞋子放在桌上，四忌在屋子里撑伞，五忌从梯子下面走过。

在人际交往中，英国人不欢迎贵重的礼物。涉及私生活的服饰、肥皂、香水及带有公司标志与广告的物品，亦不宜送给英国人。鲜花、威士忌、巧克力、工艺品以及音乐会门票，则是送给英国人的适当之选。

与英国人交谈时，切勿涉及女王、王室、教会以及英国各地区之间的矛盾，特别是不要对女王、王位继承和北爱尔兰独立问题说三道四。

在英国，动手拍打别人、跷起“二郎腿”、右手拇指与食指构成“V”形时手背向外，都是失礼的动作。英国人用食指将下眼皮往下微微一扒时，表示自己所做的事被人识破了。当他们用手敲鼻子时，表示的是秘密；而耸动肩部，则表示疑问或者不感兴趣。

二、法国的礼俗与禁忌

（一）社交礼仪

总的来讲，法国人在人际交往中大多会表现出下列特点：

第一，爱好社交，善于交际。法国人邻里之间虽然往来较少，但却对社交活动十分重视。对他们来说，社交是人生的重要内容，没有社交活动的生活是难以想象的。法国人非常善于交际，即使与他人萍水相逢，他们也会主动与之交往，而且表现得亲切友善、一见如故。

第二，诙谐幽默，天性浪漫。在外人看来，法国人似乎人人都是不知愁为何物的乐天派。他们在人际交往中大都爽朗热情、善于雄辩、幽默风趣，讨厌不爱讲话的人，对愁眉苦脸者难以接受。受传统文化的影响，法国人不仅爱冒险，而且喜欢浪漫的经历。

第三，渴求自由，纪律较差。在世界各国人中，法国人是最为著名的“自由主义者”。

“自由、平等、博爱”不仅被法国宪法定为本国的国家箴言，而且还在国徽上明文写出。在日常生活中，法国人崇尚自由，偏爱标新立异、与众不同，喜欢创造轻松的气氛。他们认为，自由就是可以去做法律禁止之外的一切事情。受此影响，法国人虽然讲究法治，但是纪律较差，不大喜欢集体行动。与法国人打交道，约会必须事先约定，并且准时赴约，但是也要对他们可能的姗姗来迟事先有所准备。

第四，自尊自强，偏爱“国货”。在历史上，法国较早进入资本主义社会。此后，一直是世界强国之一。法国的时装、美食和艺术更是有口皆碑。在此影响下，法国人拥有极强的民族自尊心和民族自豪感。在他们看来，世间的一切都是法国最棒。以语言而论，法国人懂英语的不少，但通常不会直接用英语与外国人交谈。因为他们认定，法语是世间最优美的语言。与法国人交谈时若能讲几句法语，一定会使对方热情有加。懂法语而又不同法国人讲法语，则会令其大为恼火。

第五，骑士风度，尊重妇女。骑士曾经是法国贵族里的一个阶层。所谓骑士风度，指的是流传至今的用以规范骑士举止行为的一系列宫廷礼节。当今，骑士阶层与宫廷在法国早已荡然无存，但是骑士风度依旧为广大法国人所看重。骑士风度的核心，是男子对妇女的尊重与保护。在法国人看来，充当“护花使者”是男人的天职与荣幸，做不到这一点就不能称其为男人。

在人际交往中，法国人所采用的见面礼节，主要有握手礼、拥抱礼和吻面礼。法国人所行的吻面礼，不但使用得最多、最广泛，而且在其做法上也有一定的特点。法国人与交往对象行吻面礼，意在表示亲切友好。为了体现这一点，在行礼的过程中，他们往往要同交往对象彼此在对方的双颊上交替互吻三四次，而且还讲究亲吻时一定要发出声响。其实，他们这样做犹如表演，并非真的要亲在对方脸上。

法国人的姓名由两部分组成，其名字在前，姓氏在后。法国妇女婚前随父姓，婚后则改随夫姓。而今，有些法国妇女，或婚后仍用父姓，或婚后同时使用父姓与夫姓。后一种情况亦称双姓，具体做法是夫姓在前、父姓在后。

在签署本人姓名时，法国人习惯将姓写在前面，名字写在后面，二者之间以逗号分开。法国人姓名的特点是姓氏很多，名字有限。这主要是因为信奉天主教或基督教的法国人，在起名时多选择圣徒的名字，而圣徒的人数实在有限。

正式称呼法国人的姓名时，宜只称其姓氏，或是姓与名兼称。家人、熟人、朋友、同事、同学之间，应直呼其名。对于关系较为密切者，则宜直呼其爱称。

与法国人打交道，有时需要使用谦称或敬称。法国人所有的谦称，多为第一人称复数，或第三人称，意为“鄙人”或“鄙公司”。

法国人常用的敬称主要有三种。其一，对一般人称第二人称复数，其含意为“您”。其二，对官员、贵族、有身份者称“阁下”。其三，对陌生人称“先生”“小姐”“夫人”。

而“老人家”“老先生”“老太太”等带有“老”字的称呼，都是法国人忌讳的。

（二）服饰礼仪

法国人对于服饰的讲究，在世界上都是有名的。所谓“巴黎式样”，在世人眼中即与时尚、流行的含意相同。法国人善于穿着打扮，他们的衣着配饰、发型、化妆往往令人无可挑剔。

在正式场合，法国人通常要穿西装、套裙或连衣裙。法国人所穿的西装或套裙多为蓝色、灰色或黑色，质地则多为纯毛。在他们看来，棕色、化纤面料的服装，是难登大雅之堂的。

出席庆典仪式时，法国人一般要穿礼服。男士所穿的多为配以蝴蝶结的燕尾服或黑色西装；女士所穿的则多为连衣裙式的单色大礼服或小礼服，并且要以薄纱面罩、薄纱手套与之相配。

有身份的法国人在正式场合露面时，往往不会将同一套服装连穿两次。他们认为，那样做会有失身份。他们还讲究衣着既要尽量保持个性、与众不同，又不宜过分超前或落伍。

对于穿着打扮，法国人认为重在搭配是否得法。在选择发型、手袋、帽子、丝巾、鞋子、手表、眼镜时，法国人都十分强调与自己的着装相协调、相一致。

法国妇女在参加社交活动时一定要化妆，并且要佩戴首饰。她们认为，化妆对人、对己都是一种尊重。佩戴的首饰，则一定要选“真材实料”，对于仿真首饰她们大都加以拒绝。

法国男士对自己仪表的修饰相当看重，他们中的许多人经常出入美容院。在正式场合亮相时，剃须修面、头发“一丝不苟”、身上略洒一些香水已被法国人看成男士应具备的基本教养。

（三）餐饮礼仪

法国人十分讲究饮食，并且人人喜欢以美食家自居。在西餐之中，法国菜可以说是最讲究的。

法国人爱吃面食。在法国，面包的种类之多，难以数计。在肉食方面，他们爱吃牛肉、猪肉、鸡肉、鱼子酱、蜗牛、鹅肝、蛙腿，不吃肥肉、肝脏之外的动物内脏和带刺带骨的鱼。

就口味来讲，法国人在饮食上有两大特点：其一，喜欢肥浓。做菜时，他们常用大蒜、丁香、香菜调味。其二，偏爱鲜嫩。法国人做菜不但选料要求新鲜，而且烹饪也大多半生不熟，有不少菜他们甚至直接生食。

法国人大都爱吃奶酪。待客之际，他们往往会拿出各式各样的奶酪请客人品尝。

法国人特别善饮，他们几乎餐餐必喝，而且讲究在餐桌上要以不同品种的酒水搭配不同的菜肴。他们的常规做法是：餐前要喝开胃酒，吃鱼要喝白葡萄酒，吃肉要喝红葡萄酒，餐后喝利口酒或白兰地。对于鸡尾酒，法国人则大多不大欣赏。

法国人在用餐时，双手允许放在桌上，却不许将双肘支在桌上。在放下刀叉时，他们习惯于将其一半放在碟子上，一半放在餐桌上。这一做法，与英国人迥然不同。

一般来说，在法国人的餐桌上，酒水贵于菜肴。而在正式的宴会上，则有"交谈重于一切"之说。这是因为法国人视宴会为交际场合，所以他们举行的宴会大都时间较长，在用餐时只吃不谈是不礼貌的。

（四）习俗禁忌

菊花、牡丹、杜鹃、水仙、金盏花和纸花，一般不宜随意送给法国人。在法国，仙鹤被视为淫妇的化身，孔雀被看做祸鸟，大象则象征着笨汉，它们都是法国人反感的动物。法国人十分厌恶核桃，认为它代表着不吉利。以之招待法国人，将会令其不满。对核桃图案，他们也深为厌恶。

法国人大都喜爱蓝色、白色与红色，对于粉红色也比较喜欢。他们所忌讳的颜色，主要是黄色与墨绿色。

法国人忌讳"13""666""星期五"。给法国女性送花时，宜送单数，但要记住避开"1"与"13"这两个数。一般情况下，法国人不喜欢 13 日外出，不会住在 13 号房、坐 13 号座位或是 13 个人同桌进餐。

在人际交往中，法国人对礼物十分看重，但又有其特别的讲究。他们认为，初次见面就给别人送礼，往往会令对方产生疑虑，是不善交际的表现。在接受礼品时，若不当着送礼者的面打开其包装，则是一种无礼的、粗鲁的行为。

向法国人赠送礼品时，宜选具有艺术品位和纪念意义的物品，不宜以刀、剑、剪、餐具或带有明显的广告标志的物品作为礼品。男士向关系一般的女士赠送香水，也被法国人看做是不合适的。

与别人交谈时，法国人往往喜欢选择一些足以显示其身份、品位的话题，如历史、艺术等。对于恭维美国、英国和德国，贬低法国的国际地位与历史贡献，议论其国内经济滑坡、种族纠纷等问题，他们则是不愿意予以回应的。

在人际交往中，法国人的肢体语言极为丰富。在交谈时，他们喜欢与对方站得近一些，并爱用手势进行辅助。

三、德国的礼俗与禁忌

（一）社交礼仪

与欧洲其他国家的人相比，德国人在待人接物方面所表现出来的独特风格，往往会给人留下极为深刻的印象。一般而言，德国人在人际交往中通常会表现出如下四个特点：

第一，纪律严明，法制意识极强。在世界上，德国人讲纪律、守法律是出了名的。在德国，事无巨细，皆由法律规范。在日常生活中，德国人为人处世不但讲究有法可依，而且注重有法必依。即使是生活琐事，也时时处处有规章制度可循。遵纪守法，在德国被视为做人的一种美德。可以毫不夸张地讲，在这一方面，德国人堪称世人的楷模。德国人会对目无法纪的人敬而远之；相反，对于自觉遵纪守法的人，则会非常敬重。

第二，讲究信誉，重视实践观念。在人际交往中，特别是在经济往来中，德国人非常讲究信誉。他们虽然在谈判时会斤斤计较，精于讨价还价，但是正式的合同一旦订立，则必定会严格遵守，依约而行。德国人十分讲究办事效率，他们在这方面对人对己要求都很严格。在人际交往中，他们十分珍惜时间。在交谈时，大都喜欢少说闲话、直奔主题，看不惯没话找话、浪费别人时间的人。

第三，极端自尊，非常尊重传统。在历史上，德国曾涌现过一大批著名的哲学家、艺术家和科学家，为人类文明贡献很多。同时，在两次世界大战中，作为战败国，它也连遭惩罚。这种特殊的背景，使得德国人极为珍惜本国的文化传统，并且极度自尊。在外国人看来，他们往往还会显得有些过于自负和高傲。在德国，人们一直认为国货最佳，对舶来品通常不屑一顾。不仅如此，即便与外国人交谈，德国人也大都喜欢会讲德语的人。对于说英语的人，有时他们不太乐意与之合作。

第四，待人热情，十分注重感情。刚刚开始接触德国人时，一般都会觉得他们过于拘谨、严肃，在待人接物上往往固执己见、表现刻板。要想同一位刚刚结识的德国人像美国人一样谈笑风生，似乎不太可能。然而，这并不表明德国人一概拒绝人际交往，一律排外。实际上，绝大多数德国人都非常重视人与人之间的感情。他们家庭观念极强，把亲人之间的团聚视为最幸福的时光。他们具有很强的群体意识，酷爱集会，并以此作为人际交往的渠道与纽带。

德国人尽管个性很强，不大善于交际和表达自己的情感，但是他们非常看重老朋友和老关系。与德国人交朋友虽说存在一定难度，但一旦与之成为朋友，双方通常就不易分手或反目。

德国人天性纯朴，乐于助人。面对陌生人，他们通常不苟言笑，不爱主动上前与之结识。可是，对于有求于己的人，他们却往往有求必应、不厌其烦。比如，对于问路的陌生人，德国人的答复一般会十分详尽。必要时，他们还会主动为之带路。要是他们自己也不太熟悉的话，甚至还会代为向其他人询问。

必须指出的是，德国人在人际交往中对礼节非常重视。在社交场合，德国人通常采用握手礼作为见面礼节。与德国人握手时，有必要特别注意下述两点：一是握手时务必要坦然地注视对方；二是握手的时间宜稍长一些，晃动的次数宜稍多一些，握手时所用的力量宜稍大一些。

此外，与亲朋好友见面时，德国人往往会行拥抱礼。在德国，亲吻礼多用于夫妻、情侣之间。有些上了年纪的人，与人相逢时，还习惯于脱帽致意。

重视称呼，是德国人在人际交往中的一个鲜明特点。对德国人称呼不当，通常会令对方大为不快。在一般情况下，切勿直呼德国人的名字。称其全称，或仅称其姓，则大都可行。德国人对职衔、学衔、军衔看得比较重，对于有此类头衔者，在进行称呼时一定不要忘了使用其头衔。“阁下”这一称呼，在德国是不通用的。

与德国人交谈时，切勿疏忽对“您”与“你”这两种人称代词的使用。对于初次见面的成年人以及老年人，务必要称之为“您”。对于熟人、朋友、同龄者方可以“你”相称。在德国，称“您”表示尊重，称“你”则表示地位平等、关系密切。

（二）服饰礼仪

德国人在穿着打扮上的总体风格是庄重、朴素、整洁。他们不太容易接受过分前卫的服装，不喜欢穿着过分鲜艳花哨的服装，并且对衣冠不整、服装不洁者难以容忍。

德国人的衣着较为简朴。男士大多爱穿西装、夹克，并且喜欢戴呢帽。妇女则大都爱穿翻领长衫和色彩、图案淡雅的长裙。在日常生活里，德国妇女以化淡妆为主。对于浓妆艳抹者，德国人往往是看不起的。

德国人在正式场合露面时，必须要穿戴得整整齐齐，衣着多为深色。在商务交往中，他们讲究男士穿三件套西装，女士穿裙式服装。对于服饰品位与自己相近者，德国人往往比较欣赏。

德国人服饰的民族特点并不显著。但是，也有个别地区例外。例如，巴伐利亚人在节庆之时的穿着就极具特点。男子一般上穿以墨绿色为主的无领外套，下着挂着背带的皮短裤，头戴插着一枝羽毛的小呢帽，脚穿长袜与翻毛皮鞋。妇女则一般上穿敞领、束腰、袖口带有花边的上衣，下着红、绿、白色的类似于围裙的长裙。

（三）餐饮礼仪

德国人是十分讲究饮食的。德国人的餐桌上主要是肉食。面包、土豆、禽蛋等虽然也受欢迎，但是它们基本上属于配角。

在肉食方面，德国人最爱吃猪肉，其次才是牛肉。猪蹄和以猪肉制成的各种香肠，德国人百吃不厌。德国人都不太爱吃羊肉。除肝脏之外，其他动物内脏也不为其接受。除北部地区的少数居民之外，德国人大都不爱吃鱼、虾。即使吃鱼的人，在吃鱼时也不准讲话，这是德国一种独特的民俗，其原因主要是担心被鱼刺扎伤。

德国人一般喜食油腻之物，所以德国的胖人极多。在口味方面，德国人爱吃冷菜和偏甜、偏酸的菜肴，对于过辣和过咸的菜肴则大多不太欣赏。

在饮料方面，德国人最欣赏的是啤酒，对咖啡、红茶、矿泉水也很喜欢。

自助餐发明于德国。在外出用餐时，德国人很爱选择这一进餐方式。在一日三餐之中，德国人最重视的是晚餐。用餐的时候，他们习惯于关闭电灯，点燃蜡烛，以朦胧的烛光烘托出优雅的气氛。

德国人在用餐时，有以下几条特殊的规矩：其一，吃鱼用的刀叉不得用来吃肉或奶酪。其二，若同时饮用啤酒与葡萄酒，宜先饮啤酒，后饮葡萄酒，否则被视为有损健康。其三，食盘中不宜堆积过多的食物。其四，不得用餐巾扇来扇去。

（四）习俗禁忌

在德国，不得随意以玫瑰或蔷薇送人。前者表示求爱，后者则用于悼亡。喜欢郁金香的人，在德国也极为少见。送女士一枝花，一般也不合适。

德国人对黑色、灰色、红色不感兴趣。

德国人极度厌恶“13”“666”“星期五”。他们对于四个人交叉握手，或在交际场合交叉谈话，也比较反感。

德国人认定，在路上碰到了烟囱清扫工，便预示着一天要交好运。

向德国人赠送礼品时，不宜选择刀、剑、剪、餐刀和餐叉。以褐色、白色或黑色的包装纸盒或彩带包装、捆扎礼品，也是不允许的。

与德国人交谈时，不宜涉及纳粹、宗教、党派之争。在公共场合窃窃私语，德国人认为是十分无礼的。

四、俄罗斯的礼俗与禁忌

（一）社交礼仪

在人际交往中，俄罗斯人素来以热情、豪放、勇敢、耿直而著称于世。在交际场合，俄罗斯人习惯于和初次会面的人行握手礼。但对于熟悉的人，尤其是在久别重逢之时，他们则大多与对方热情拥抱，有时还会与对方互吻双颊。

在迎接贵宾之时，俄罗斯人通常会向对方献上“面包和盐”。这是给予对方的一种极高的礼遇，来宾必须对其欣然接纳。

在称呼方面，俄罗斯人也采用“先生”“小姐”“夫人”之类的称呼。俄罗斯人非常看重人的社会地位，因此对有职务、学衔、军衔的人，最好以其职务、学衔或军衔相称。在俄罗斯民间，对于长辈可称为“老爹爹”“老妈妈”“大叔”“大婶”。

需要强调的是：俄语里有“您”这个称呼，它多用以称呼女士、长辈、师长、上司或贵宾，以表示尊重。对于亲朋好友，最好还是以“你”相称。这既是为了向对方表示亲热，也是为了让对方不必拘束。要是反其道而行，一位长者将一个晚辈称为“您”，则多半带有讥讽之意，或意在表示自己的不满与愤怒。

俄罗斯人的姓名，在一般情况下是由本人名字、父亲名字和姓氏三个部分构成的。姓名的排列顺序，通常是本人名字在前，父亲名字居中，姓氏位居最后。在结婚前，俄罗斯妇女用的是父姓；结婚之后，则一般改用丈夫的姓氏，至于本人名字和父名，则不作更改。

有的时候，特别是在正式的书面文件中，在书写俄罗斯人的姓名时，亦可将其姓氏排在最前面，而将本人的名字与父名依次排于其后。必要的话，还可以将其本人名字与父名改用缩写，即仅写上二者各自的第一个字母。

在用姓名称呼俄罗斯人时，对较为熟悉者，俄罗斯人习惯于只称其姓，或直接叫出对方的名字。为表示对交往对象的尊重与敬意，可将其本人名字与其父名连在一起称呼。当有必要对长者表示特殊的尊敬时，则最好直接称呼其父名。对于家人或亲朋好友，有时还可以用其爱称相称。只有在初次见面时，或极为正规的场合，才有必要将俄罗斯人姓名的三个部分连在一起称呼。

（二）服饰礼仪

俄罗斯人大都讲究仪表，注重服饰。俄罗斯人的传统服装为：男子上穿粗麻布长袖斜襟衬衣，腰系软腰带，下穿瘦腿裤。外面常穿呢子外套，并且头戴毡帽，脚穿皮靴。女子则爱穿粗麻质地的带有刺绣和垫肩的长袖衬衫，并配以方格裙子。在俄罗斯乡间，已婚妇女必须头戴头巾，以白色为主；未婚姑娘则不戴头巾，但常戴帽子。在城市里，俄罗斯人现在多穿西装或套裙。不过，由于气候的原因，他们的服装大都稍显厚重。

外出上班或参加社交活动时，俄罗斯人一般都会衣冠楚楚，妇女还会认真地化妆，就连衣服上的每粒纽扣，他们都会一丝不苟地扣好。俄罗斯人认为：敞开衣服，不扣纽扣，或者将衣服拎在手上、搭在肩上、围在腰上，都是不文明、不礼貌的。

前去拜访俄罗斯人时，进门之后务必立即自觉地脱下外套、手套和帽子，并且摘下墨镜，这是一种礼貌。前往公共场所时，则还要在进门后自觉地将外套、帽子、围巾等衣物存放在专用的衣帽间。

（三）餐饮礼仪

在饮食习惯上，俄罗斯人讲究量大实惠，油大味厚。他们喜欢酸、辣、咸味，偏爱炸、煎、烤、炒的食物，尤其爱吃冷菜。总的来讲，他们的食物在制作上较为粗糙一些。

俄罗斯人以面食为主，他们爱吃用黑麦烤制的黑面包。除黑面包之外，俄罗斯的特色食品还有鱼子酱、红菜汤、酸黄瓜、酸牛奶等。吃水果时，他们多不削皮。

在饮品方面，俄罗斯人很能喝冷饮和烈性酒，爱吃冰激凌。具有俄罗斯特色的烈酒伏特加是他们最爱喝的酒。他们酒量很大，在饮酒时，可以不吃菜，往往一醉方休。此外，他们还喜欢喝一种叫“格瓦斯”的饮料。

用餐时，俄罗斯人多用刀叉。他们忌讳用餐时发出声响，并且不能用匙直接饮茶，或让其立于杯中。通常情况下，他们吃饭时只用盘子，而不用碗。参加俄罗斯人的宴请时，宜对其菜肴加以赞扬，并尽量多吃一些。俄罗斯人将手放在喉部，一般表示已经吃饱了。

（四）习俗禁忌

拜访俄罗斯人时，赠以鲜花最佳，送给女士的鲜花宜为单数。

俄罗斯人普遍偏爱红色，并视其为美丽的化身。他们最讨厌黑色，因为黑色仅用于丧葬活动。

在数字方面，俄罗斯人偏爱“7”，认为它是成功、美满的预兆。对于“13”“666”“星期五”，他们十分忌讳。

俄罗斯人非常崇拜盐和马。他们认定：盐具有祛灾避邪的力量，马则会给人们带来好运。他们对兔子的印象大都极坏，并且十分厌恶黑猫。在俄罗斯，打碎镜子和打翻盐罐都被认为是极为不吉利的预兆。

俄罗斯人主张“左主凶，右主吉”，因此，他们不允许以左手接触别人，或以之递送物品。

在俄罗斯，蹲在地上，卷起裤腿，撩起裙子，都是严重的失礼行为。俄罗斯人讲究“女士优先”，在公共场所，男士们往往自觉地充当“护花使者”。

俄罗斯人忌讳的话题有政治矛盾、寡头政治、经济难题、宗教矛盾、民族纠纷、车臣问题、苏联解体、阿富汗战争以及大国地位问题等。

五、西班牙的礼俗与禁忌

（一）社交礼仪

因受拉丁文化的影响，西班牙人在待人接物方面大都显得性格开朗、热情奔放、诚实爽快、纯朴豁达。与西班牙人相处时，任何人都会被其鲜明的性格所感动。与此同时，西班牙人又以自尊心和荣誉感强而著称于世。他们很讲面子，对任何可能冒犯其自尊的事情都十分敏感。为了维护自尊与荣誉，他们往往宁肯遭受某种程度的损失，也不愿意公开承认自己的过失。对于维护其自尊与荣誉的人，西班牙人往往会知恩图报。

与法国人相似，西班牙人普遍认为本国的语言是世界上最优美、最重要的语言。因此，与西班牙人交往时，会讲西班牙语的人定然会大受对方的欢迎，而且还会得到对方的特殊关照。

在政务或商务活动中，西班牙人讲究互换名片。假如对方递上了自己的名片，而不回敬他一张名片是极其失礼的。需要注意的是，用于同西班牙人交换的名片，应当尽可能用西班牙语印制，这意味着尊重对方。

在人际交往中，热情奔放的西班牙人十分健谈，因而聊天成了西班牙人与朋友相处时的主要活动方式。不论是在自家的客厅里，还是在酒吧、咖啡屋，只要有两三个西班牙人聚在一起，便会大聊，而且往往一开头就没个完。西班牙人的聊天内容从他们喜爱的斗牛、足球，到时事政治、文学艺术、家庭琐事，往往无所不包。当西班牙人找你聊天时，应当尽可能地予以呼应，不理不睬、三缄其口定然会让对方十分难堪。

在外人看来，西班牙人在为人处世上略微显得有些急躁。另外，他们的时间观念也不太强。有位外国作家曾就此评论说："西班牙人只有在观看斗牛比赛时，才会准时到场。"不管怎么讲，与西班牙人相处时，对他们的这一特点务必要有心理准备。

西班牙人采用的见面礼节非常热烈。男士之间，通常要相互搂抱对方的肩膀。妇女之间则不仅要相互拥抱，而且还要互吻对方的双颊。只有在官方活动中，西班牙人才会采用握手礼。虽说西班牙人待人豪放，但是他们也很注意在大庭广众之下举止有度。

西班牙人的姓名由四部分组成。其中前两部分是本人的名字，第三部分是其父姓，第四部分则为其母姓。称呼西班牙人的姓名时可采用简称，或称呼其父姓，或将其名字的第一部分与父姓连在一起称呼。不过在西班牙人所用的名片上，其母姓往往也必不可少。

在西班牙，对一般人可称"先生""小姐""夫人"，或将其与姓名、职衔、学位连称。对于国王、王后，应当称"陛下"。对于王子、公主，应当称"殿下"。对于高级官员，则宜以"阁下"相称，或将其与职位连称。

（二）服饰礼仪

西班牙人在商务往来中对交往双方的衣着十分介意。他们的讲究是：最好要穿式样保守的深色西装，白色衬衣，并且务必要配以图案庄重的领带和黑色皮鞋。西班牙人对黑色服装十分偏爱。他们认定，一个有教养的人，在办公时间，必须要穿黑皮鞋。穿棕色、灰色、白色或双色皮鞋，均被其视为失礼。

西班牙妇女在人际交往中大都忌穿裤装，而一定要穿素色的套裙或连衣裙。即使是穿时装或礼服时，她们也会有意回避鲜艳亮丽之色。一般情况下，她们的衣着多讲究高雅、朴素，很少会盛装出行。

西班牙妇女在外出社交之前，大都要化妆并选戴首饰。在该国，妇女参加交际应酬时是不能不戴耳环的，否则便会引来别人惊异的目光。

（三）餐饮礼仪

西班牙人对于吃喝极其讲究。他们觉得，不懂得吃喝，做人就会失去乐趣。平时，他们不仅自己想方设法大饱口福，而且还习惯于请客吃饭。拒绝西班牙人赴宴的邀请，或者对于吃喝毫不讲究，弄不好就会被其看作不近人情。

在世界各国中，西班牙的节日之多是出了名的。西班牙人差不多每个月都有好几个节日，而且几乎所有的节日都与大饱口福有关。在西班牙人看来，所谓过节，主要就是要享受美味佳肴。在西班牙，有口福节、烹调节、螃蟹节、苹果节、草莓节、葡萄酒节等直截了当地以食物或吃喝命名的节日。每逢此类节日来临，西班牙人便会名正言顺地大吃特吃一通。

西班牙人的日常饮食以面食为主，并且爱吃鱼肉、羊肉、牛肉、猪肉以及虾、蟹，对于猪的内脏，他们亦能接受。西班牙人不爱吃油腻、过咸的菜肴，又酸又辣和比较鲜嫩的菜肴则大受其欢迎。

西班牙的葡萄种植面积世界第一，因此西班牙人十分爱喝葡萄酒。他们喝汤时一定要喝冷汤，不像中国人那样爱喝热汤。西班牙人通常以午餐作为正餐，而早餐与晚餐则大多较为简单。吃午餐时，西班牙人往往要全家人聚在一起，因此，西班牙的大部分机关、单位每天下午 1 点半至 4 点半要停止办公或营业，专供人们回家去聚餐。

根据民俗，西班牙人在除夕之夜人人都要喝蒜瓣汤，并且要在新年钟声敲响时每人吃上 12 粒葡萄。前一种做法，是为了给自己祈求来年遂心如愿。后者，则是为了预祝自己在新一年的 12 个月里，月月诸事顺利。

（四）习俗禁忌

在西班牙，鲜花乃是人际交往中送礼的佳品。但是，被其他欧美国家人士视为“爱情之花”的红玫瑰，除了被西班牙人送给演员和女朋友之外，将之送给其他女性也是可以的。不允许送给西班牙人的鲜花主要有菊花与大丽花两种，因为二者在西班牙均被看做死亡的化身。

在西班牙，雄鹰和狮子都深受人们的宠爱。充满了“刀光剑影”的斗牛活动，不但是一项融力量、胆识、技巧于一体的竞技活动，而且也是西班牙人机智勇敢、尚武好斗精神的直接写照。在西班牙，斗牛活动已被其视为“国粹”，几乎每个西班牙人都乐此不疲。在西班牙人眼里，著名的斗牛士自然是自己的偶像。

在色彩方面，西班牙人最欣赏的是象征吉祥的红色、象征高贵的黄色和象征庄严的黑色。

西班牙人非常忌讳“13”“666”“星期五”。他们认为，碰上这类数字或日期，往往会是灾难或厄运临头。

与西班牙人交谈时，不宜对天主教和斗牛活动予以非议，不宜将西班牙政治与外国政治进行比较，不宜涉及其国内的政治纠纷、恐怖主义活动或民族问题。出于尊重交往对象的考虑，西班牙人一般不对别人说“不”字。西班牙人需要提醒别人“当心”或“注意”时，时常会用其左手的食指先放在下眼睑上，然后往外一抽。

在过元旦的那一天，西班牙人认为小孩子打架、骂人或是哭哭啼啼，都是不祥的预兆。为了不让小孩子们这样做，在这一天大人们往往会对小孩子有求必应，刻意讨好他们。

六、意大利的礼俗与禁忌

（一）社交礼仪

与意大利人打交道时，尤其需要对其国家观念、宗教观念、身份观念和时间观念有一定程度的了解。

意大利人在国际交往中提起自己时，大都只是说自己是某某地区的人，而很少会自称“意大利人”。但意大利人具有极强的民族自尊心。在言谈中，他们往往会对本民族悠久的历史津津乐道，并且为自己的国家昔日曾经是整个世界的“主人和老师”而感到无比骄傲。大多数意大利人，特别是意大利商人，都不会讲通行于世界的英语。

意大利人的宗教观念极强。作为国教，天主教在意大利的影响极其巨大，各种天主教机构遍布于全国。在意大利，大多数人不仅虔诚地信奉天主教，严格地恪守教规，而且真心实意地认为教会拥有至高无上的精神力量。

每到重要的宗教节日，按政府的规定都要放假，以便让人们尽情欢乐。而今，意大利许多重要的宗教性节日，已经逐渐演化为普天同庆的民俗性活动。

意大利人的身份观念较强。在人际交往中，他们对别人的地位、等级十分重视。对于来自家学渊博、历史悠久的家族的人士，他们往往会刮目相看。假如交往对象有值得尊敬的头衔的话，他们必定会再三提及，以示重视。

意大利人的时间观念极为奇特。在外人眼里，他们似乎来去匆匆，却又不很守时，至少在社交活动中是这样的。与别人约会时，许多意大利人都会晚到几分钟。据说，意大利人认为，这既是一种礼节，也是一种风度。

意大利人重视友谊，善于交际。一旦得到了他们的信任，双方关系就会迅速升温。意大利人举止潇洒、天真烂漫、心直口快，喜欢开诚布公，但又情绪波动较大。同德国人比，他们少了一分刻板；同法国人比，他们则又多了一些热情。

在交往应酬中，意大利人对自己“古已有之”的礼节非常重视，并且极力主张以本民族优秀的传统来净化社会环境。与他人初次见面时，他们礼数周全，极其客气。他们大都以握手礼作为见面礼节，并且会向对方问好。在熟人之间，举手礼、拥抱礼、亲吻礼也比较常用。

意大利的格瑟兹诺人碰上熟人、朋友时，往往会向对方行“压帽礼”，即以手将帽子拉低，这是对对方重视的一种表示。其做法与欧美常见的“脱帽礼”有着明显的不同。

意大利人的姓名由两部分组成，其名字在前，姓氏居后。妇女婚前随父姓，婚后则改随夫姓。在正式场合，尤其是在书写函件、请柬时，宜称其全姓。在社交场合，可称其姓氏，或将其与“先生”“小姐”“夫人”连称。对于关系密切者，方可直呼其名。为了向交往对象表示恭敬之意，意大利人往往会对对方以“您”相称。

与意大利人打交道时，下列称呼不宜使用：其一，“爱人”。在意大利，其含义为“情人”，即“第三者”。其二，“老人家”。意大利人讳“老”，这一称呼在他们听来具有明显的贬义。其三，“小鬼”。在中国，将小孩子称为“小鬼”表示亲昵。但在意大利人看来，其含义是“小妖怪”，是对孩子的不尊重，带有诅咒之意。

（二）服饰礼仪

意大利人对于穿着打扮历来讲究，他们普遍认为：每个人的衣着既体现了他的修养与见识，又反映了他为人处世的态度。

总的来说，在穿着打扮上，意大利人具有以下三个特点：

第一，极为考究。意大利的时装、制鞋和皮具都举世闻名。受此影响，在正式场合抛头露面时，意大利人个个都会衣冠楚楚。他们的衣着不但讲究品牌、做工，而且连整体搭配的每一个细节都会做得无可挑剔。

第二，非常时髦。在世界上，意大利的服装工业早就左右着流行、时尚。在此背景下，意大利人的衣着也十分时髦。“穿的就是流行”，对意大利人而言已经是一种有关时装的共识。一些有地位、有身份的人，甚至讲究每天衣着不重样，一件时装不在社交场合穿两次。

第三，很讲个性。在讲究衣着时髦的同时，意大利人还讲究标新立异，“人无我有，人有我弃”。对他们来讲，如果穿着打扮与他人雷同，毫无自己的个性可言，是令人难堪的。当然，这主要是针对社交场合的着装而言的。在政务、商务活动中，他们通常也是非穿西装或套裙不可的。在日常生活中，意大利人较少穿着其传统的民族服装。

（三）餐饮礼仪

讲究生活质量的意大利人对于饮食非常在乎，并且有不少独特的习惯。

意大利人很爱吃面食。通心粉、比萨饼等，都是他们的发明创造。除了面包、蛋糕之外，意大利人不把面食当主食吃，而只是当做一道菜来享用。在他们的餐桌上，通常第一道菜就要上面食。另外，意大利人还爱吃混入菜肴的炒米饭。不过，他们也是将其当做一道菜来吃的，并且讲究每次用餐之时，在面食、炒饭二者之中只能选择一种。

通心粉，又叫意大利面条，是意大利人平时最爱吃的一种面食。吃通心粉时，不可以用餐刀切成小段，或以汤匙取用。正确的做法是将它缠绕在餐叉上，然后送入口中，必要时可以匙帮忙，但吃时不得出声。

意大利人大都嗜酒，他们之中不少人鼻子红红的，据说就与饮酒过量有关。在饮酒时，他们注重与菜肴的搭配。在所有的酒类中，他们最爱喝葡萄酒。

意大利人以午餐为主餐。他们认为，拒绝其赴宴的邀请是很不礼貌的。意大利人大多爱在餐馆请客，他们的一顿宴请一般要持续两三个小时。在席间，他们主张莫谈公事，以便专心致志地用心品尝美味佳肴。

（四）习俗禁忌

在意大利，玫瑰一般用以示爱，菊花则专门用于丧葬之事，因此这两种花不可以随便用来送人。送给意大利女士的鲜花，通常以单数为宜。

在动物方面，意大利人最喜欢猫和狗，也十分喜爱各种鸟类。

意大利人最喜爱的颜色是绿色、灰色，对于蓝色和黄色，他们也给予种种好评。他们较为忌讳紫色。

在图案方面，意大利人有不少讲究。动物图案最受其欢迎，而仕女图案、十字花图案则为其所忌。

与其他欧美国家的人基本相似，意大利人最忌讳的数字与日期分别是“13”“666”“星期五”。除此之外，他们对于“3”这一数字也不太有好感。

在人际交往中，意大利人有送礼习惯。精美、典雅的物品，如鲜花、名著、书画、工艺品、葡萄酒、巧克力等都是深受欢迎的。不过要记住，切勿将手帕、丝织品或亚麻织品送给意大利人。意大利人认为，手帕主要是用来擦眼泪的，属于令人悲情之物，故不宜送人。上门拜访意大利人时，他们一般讲究礼品要面呈女主人。

意大利人极爱聊天。在聊天的时候，他们有下列三个特点：其一，话题多变，几乎无所不包。其二，搞“一言堂”。跟他们聊天，往往会变成聆听对方的“长篇演说”。其三，偏爱争辩。意大利人反对人云亦云，主张直言不讳，因此容易与别人发生争论。不过争辩一过，他们立刻会显得“风平浪静”，不会记仇。政治、宗教、纳税、美式橄榄球等话题不会引起意大利人的兴趣，而“黑手党”、贪污腐败、政治暗杀、各地区经济发展不平衡等话题则会令意大利人极为不快。

在人际交往中，意大利人不但表情丰富，而且有很多独特的肢体语言，他们尤其喜欢运用不同的手势来表达自己的思想感情。例如，竖起食指来回摆动，表示“不”“不行”；用食指顶住面颊来回转动，表示“好吃”；以食指按在腮帮上转动两下，表示赞美某位女士“真漂亮”；五指并拢后，用食指的侧面敲击额头，表示“你真笨”；一边伸出手掌，一边撇嘴，表示“不清楚”或“无可奉告”；五指并拢，掌心向下，对着腹部来回转动，表示“我饿了”“我想吃一点儿东西”；伸出双手，手掌向上，并且耸动肩膀，表示“我不知道此事”。

第三节　部分非洲国家的礼俗与禁忌

非洲的全称为阿非利加洲。“阿非利加”在希腊文里是“阳光灼热之地”的意思。赤道横贯非洲的中部，非洲 3/4 的土地受到太阳的垂直照射，年平均气温在 20℃以上的热带地区占全洲面积的 95%，其中有一半以上地区终年炎热，故称为“阿非利加洲”。

一、南非的礼俗与禁忌

（一）社交礼仪

南非社交礼仪的主要特点，可以概括为“黑白分明”与“以英式为主”。在较为正式的官方活动与商务交往中，这些特点表现得特别突出。

南非社交礼仪的“黑白分明”，主要是指：由于受各自种族、宗教、习俗的制约，南非的黑人与白人所遵从的社交礼仪，往往差别很大，甚至大相径庭。例如，在人际交往中，南非的黑人往往会情感外露，肢体语言十分丰富；而南非的白人则大多显得较为矜持，他们讲究的往往是喜怒不形于色。

南非社交礼仪的“以英式为主”主要是由于在过去很长的一个历史时期内，白人掌握南非的政权，并且长期推行种族歧视政策，久而久之，白人的社交礼仪，特别是英式的社交礼仪，便广泛地流行于南非社会。

以目前而论，在社交场合，南非人所采用的见面礼节主要是握手礼，他们对交往对象的称呼则主要是“先生”“小姐”“夫人”。西方人所讲究的绅士风度、女士优先、守时践约等基本礼仪，南非人不仅耳熟能详，而且早已身体力行。但南非黑人在日常交往中依然保留着自己的传统习惯，而且对其情有独钟。要对南非黑人真正表示尊重，一个重要的做法就是要对他们特殊的社交礼仪表示认同，而万万不可大惊小怪、讥笑非议。

有的时候，在黑人部族中，尤其是在农村，南非黑人的待人接物往往会表现出不同于主流社会的另外一种风格。在行见面礼时，有些黑人会行拥抱礼，有些黑人会行亲吻礼，有些黑人会行一种形式独特的握手礼，即先用左手握住自己的右手手腕，然后再用右手去与人握手。在迎送客人时，许多地方的黑人往往会集体出动，列队相迎，载歌载舞，欢呼狂啸。他们习惯于以鸵鸟毛或孔雀毛赠予贵宾，客人们此刻得体的做法是要高高兴兴地将这些珍贵的羽毛插在自己的帽子上或头发上。

南非黑人的姓名尽管大多已经西方化，“乔治”“威尔逊”“海伦”“爱丽丝”都是他们常用的姓名，然而，他们还是更喜欢在具体称呼上保留自己的传统，即称呼时在姓氏之后加上相应的辈分，以表明双方关系异常亲密。比如，称南非黑人为“乔治爷爷”“海伦大婶”往往会令其喜笑颜开。

（二）服饰礼仪

在城市中，南非人的穿着打扮已经基本西方化了。在正式一些的场合，他们都讲究着装端庄、严谨。因此，与南非人进行官方交往或商务交往时，最好要穿样式保守、色彩偏深的套装或裙装，不然就会被对方视作失礼。在日常生活中，南非人大多爱穿休闲装。白衬衣、牛仔装、西装短裤，均受欢迎。他们尤其爱穿花衬衣。

南非黑人通常还有穿着本民族服装的习惯。不同部族的黑人，在着装上会有自己不同的特色。例如，有的部族的黑人，喜欢用兽皮做成斗篷，将自己从头到脚遮在里面；有些部族的黑人，则喜欢上身赤裸，仅在腰间围一块腰布。

黑人妇女的打扮，往往也会表现得有别于常规。例如，在有些部族中，妇女的门牙必须拔掉。在该部族的人看来，这是一种美。唯有如此，才不至于在微笑或用餐时露出牙齿。在另外一些部族，已婚妇女通常比未婚妇女佩戴的首饰要少得多。据说，这种做法有助于使其表现出对自己丈夫的忠贞。

（三）餐饮礼仪

在饮食习惯上南非人同样是“黑白分明”。当地的白人平日以吃西餐为主，他们经常吃牛肉、鸡肉、鸡蛋和面包，并且爱喝咖啡与红茶。南非黑人的主食是玉米、薯类、豆类。在肉食方面，他们喜欢吃牛肉和羊肉，但是一般不吃猪肉，也不大吃鱼。与其他许多国家的黑人有所不同的是，南非的黑人不喜欢生食，而是爱吃熟食。

南非最著名的饮料，是被称为“南非国饮”的如宝茶，在英语里的本意是“健康美容的饮料”。它深受南非各界人士的推崇，与钻石、黄金一道被称为“南非三宝”。

前往南非黑人家中做客时，好客的主人一般都要送上刚刚挤出来的新鲜牛奶或羊奶请客人品尝。有的时候，他们则会献上以高粱自制而成的、风味独特的啤酒。遇到这种情况，不论自己渴不渴、爱不爱喝，都一定要大大方方地“来者不拒”，尽量多喝一些，并且最好一饮而尽。若是百般推辞，坚决不喝一口，主人必定会很不高兴。

（四）习俗禁忌

与南非人打交道时，需要了解其宗教信仰并予以尊重，这一点是至关重要的。信仰基督教的南非人，最忌讳“13”这个数字。对于“星期五”，特别是与“13 日”同一天的“星期五”，他们更是讳言忌提，并且尽量避免外出。

南非的黑人，特别是乡村里的黑人，有很多人都信仰本部族传承下来的原始宗教。他们一般都相信存在一种神秘力量，支配着人世间的一切。在许多地方，羊被视为宠物，人们对双角卷曲的羚羊尤为喜爱。

一般来说，南非的黑人都非常敬仰自己的祖先，认为祖先不仅有消灾祸的本领，而且还拥有惩罚子孙的力量。所以，他们特别忌讳外人对其祖先的言行举止表现出失敬。

在许多黑人部族里，妇女的地位比较低下。被视为神圣宝地的一些地方，如火堆、牲口棚等处，是禁止妇女接近的。

南非人为人处事非常大胆直率，与其进行交谈时，过分地委婉或者兜圈子是不受欢迎的。跟南非黑人交谈时，有四个方面的话题切莫涉及。其一，不要为白人评功。其二，不要评论不同黑人部族或派别之间的关系及矛盾。其三，不要非议黑人的古老习俗。其四，不要为对方生了男孩而表示祝贺，在许多部族中，这件事并不令人欣喜。

二、埃及的礼俗与禁忌

（一）社交礼仪

在人际交往中，埃及人所采用的见面礼节主要是握手礼。同埃及人握手时，最重要的是忌用左手。除握手礼之外，埃及人在某些场合还会使用拥抱礼或亲吻礼。埃及人所采用的亲吻礼，往往会因为交往对象的不同，而采用亲吻不同部位的具体方式。其中最常见的形式有三种：一是吻面礼，它一般用于亲友之间，尤其是女性之间。二是吻手礼，它在向尊长表示敬意或向恩人致谢时用。三是飞吻，多见于情侣之间。

埃及人在社交活动中，根据交往对象行过见面礼节后，往往要双方互致问候。“祝你平安”“真主保佑你”等都是他们常用的问候语。在打招呼或问候时，埃及人讲究年轻者要先问候年长者，位低者要先问候位高者，步行者要先问候骑乘者，一个人要先问候多数人。

为了表示亲密，埃及人只要有时间，问候起交往对象来，往往会不厌其烦。除个人隐私之外，当时所能想到的人和事，他们几乎都会一个不漏地问候一遍。他们的这种客套，有时会长达几分钟，甚至十几分钟。

同样是为了表示亲密或尊敬，埃及人在人际交往中所使用的称呼也有自己的特色。在埃及，老年人将年轻人叫做“儿子”“女儿”，学生管老师叫“爸爸”“妈妈”。这一类叫法，往往并不表示二者有血缘关系，而只是表示尊敬或亲切。

跟埃及人打交道时，除了可以采用国际上通行的称呼外，倘若能够酌情使用一些阿拉伯语的尊称，通常会令其更加开心。这类尊称主要有：“赛义德”，意即“先生”，可用于称呼任何男性；“乌斯塔祖”，意即“教授”，可用以称呼有地位的人；“莱文斯”，意即“主席”，其用法与“乌斯塔祖”相同。

埃及人非常好客，贵客临门会令其十分愉快。去埃及人家里做客时，应注意以下三点：其一，事先需预约，并要以主人方便为宜。通常在晚上六点以后以及斋月期间不宜拜访。其二，按惯例，穆斯林家里的女性，尤其是女主人是不待客的，故切勿打听或问候女主人。其三，就座之后，切勿将足底朝外，更不要朝向对方。

（二）服饰礼仪

在大城市中，尤其是在政界、商界、军界、文化界、教育界，埃及人的穿着打扮早已与国际潮流同步。西服、套装、制服、连衣裙、夹克衫、牛仔裤在埃及的街头巷尾处处可见。然而，普通百姓，尤其是上了年纪的人的着装观念依旧较为保守。从总体上讲，埃及人的穿着依旧主要是长衣、长裤和长裙。又露又短、又紧又透的奇装异服，埃及人通常是不愿问津的。对于绘有星星、猪、狗、猫以及熊猫图案的衣服，埃及人是绝对不会穿的，因为它们有悖其习俗。

埃及的乡村妇女很喜爱佩戴首饰。另外，她们还喜欢梳辫子，并且习惯于将自己的发辫梳成单数。在每根辫子上还要系上三根黑色丝线，然后再挂上一小片薄薄的金属片。

（三）餐饮礼仪

在餐饮方面，埃及人以一种称为“耶素”的不用酵母的平圆形面包为主食。埃及人很爱吃羊肉、鸡肉、鸭肉、土豆、豌豆、南瓜、洋葱、茄子和胡萝卜。他们口味较淡，不喜油腻，爱吃又甜又香的东西。冷菜、带馅的菜以及用奶油烧制的菜，特别是被他们看做是象征着“春天”与勃勃生机的生菜，均受其欢迎。埃及人尤其喜爱吃甜点。在他们举行的正规宴会上，最后一道菜必为甜点。此外，他们还习惯于以自制的甜点待客。客人要是婉言谢绝，一点儿也不吃，会让主人极为失望，而且也是失敬于主人的。

在饮料上，埃及人酷爱酸奶、茶和咖啡。平时，埃及人有在街头的咖啡店用午餐的习惯。在那里，他们买上一杯咖啡，再用几块甜点，也就算做一顿便饭了。饮茶聊天，是埃及人的一大乐趣。

在待客之时，主人往往在客人登门之后便送上茶水，并且还要挽留客人用餐。对于主人所上的茶水，客人必须喝光，要是杯中遗留了一些茶水的话，是会触犯埃及人的禁忌的。同样的道理，客人在主人家中用餐时，一定要尽量多用一些，否则就会被视为瞧不起主人，让主人不高兴。劝客人多用餐，在埃及乃是主人的一项义务。用餐的时候，埃及人多以手取食。在正式一些的场合，他们也惯于使用刀、叉和勺子。用餐之后，他们一定要洗手。埃及人在用餐时，有两点禁忌：其一，忌用左手取食。其二，忌在用餐时与别人交谈。

埃及人不喝酒。他们忌食的东西有：猪肉、狗肉、驴肉、骡肉、龟、虾、蟹、鳝，动物的内脏、动物的血液，自死之物。整条的鱼和带刺的鱼，埃及人是不喜欢吃的。

（四）习俗禁忌

埃及人很喜欢美丽华贵的仙鹤，认为它代表着喜庆与长寿。在埃及民间，人们对葱很看重，认为它代表了真理。可是对于针，人们却又非常忌讳，因为在埃及“针”是骂人的词。

埃及人最喜爱被其称为“吉祥之色”的绿色与“快乐之色”的白色。他们讨厌的颜色是黑色及蓝色，两者在埃及人看来均是不祥之色。

在数字方面，“5”与“7”深受埃及人的青睐。在他们看来，“5”会带来吉祥，“7”则意味着完美。对信奉基督教的科普特人而言，“13”则是最令人晦气的数字。

埃及人在工作中对小费极为重视，并且将其作为日常收入的重要组成部分之一。在埃及办事情若不给人小费，往往会举步维艰。

与埃及人交谈时，应注意下述问题：一是男士不要主动找妇女攀谈；二是切勿夸奖埃及妇女身材苗条，因为埃及人以体态丰腴为美；三是不要评价埃及人家中的物品，在埃及这种做法会被人理解为索要此物；四是不要与埃及人谈论宗教纠纷、政党政治、中东政局以及男女关系。

第四节　部分美洲国家的礼俗与禁忌

美洲位于西半球，处于大西洋与太平洋之间，按地理位置划分为北美洲和南美洲两大部分，以巴拿马运河为界。

一、美国的礼俗与禁忌

（一）社交礼仪

美国人在待人接物方面，具有下述四个主要特点：

第一，随和友善，容易接近。美国人为人诚挚，乐观大方，天性浪漫，好交朋友。在交际场合，他们喜欢主动跟别人打招呼，并且乐于主动找人攀谈。如果愿意，美国人是可以跟任何人交上朋友的。

在美国人看来，人缘好、善于结交朋友是取得个人成功的基本条件之一。不愿扩大自己的交际圈，甚至拒绝与他人接近的人，不仅个人心理上存在问题，而且对于交往对象以及其他接触的人，也是不够友好和尊重的。

第二，热情开朗，不拘小节。在日常生活中，美国人主张凡事讲究实效，不搞形式主义。他们不是不讲究礼仪，而是反对过于拘泥于礼仪、过分地矫揉造作。

美国人的见面礼节，大概是世界上最简单的了。同外人见面时，美国人往往以点头、微笑为礼，或者只是向对方“嗨”一声作罢。若非特别正式的场合，美国人甚至连国际上最为通行的握手礼也略去不用。若非亲朋好友，美国人一般不会主动与对方亲吻、拥抱。在商务往来中，他们尤其不会这么做。

在称呼别人时，美国人极少使用全称。他们更喜欢交往对象之间直呼其名，以示双方关系密切。若非官方的正式交往，美国人一般不喜欢称呼官衔，或是以“阁下”相称。对于能反映其成就与地位的学衔、职称，如“博士”“教授”“律师”“法官”“医生”等，他们却是乐于在人际交往中用作称呼的。在一般情况下，对于一位拥有博士学位的美国议员而言，称其为“博士”肯定比称其为“议员”更受欢迎。

第三，城府不深，喜欢幽默。美国人大都比较朴实、直率。在待人接物中，他们喜欢在符合礼仪的前提下直来直去。与美国人打交道时，表现得过于委婉、含蓄，或是有话不明讲而代之以旁敲侧击、巧妙暗示，效果未必能够尽如人意。

美国人的处世风格，总体上是潇洒浪漫。他们主张充分地享受生活，凡事都要尽可能地去尝试一下。在平时，他们爱开玩笑。跟美国人相处时，若是不明白这一点，而一味地恪守“喜怒不形于色”的中国古训，无形之中就会使对方与自己拉开距离，甚至会让对方对自己敬而远之。

第四，自尊心强，好胜心重。美国人一般都有很强的好胜心。他们崇尚开拓，在人际交往中大都显得雄心勃勃，做起事情来也会一往无前。美国的孩子一旦长大成人，就要自立门户，自己去闯天下，与父母算清经济账。听凭父母为自己做主，处处依赖父母的美国青年人，会被人们瞧不起。

在美国，即使是父子、朋友，外出用餐时往往也会各付各的账。在人际交往中，美国人是不时兴向别人借钱的。他们认为，借钱应该去银行，找个人借钱就是索要的意思。在一个美国人的一生中，不搬几次家，不换几回工作，往往是不可思议的。凡此种种，均与美国人的好胜心强有关。

（二）服饰礼仪

总体而言，美国人平时的穿着打扮不太讲究。崇尚自然，偏爱宽松，讲究着装体现个性，是美国人穿着打扮的基本特征。

在日常生活之中，美国人大多是宽衣大裤，素面朝天，爱穿 T 恤、牛仔、运动装以及其他风格的休闲装。要想依照日常着装来判断一个美国人的实际地位或身份，往往是难以办到的。

衣冠楚楚的美国人在实际生活中也不是没有。但是，要想见到身穿礼服或套装的美国人，大概只有在音乐厅、宴会厅或者大公司的写字楼内，才比较容易。

美国人认定：一个人的着装，必须因其所处的具体场合，或所扮演的具体角色而定。

在他们看来，一个人穿着西装、打着领带去逛公园、游迪斯尼乐园，与穿着夹克、T 恤、短裤、健美裤赴宴或出席音乐会一样，都是极不得体的。在美国若不了解此类讲究，往往会令人耻笑。

美国人在着装方面虽然较为随意，但这并不等于说，他们一点儿讲究也没有，只不过是相对而言少一些罢了。跟美国人打交道时，应注意对方在穿着打扮上的下列讲究，免得让对方产生不良印象。

第一，美国人非常注意服装的整洁。在一般情况下，他们的衬衣、袜子、领带必然每天换。穿肮脏、有褶皱、有异味的衣服的人，美国人是看不起的。

第二，拜访美国人时，进了门一定要脱下帽子和外套，美国人认为这是一种礼貌。

第三，美国人十分重视着装的细节。在美国人看来，穿深色西装时配白色袜子，穿凉鞋时穿袜子，或是让袜口露出自己的裙摆之外，都是缺乏基本的着装常识。

第四，在美国，女性最好不要穿黑色皮裙。不然的话，就会被视为非“良家妇女”。

第五，在美国，一位女士要是随随便便地在男士面前脱下自己的鞋子，或者撩动自己裙子的下摆，往往会有成心引诱对方之嫌。

第六，穿着睡衣、拖鞋会客，或是以这样的打扮外出，都会被美国人视为失礼。

第七，美国人认为，出入公共场合时化浓妆，或是在大庭广众之下化妆、补妆，不但会被人视为缺乏教养，而且还有可能令人感到“身份可疑”。

第八，在室内仍旧戴着墨镜的人，往往会被美国人视作“见不得阳光的人”。

（三）餐饮礼仪

美国人的饮食习惯，可以说是因地区而异、因民族而异。就总体而言，其共同特征是：喜食“生”“冷”“淡”的食物，不刻意讲究形式与排场，而强调营养搭配。在一般情况下，美国人以食用肉类为主，牛肉是他们的最爱，鸡肉、鱼肉、火鸡肉亦受其欢迎。在美国人中，爱吃羊肉者极为罕见。

美国人不吃的食物主要有狗肉、猫肉、蛇肉、鸽子肉、生蒜、韭菜、皮蛋、淡水鱼、无鳞无鳍的鱼，以及动物的头、爪和内脏等。

受快节奏的社会生活的影响，美国人的饮食日趋简便与快捷，因此，快餐在美国得以大行其道。美国人爱喝的饮品有矿泉水、红茶、咖啡、可乐与葡萄酒。新鲜的牛奶、果汁，也是他们天天必饮之物。在宴会上祝酒时，他们习惯于高举自己的酒杯，并不讲究非要使自己的酒杯低于他人。

在人际交往中，美国人有时会请亲朋好友们到自己家里共进晚餐。美国人看重的是这一形式本身，而在实际内容上却不甚讲究。美国人请客时只准备两三道菜，是极为正常的。用餐的时候，美国人一般以刀叉取用。在切割菜肴时，他们习惯于左手执叉、右手执刀，切割完毕后放下餐刀，将餐叉换至右手，右手执叉而食。

美国人用餐的戒条主要有以下七条：其一，不允许进餐时发出声响。其二，不允许替他人取菜。其三，不允许吸烟。其四，不允许劝酒。其五，不允许当众宽衣解带。其六，不允许议论令人作呕之事。其七，入口之物不宜再吐出来。总之，美国人认为，在用餐时理当表现得斯文一些才好。

（四）习俗禁忌

美国人普遍爱狗，认为狗是人类最忠实的朋友。对于那些自称爱吃狗肉或者虐待狗的人，美国人是非常厌恶的。在美国人眼里，驴代表坚强，象代表稳重，蝙蝠则被视为吸血鬼与凶神，令美国人最为反感。

美国人最喜爱的色彩是白色。在他们看来，白色象征着纯洁。在此前提下，白猫也成了美国人很喜欢的宠物，它被视为可以给人们带来好运。在美国，人们喜欢的色彩还有蓝色和黄色。由于黑色在美国主要用于丧葬活动，因此美国人对它比较忌讳。

美国人最讨厌的数字是“666”“13”“3”。他们不喜欢“星期五”。

与美国人打交道时，一般都会发现，他们大都比较喜欢运用手势或其他体态语来表达自己的情感。不过，下列体态语却为美国人所忌用：其一，盯视他人。其二，冲着别人伸舌头。其三，用食指指点交往对象。其四，用食指横在喉头之前。其五，竖起拇指并以之指向身后。其六，竖起中指。美国人认为，这些体态语都有侮辱他人之意。

美国人在公共场合和他人面前，绝对不会蹲在地上，或是双腿叉开而坐。这两个动作，均被视为失仪之举。

美国人在跟同性打交道时，有很多讲究。在美国，成年的同性共居于一室之中，在公共场合携手而行或勾肩搭背，在舞厅里相邀共舞等，都有同性恋之嫌。

跟美国人相处时，与之保持适当的距离是必要的。美国人认为，个人空间神圣而不容冒犯。因此，在美国碰了别人要及时道歉，坐在他人身边先要征得对方同意。一般来说，与美国人交往时，与之保持 50cm 至 150cm 的距离，是比较适当的。

标榜个性独立的美国人最忌讳他人打探其个人隐私。在美国，询问他人收入、年龄、婚恋、健康、籍贯、学历、住址、种族、血型、星座等，都是不礼貌的。即使招工时，美国人也极少询问此类问题。

美国人大都认定“胖人穷，瘦人富”，所以他们听不得别人说自己“长胖了”。与美国黑人交谈时，既要少提“黑”这个词，又不宜打听对方的祖居之地。与美国人聊天时，若是谈及政党之争、投票意向与计划生育等，肯定导致双方“话不投机半句多”。

不宜送给美国人的礼品主要有香烟、香水、内衣、药品以及广告用品。

二、巴西的礼俗与禁忌

（一）社交礼仪

从民族性格方面来讲，巴西人在待人接物上所表现出来的特点主要有两方面。一方面，巴西人在人际交往中喜欢直来直去，有什么说什么。坦率而豪放的巴西人对于中国人的含蓄委婉和喜怒不形于色，往往会难以理解。他们认定，一个人假如喜欢另外一个人，那么跟他打交道时，就应当面带喜色，并且在自己的举止言行上要表现得热情洋溢。与他人相处时，如果面无笑容，态度冷淡，那么就等于是在向对方暗示——“我一点儿也不喜欢你”，或是“我不愿意同你待在一起”。对于巴西人的这一讲究，中国人一定要加以注意，并且要在同对方进行交往时，努力把自己对对方的好感、热情、友谊恰到好处地表现出来。

另一方面，巴西人在人际交往中大都活泼好动，幽默风趣，爱开玩笑。在精力充沛、感情外露的巴西人看来，能说会道、妙语连珠、快人快语是一种本领。有人曾戏言：“巴西人所讲的三句话中，必定会有一句是笑话。”对巴西人爱开玩笑这一特点，中国人在与其交往时，心理上要有所准备，千万不可认为对方这样做是嬉皮笑脸、不够正经，存心怠慢于人。

巴西人在社交场合通常以拥抱或者亲吻作为见面礼节。只有在十分正式的活动中，他们才相互握手。除此之外，在巴西民间还流行着一些较为独特的见面礼节：

其一，握拳礼。行此礼时，先要握紧自己的拳头，然后向上方伸出拇指。这一做法，主要用于问安或致敬。

其二，贴面礼。这是巴西妇女之间所采用的见面礼节。在行礼时，双方要互贴面颊，同时口里发出表示亲热的亲吻声。但是，用嘴唇真正去接触对方的面颊却是不允许的。

其三，沐浴礼。这是巴西土著居民迎宾的礼节。当客人抵达后，主人必定要做的第一件事，便是邀请客人入室洗浴。客人沐浴的时间越久，就表示越尊重主人。有时，主人还会陪同客人一道入浴。宾主双方一边洗澡，一边交谈，显得大家亲密无间。

在日常生活中，巴西人几乎人人都能歌善舞。巴西的桑巴舞举世闻名。巴西土著居民在欢迎贵宾时，通常还会举行专门的仪式。这种仪式往往包括三个程序：首先，由一名巫师朝客人的脸上吹气，以驱除对方可能带来的疾病。其次，由男主人泪流满面地发表欢迎演说。他们认为，眼泪是对和平使者最好的欢迎。最后，由女主人使用一种以树汁、唾液调制而成的特殊颜料，把客人的脸涂抹成红色或者黑色。这是主人善意的一种表示。

阅读材料

巴西人的姓名一般是葡萄牙式的，它通常由三个部分构成：前面是本人的名字，接下来为母亲的姓氏，最后是父亲的姓氏。在一般情况下，巴西人喜欢彼此直呼其名。有时候，则会采用由本名和父姓组合而成的简称。一个人的姓名全称，只有在极为正式的场合，才有可能使用。

巴西的土著居民，有许多人不习惯让外人称呼自己的姓名。

（二）服饰礼仪

在正式场合，巴西人的穿着打扮十分讲究。他们主张在不同的场合，人们的着装应当有所区别。

在重要的政务、商务活动中，巴西人主张一定要穿西装或套裙。而在一般的公共场合，男人至少要穿短衬衫、长西裤，妇女则最好穿高领带袖的长裙。

相对而言，巴西妇女的着装更为时髦一些。她们爱戴首饰，爱穿花衣裳，并且喜欢色彩鲜艳的时装，巴西妇女大都喜欢赤脚穿鞋。在巴西妇女中，黑人妇女的着装可谓独树一帜。她们一般爱穿短小紧身的上衣、宽松肥大的花裙，并且经常身披一块又宽又长的披肩。

（三）餐饮礼仪

巴西人平常主要吃欧式西餐。因为畜牧业发达，巴西人所吃的食物之中肉类所占的比重较大。在巴西，人们最爱吃牛肉，尤其爱吃烤牛肉。他们认为：不同部位的牛肉，烤制之后味道大不相同。巴西人普遍爱吃切开之后带血丝的牛肉，认为它鲜美无比。

在巴西人的主食之中，巴西特产的黑豆占有一席之地。巴西人最爱吃的菜肴名为“烩费让”。“费让”意即杂豆。烩费让是用黑豆、红豆等杂豆，加上猪肉香肠、烟熏肉、甘蓝菜、橘子片，用砂锅烹煮而成。

巴西人喜饮咖啡、红茶和葡萄酒。长期以来，巴西咖啡的产量与出口量均居世界首位。巴西人不仅自己天天离不开咖啡，而且还喜欢以之待客。在巴西，人们饮酒时提倡饮而不醉，醉酒被巴西人视为粗俗至极。

（四）习俗禁忌

巴西人十分喜爱蝴蝶。他们认为蝴蝶不仅美丽，而且还是吉祥之物。

出于宗教方面的原因，巴西人忌讳“13”“666”等数字。他们所忌讳的色彩，则是被其视为象征悲伤的紫色和代表凶丧的棕黄色。

与外人交谈时，巴西人不但神采飞扬、滔滔不绝，而且还喜欢跟对方拍拍打打。他们爱聊足球，爱讲笑话，爱听趣闻。对于国内政治、经济、民族问题，则会闭口不谈。

在人际往来中，巴西人极为重视亲笔签名。不论是写便条、发传真还是送礼物，他们都会签上自己的姓名，否则就是不重视交往对象。

在巴西，女士最好不要邀请关系普通的男士共进晚餐。对于对方的邀请，也不宜接受，否则就有可能使对方产生误会。

跟巴西人打交道时，不宜向对方赠送手帕或刀子。英美人所采用的表示“OK”的手势，在巴西人看来是非常下流的。

三、加拿大的礼俗与禁忌

（一）社交礼仪

加拿大地广人稀，这种特殊的自然环境对加拿大人的待人接物无疑有着一定的影响。在交际应酬中，加拿大人既讲究礼貌，又喜欢无拘无束，不大爱搞繁文缛节。同加拿大人交往时，任何人都不会感到过于困难。这主要是因为，加拿大人性格开朗热情，对人朴实而友好，十分容易接近。

在加拿大，人们相遇时都会主动向对方打招呼、问好。即使彼此互不相识，通常也会这么做。见过一次面的人再度相逢时，则双方通常都会显示出更大的热情。他们除了要互致问候之外，彼此一定还要热烈地握手。加拿大人虽然有时也以拥抱或亲吻作为见面礼节，但这通常仅适用于亲友、熟人、恋人或夫妻之间。关系普通者，一般不会以此作为见面礼节。

加拿大人跟外人打交道时，只有在非常正式的情况下，才会对对方连姓带名一同加以称呼，并且冠以“先生”“小姐”“夫人”之类的尊称。在一般场合，加拿大人在称呼别人时往往喜欢直呼其名，而略去其姓。在加拿大，父子之间互称其名也是常见之事。对于交往对象的头衔、学位、职务，加拿大人只有在官方活动中才会使用。

与加拿大土著居民进行交际时，千万不要自以为聪明地将其称为“印第安人”或者“爱斯基摩人”。前者被认为暗示其并非土著居民，后者的本意则为“食生肉者”，因而具有侮辱之意。对于后者，应当采用对方所认可的称呼，称之为“因纽特人”。对于前者，则宜以对方具体所在的部族之名相称。

加拿大人在人际交往中的自由与随和，是举世闻名的。例如，在中国的交际场合中很多人必备的名片，加拿大人就不大用。在加拿大，只有公司的高层职员在商务活动中才会使用名片。

加拿大国民的主体由英、法两国移民的后裔所构成。英裔加拿大人大多信奉基督教，讲英语，性格上相对保守、内向一些。而法裔加拿大人则大都信奉天主教，讲法语，性格上显得较为开朗、奔放。与加拿大人打交道时，最好要对该国的这一特点加以注意，先了解清楚对方是英裔加拿大人，还是法裔加拿大人，或属于其他种族的，然后再有区别地加以对待。

（二）服饰礼仪

在日常生活里，加拿大人的着装以欧式为主。上班的时间，他们一般要穿西服、套裙。参加社交活动时，他们往往要穿礼服或时装。在休闲场合，他们则讲究自由穿着，只要自我感觉良好即可。

每逢节假日，尤其是传统节日，加拿大各民族的人民大都有穿自己的传统民族服装的习惯，此时，人们往往会有参观“万国服饰博览”之感。因纽特人的服装多以麋鹿的毛皮缝制而成，它不仅宽大厚实，而且常常是衣、裤与帽子连为一体，这主要与抵御严寒有关。

在参加社交应酬前，加拿大人循例都要认真地进行自我修饰，或为此专门去美容院。参加社交活动时，男子必须提前理发、修面，妇女们则无一例外地要进行适当的化妆，并选戴一些首饰。不这么做的话，不但会让别人觉得失之于自尊自爱，而且还会被视为是对交往对象的不尊重。

（三）餐饮礼仪

加拿大人的饮食习惯与英、法两国较为接近，对法式菜肴较为偏爱，以面包、牛肉、鸡肉、鸡蛋、土豆、西红柿等物为日常之食。在口味方面比较清淡，爱吃酸、甜之物。在烹制菜肴时极少直接加入调料，而是惯于将调味品放在餐桌上，由用餐者各取所需，自行添加。从总体上讲，他们以肉食为主，特别爱吃奶酪和黄油。

加拿大人在饮食上的一大独特之处，是他们特别爱吃烤制的食品，烤牛排、烤鸡、烤土豆都是他们所喜欢吃的。他们的这种饮食习惯，可能与该国气候寒冷有关。

在饮品方面，咖啡、红茶、牛奶、果汁、矿泉水都受欢迎。此外，加拿大人还爱喝清汤，并且爱喝麦片粥。与欧洲人相比，他们饮酒并不多。

加拿大人忌食的东西，主要有肥肉、动物内脏、腐乳、虾酱、鱼露及其他一切带有腥味、怪味的食物。他们也不大喜欢吃动物的头部、脚爪和偏辣的菜肴。

在一日三餐之中，加拿大人最重视晚餐。他们有邀请亲朋好友到自己家中共进晚餐的习惯。受到这种邀请时，应当理解为是主人主动表示友善之意。请客时，他们常采用自助式。

加拿大人用餐时一般使用刀叉。对于在餐桌上化妆、吸烟、吐痰、剔牙的人，加拿大人是非常看不惯的。在用餐的整个过程中，他们没有用热毛巾擦脸的习惯。

（四）习俗禁忌

在加拿大，白色的百合花主要被用于悼念死者。因其与死亡有关，所以绝对不可以作为礼物送给加拿大人。

白雪在加拿大人的心目中有着崇高的地位，并被视为吉祥的象征与辟邪之物。在不少地方，人们甚至忌讳铲除积雪。

加拿大的国旗由红、白两色构成，这两种色彩深得加拿大人的喜爱。

“13”被视为“厄运”之数，“666”表示魔鬼撒旦，“星期五”则是灾难的象征，加拿大人对于这些都是深为忌讳的。

与加拿大人交谈时，不要插嘴，不要打断对方的话，也不要任意去补充对方的话或与对方强词夺理。议论性与宗教，评说英裔加拿大人与法裔加拿大人的矛盾，探讨魁北克省要求独立的问题，处处将加拿大与美国进行比较，将加拿大视为美国的“小兄弟”，或是大讲特讲美国的种种优点与长处都是应当避免的。

在需要指示方向或介绍某人时，加拿大人忌讳用食指指指点点，而应代之以五指并拢、掌心向上的手势。当加拿大人耸肩时，大多是表示自己“无能为力”或是为了掩饰自己的窘态。

四、墨西哥的礼俗与禁忌

（一）社交礼仪

在人际交往之中，墨西哥人总是表现得既热情、活泼，又不失文雅、礼貌。不管与什么样的人打交道，墨西哥人总能对对方笑脸相迎，并且总是表现得积极、主动而友好。因此，有人曾经评论说：“墨西哥人是最容易与之相处的，而且也是最容易与之交上朋友的。”

在墨西哥，熟人相见时所采用的见面礼节，主要是拥抱礼与亲吻礼。在上流社会，男士们往往还会温文尔雅地向女士们行吻手礼。不过，跟陌生人初次相见时，墨西哥人绝对不会这么做。在一般情况下，尤其是与不熟悉的人打交道时，墨西哥人所采用的见面礼节不是与对方握手，就是代之以微笑。墨西哥的土著居民与亲友告别时，有时还会施“赠弓礼”，即向亲友赠送一张弓、一支箭和几张剪纸，以示对对方的敬意与祝福。在他们看来，弓箭象征着征服大自然的力量，象征着食物与房子，而剪纸则象征着神灵和上帝的保佑。

在正式场合，墨西哥人从不直接称呼交往对象的名字。只有彼此十分熟悉的人，才会例外。他们最惯于使用的称呼方式与欧洲人的正统做法相仿，即在交往对象的姓氏之前加上“先生”“小姐”“夫人”之类的尊称。对于某些可以体现交往对象具有一定的社会地位的头衔，如“博士”“教授”“医生”“法官”“律师”“议员”“工程师”等，墨西哥人极爱使用，但没有称呼他人为“阁下”的习惯。

同朋友们相处的时候，性格爽朗、能歌善舞的墨西哥人是很会玩、很爱玩的。墨西哥人爱好斗牛，因此斗牛士备受尊重。他们为人非常爽快，喜怒哀乐往往溢于言表。只有在谈生意的时候，墨西哥人才会显得一本正经，不再说说笑笑。

热情好客的墨西哥人，一般都很喜欢邀请亲朋好友们上门做客。不过，要是打算前去拜访墨西哥人的话，最好事先预约，否则是不会受到对方欢迎的。前去赴约的时候，墨西哥人一般都不习惯于准点到达约会地点。通常他们的露面总要比双方事先约定的时间晚一刻钟至半个小时。在他们看来，这也是一种待人的礼貌。鉴于此，在接待墨西哥来宾时，一定要保持足够的耐心，留出充裕的“提前量”，并且切勿对对方的姗姗来迟加以责怪。

（二）服饰礼仪

墨西哥人的穿着打扮，既具有强烈的现代气息，又具有浓厚的民族特色。在墨西哥人的传统服装之中，名气最大的是“恰鲁”和“支那波婆兰那”。前者是一种类似于骑士服的男装，由白衬衣、黑礼服、红领结、大檐帽、宽皮带、紧身裤、高筒靴所组成，看起来又帅又酷。后者则为一种裙式的女装，它多以黑色为底，金色绲边，并以红、白、绿三色绣花，无袖、窄腰，长可及地，穿起来令人显得既高贵又大方。

在日常生活中，墨西哥的男子爱穿格子衬衫、紧身裤。在乡村，他们往往上穿衣襟绣花的衬衫，下着白色或米色长裤，头戴宽边草帽，脖子上系着红绸花领巾。有时，他们还会再穿上一件马夹，或外披一件斗篷。墨西哥妇女爱穿色调明快、艳丽的绣花衬衣和图案、款式多变的长裙。出门在外时，她们还喜爱披上一块用途多样的披巾。只有在十分正规的场合，墨西哥人才讲究穿西装或西式套裙。

墨西哥人非常讲究在公共场合着装的严谨与庄重。在他们看来，在大庭广众之下，男子穿短裤、妇女穿长裤都是不合适的。因此，在墨西哥出入公共场所时，男子一定要穿长裤，妇女则务必要穿长裙。

（三）餐饮礼仪

墨西哥人的饮食，是在当地土著居民传统风格的基础上，吸收了欧洲、特别是西班牙的烹饪技艺之后，逐渐发展起来的。在世界上，墨西哥菜自成一体，颇有名气。

从总体上讲，墨西哥人的传统食物主要是玉米、菜豆和辣椒，它们被称为墨西哥人餐桌上必备的“三大件”。

墨西哥菜的特色，是以辣为主。有人甚至在吃水果时，也要加入一些辣椒粉。除了爱以菜豆做菜之外，墨西哥人还有吃仙人掌的嗜好。在他们看来，仙人掌与香蕉、菠萝、西瓜一样，可以当水果吃，以之入菜在墨西哥人的家中是极其常见的。除此之外，仙人掌还被墨西哥人用来制作饮料。

在墨西哥，许多人都有以昆虫做菜的爱好。蚂蚱、蚂蚁、蟋蟀等都可以成为墨西哥人享用的美味佳肴。

墨西哥人颇为好酒。宾客登门以后，他们往往会以酒款待。在墨西哥，人们最看重的酒，是一种用龙舌兰酿成的名为“特基拉”的酒。在墨西哥人举办的迎宾宴会上，主人通常会首先向来宾敬酒，但他们一般不会劝酒。

（四）习俗禁忌

墨西哥人忌讳将黄色或红色的花送人。他们认为，前者意味着死亡，后者则会带给他人晦气。

在墨西哥，蝙蝠及其图案为人们所忌讳。在墨西哥人眼里，蝙蝠凶恶、残暴，是吸血鬼。在该国，人们不仅不惧怕骷髅，反而认为它象征着公正，喜欢以其图案进行装饰。

墨西哥人喜爱白色，但却对紫色深为忌讳。墨西哥人所讨厌的数字是“13”“666”，讨厌“星期五”。

接到墨西哥人用西班牙语写来的信件，切勿采用其他语言回复，不然就会被墨西哥人视为失礼。

中国人以掌心向下比画孩子身高的手势，在墨西哥人看来是侮辱人的。在他们看来，这一动作仅可以用以表示动物的高度。墨西哥人极少有夫妻并排而行的，他们主张丈夫应随行于妻子身后，以示尊重妇女，这被视为一种绅士风度。

在墨西哥的不少地方，做客时，不应一进门就摘下自己的帽子。这种做法，在当地含有前来寻仇之意。

政治腐败、军人地位、种族冲突、经济困境、墨美关系以及其他历史方面的话题，墨西哥人一般都兴趣不大。

第五节　部分大洋洲国家的礼俗与禁忌

大洋洲位于太平洋中部和中南部的赤道南北广大海域中，国际日期变更线和赤道均穿过该洲。大洋洲的陆地总面积约为897万平方公里，约占世界陆地面积的6%，是世界上最小的一个大洲。

一、澳大利亚的礼俗与禁忌

（一）社交礼仪

近年来，虽然要求彻底脱离英联邦的呼声在澳大利亚此起彼伏，但是由于民族、宗教、语言、文化和生活习惯的影响，澳大利亚人在待人接物方面的习惯做法依旧英国味十足。在正式的官方交往与商务应酬中，更是如此。有人曾经说："同澳大利亚人打交道，与同英国人打交道没有多大的差别。"由此可知，澳大利亚的社交礼仪在主流方面深受英国的影响。

但由于近些年来英国地位的衰落与美国势力的膨胀，美国的社交礼仪已经日益渗入澳大利亚社会，并且逐渐为澳大利亚人，特别是澳大利亚青年一代所接受。目前，在交往应酬的各个方面，澳大利亚人的具体做法越来越显得"美国化"。

如上所述，"亦英亦美，以英为主"可以说是澳大利亚人在人际交往中呈现出的第一个基本特点。

在澳大利亚，除了居于支配地位的英国移民的后裔之外，还同时生活着许多其他的民族。澳大利亚各民族人民在共同奋斗、创造澳大利亚文明与繁荣的同时，也在一定程度上保留了本民族的传统礼仪与习俗，并且努力使其发扬光大。因此，澳大利亚的社交礼仪便形成了第二个基本特点，即兼收并蓄，多姿多彩。

这一基本特点，在澳大利亚人的交往应酬中表现得十分明显。以见面礼节而论，他们所行的既有拥抱礼、亲吻礼，也有合十礼、鞠躬礼、握手礼、拱手礼和点头礼。其中土著居民在见面时所行的勾手礼，极具特色。它的做法是：相见的双方各自伸出手指来，令双方的手指紧紧勾住，然后再轻轻地往自己身边一拉，以示相亲相爱。

澳大利亚人在待人接物方面也有自己的总体特征，那就是他们人情味很浓，待人朴实无华。或许是因为澳大利亚地广人稀，澳大利亚人普遍乐于同他人交往，并且表现得质朴、开朗、热情。过分地客套或者做作，均会令其不快。在讲英语的国家中，澳大利亚人可能是最无拘无束、轻松自在、爱交朋友的了。在公共场合，他们爱跟陌生人打招呼、聊天，并且爱请别人到自己家里做客。

（二）服饰礼仪

澳大利亚人除了在极为正式的场合要穿西装、套裙之外，平时一般穿T恤、短裤或者牛仔装、夹克衫。由于阳光强烈，他们出门时通常喜欢戴一顶棒球帽来遮挡阳光。

在澳大利亚的达尔文市，当地居民的穿着自成一体。他们在正式场合一定要穿衬衫、短裤和长袜。这种穿法，当地人叫做“达尔文装”。

澳大利亚的土著居民平时习惯于赤身，至多在腰上扎一块围布遮挡隐私部位。但他们对于打扮却十分讲究，通常要佩戴额箍、鼻针、臂环、项圈等多种饰物。

（三）餐饮礼仪

澳大利亚人的饮食习惯可谓多种多样。就主流社会而言，一般喜欢英式西餐，其特点是口味清淡。具体而言，澳大利亚人都爱吃牛羊肉，也比较爱吃鸡肉、鱼肉、禽蛋。他们的主食是面包，爱喝的饮料则有牛奶、咖啡、啤酒与矿泉水等。澳大利亚人不吃狗肉、猫肉、蛇肉，不吃动物的内脏与头、爪。对于加了味精的食物，他们十分厌恶。

澳大利亚土著居民靠渔猎为生，并且经常采食野果。他们的食物品种甚多，制作方法也各具特色。在进食的时候，他们经常生食，并且惯于以手抓食。

（四）习俗禁忌

澳大利亚人最喜爱的动物除了国鸟琴鸟外，还有袋鼠，它被澳大利亚人视作澳洲大陆最早的主人。在澳大利亚人眼里，兔子是一种不吉利的动物。他们认为，碰到了兔子可能是厄运将临的预兆。

受基督教的影响，澳大利亚人对“13”“666”“星期五”普遍反感。

在人际交往中，喜好娱乐的澳大利亚人有邀请友人一同外出游玩的习惯，他们认为这是密切双边关系的捷径之一。对此类邀请予以拒绝，会被他们理解成不给面子。

澳大利亚人崇尚人道主义和博爱精神。在社会生活中，他们乐于保护弱者。除了保护老人、妇女、孩子和弱小种族之外，他们还讲究保护私生子的合法地位，甚至将保护动物看做是自己的天职。议论种族、宗教、工会和个人私生活以及等级、地位问题最令澳大利亚人不满。

同澳大利亚人打交道时，还有下列四点需要特别注意：

第一，澳大利亚人不喜欢将本国与英国处处联系在一起。虽然不少人私下里会对自己与英国存在某种关系而津津乐道，但在正式场合，他们却反感将两国混为一谈。

第二，澳大利亚人不喜欢听“外国”或“外国人”这一称呼。他们认为，这类称呼抹杀个性。是哪个国家的人，理当具体而论，过于笼统的称呼是失敬的做法。

第三，澳大利亚人对公共场合的噪声极其厌恶。在公共场所大声喧哗者，尤其是在门外高声喊叫的人，是他们最看不起的。

第四，澳大利亚的基督徒有“周日做礼拜”之习。他们的这种做法“雷打不动”，想在这天与他们约会，往往“难于上青天”。

二、新西兰的礼俗与禁忌

（一）社交礼仪

在新西兰，欧洲移民的后裔，特别是英国移民的后裔，占人口的绝大多数。所以，新西兰主流社会的交际礼仪具有鲜明的欧洲特色，尤其是英国特色。

与外人相见时，新西兰人所行的见面礼主要有下列三种：

其一，握手礼。这是新西兰人所用最多的见面礼节。不过与新西兰妇女握手时，必须由其首先伸出手来。

其二，鞠躬礼。新西兰人有时会向尊长行此礼。他们行鞠躬礼的做法十分独特，与中国人鞠躬时低头弯腰不同，新西兰人鞠躬时是抬头挺胸的。

其三，注目礼。路遇他人，包括不相识者时，新西兰人往往会向对方行注目礼。即面带微笑地目视对方，同时问候对方：“你好！”

新西兰的土著毛利人属于棕色人种。他们在欢迎来访者时，往往会采用自己的传统礼节。其中闻名遐迩的就是“碰鼻礼”。“碰鼻礼”在毛利语里叫做“洪吉”。它的具体做法是：在迎接客人时，主人要与客人用鼻子尖互相碰上两三次。按照毛利人的说法，双方碰鼻子的时间越长，就说明客人所受的礼遇越高。在欢迎贵宾时，毛利人通常还会列队举行一定的仪式。在这种欢迎仪式上，毛利人除了载歌载舞之外，往往还会有意对客人们吐舌头、瞪眼睛、扮鬼脸。据说，这些做法既是为了驱邪避灾，也是为了验证一下客人有无相交的诚意。

新西兰人在人际交往中奉行“平等主义”。他们认为，一切人都是生而平等的。在普通的交际场合，新西兰人非常反对讲身份、摆架子。在新西兰，各行各业的人都以自己的职业为荣，彼此之间绝对不分三六九等。称呼新西兰人时，要特别注意：直呼其名常受欢迎，称呼官衔则往往令人侧目。

（二）服饰礼仪

新西兰欧洲移民的后裔，在日常生活中通常以穿着欧洲服装为主。在服饰方面，他们看重质量，讲究庄重，偏爱舒适，强调因场合而异。从总体上看，新西兰人的服装正在日益趋向于简单随便。外出参加交际应酬时，新西兰妇女不但要身着盛装，而且一定要化妆。在她们看来，参加社交活动时化妆是一种基本的礼貌修养。

毛利人的服装与欧洲移民的后裔迥然不同。毛利人的服装，一般是他们自己手工用亚麻布编织而成的。平时，他们习惯于身披披肩，腰扎围裙，头上有时还会戴上花环，其上插一些羽毛。举行庆典、仪式时，毛利人喜欢穿得漂漂亮亮。他们除了身穿色彩鲜艳的服装之外，手里经常还会拿着长矛和剑。

（三）餐饮礼仪

在新西兰，欧洲移民的后裔通常习惯于吃英式的西餐。他们的口味都比较清淡，对动物蛋白和乳制品的需求量很大。牛肉、羊肉、鸡肉、鱼肉都是他们所爱吃的。在用餐时，他们以刀叉取食。他们忌讳吃饭时频频与人交谈。

除了爱吃瘦肉之外，欧洲移民的后裔们还爱喝浓汤和红茶。受英国习俗的影响，他们也养成了“一日六饮”的习惯，即每天要喝六次茶，分别称作早茶、早餐茶、午餐茶、下午茶、晚餐茶和晚茶。

新西兰人中爱喝酒的人不少。不管是威士忌之类的烈性酒，还是啤酒、葡萄酒，新西兰人都非常喜欢。新西兰对饮酒有极为严格的限制。新西兰法律规定：在特许售酒的餐馆里，只准出售葡萄酒。在极少数准许销售烈性酒的餐馆里，顾客唯有购买了一份正餐以后，才有机会买到一杯烈性酒。

在招待贵宾的时候，毛利人最高档次的大菜叫做“烧食烤饭”。它的制作方法是：在地灶之中先将许多鹅卵石烧红，泼上一瓢冷水后，将分层装有芋头、南瓜、白薯、牛排、猪肉、鸡肉、鱼肉等食物的铁丝筐放入，盖上湿土，然后以稀泥糊严，经数小时后取出，撒上食盐、胡椒之后食用。

（四）习俗禁忌

新西兰人喜爱动物。在所有的动物中，最让他们看重的除了国鸟几维鸟外，还有狗。狗被新西兰人当成了人类的朋友，尤其是忠诚、勇敢的牧羊犬，更为以畜牧业为主的新西兰人帮了大忙，成为其不可缺少的助手。因此，在新西兰民间一向有“勤奋的牧羊犬创造了新西兰”的说法。若是和新西兰人谈论狗肉如何好吃，定然会触怒对方。

新西兰人讨厌“13”“666”“星期五”。要是有一天既是13日，又是星期五，那么新西兰人无论干什么事都会提心吊胆。对于在这一天外出赴宴、跳舞、观剧之类的邀请，他们则能推就推。

新西兰虽然大都讲英语，但是他们却不喜欢像英国人那样用“V”字手势表示胜利。

由于自然条件优越，生活富足，新西兰人大都喜爱户外运动。他们最喜爱的运动项目是赛马和橄榄球，并且常常以此作为交谈的话题。

同新西兰人打交道时，还有下列三个主要的注意事项：

第一，新西兰人比较严肃、寡言，并且很讲绅士风度。当众闲聊、剔牙、吃东西、喝饮料、嚼口香糖、抓头皮、紧腰带等，均被新西兰人看作不文明的行为。

第二，新西兰人奉行“不干涉主义”，即反对干涉他人的个人自由。对于交往对象的政治立场、宗教信仰、职务级别等，他们一律主张不闻不问。

第三，新西兰人在男女交往方面较为拘谨保守，并且有种种清规戒律。

问题探究

比较本章所列各国的礼俗禁忌与中国的异同。

参考文献

［1］金正昆. 商务礼仪教程. 北京：中国人民大学出版社，2005.

［2］许明炎，等. 现代礼仪教程. 北京：中国科学技术出版社，2006.

［3］千舒，等. 服务礼仪的N个细节. 北京：海潮出版社，2005.

［4］博瑞森. 帮你的客户成功. 北京：机械工业出版社，2006.

［5］李祝舜. 旅游服务礼仪实训教程. 福州：福建人民出版社，2004.

［6］张彦，等. 涉外礼仪. 南京：译林出版社，1993.

［7］国家旅游局人事劳动教育司. 旅游服务礼节礼貌. 北京：旅游教育出版社，1999.

［8］刘小清. 现代营销礼仪. 大连：东北财经大学出版社，2002.

［9］金正昆. 服务礼仪教程. 北京：中国人民大学出版社，1999.

［10］王俊人. 酒店服务礼仪. 北京：中国物资出版社，2005.

［11］吴忠军. 中外民俗. 大连：东北财经大学出版社，2002.

［12］吴彤. 现代社交礼仪. 北京：中国社会出版社，2004.

［13］王天顺，等. 领导干部与礼仪. 北京：中国大地

出版社，2003.

［14］刘建军. 服务其实很简单：卓越服务的关键细节与实战技巧. 北京：机械工业出版社，2005.

［15］孙岚. 你的形象价值无限. 北京：中国戏剧出版社，2006.

［16］李永. 空乘礼仪教程. 北京：中国民航出版社，2003.

［17］刘海燕. 礼仪常识. 成都：四川大学出版社，2000.

［18］金正昆. 公司礼仪. 北京：首都经济贸易大学出版社，2003.

［19］金正昆. 大学生礼仪. 北京：高等教育出版社，2000.

［20］王丽娟. WTO 成员国（地区）经贸概况与礼仪习俗. 北京：中国物价出版社，2002.

［21］谭敏，等. 国际社交礼仪. 北京：中信出版社，1990.

［22］彭林. 中华传统礼仪. 北京：北京燕山出版社，2004.

［23］金正昆. 警官礼仪. 北京：群众出版社，2003.

［24］金正昆. 国家公务员礼仪手册. 北京：中共中央党校出版社，2003.

［25］金正昆. 外事礼仪. 北京：首都经济贸易大学出版社，2002.

［26］周芙蓉. 礼仪教程. 北京：中国长安出版社，2003.

［27］陆予圻，等. 秘书礼仪. 上海：复旦大学出版社，2004.

［28］李元授. 交际礼仪学. 武汉：华中科技大学出版社，2007.

［29］金正昆. 政务礼仪教程：第五版. 北京：中国人民大学出版社，2016.

［30］王水华. 公关与商务礼仪. 南京：东南大学出版社，2001.

［31］张怡. 涉外礼仪与技巧. 北京：中国纺织大学出版社，1999.

［32］赵关印. 现代礼仪基础. 北京：气象出版社，2000.

［33］张蓝. MPA 礼仪手册. 北京：中国商业出版社，2002.

［34］杨秀英，等. 公关与礼仪. 上海：复旦大学出版社，2006.

［35］金正昆. 社交礼仪教程：第五版. 北京：中国人民大学出版社，2016.

［36］中华礼仪培训网，http：//www. liyipeixun. org/.

图书在版编目（CIP）数据

服务礼仪/赵影，郝建萍主编．—3 版．—北京：中国人民大学出版社，2019.1
ISBN 978-7-300-26463-9

Ⅰ.①服…　Ⅱ.①赵…②郝…　Ⅲ.①服务业-礼仪-教材　Ⅳ.①F719

中国版本图书馆 CIP 数据核字（2018）第 276010 号

服务礼仪（第三版）
主　编　赵　影　郝建萍
副主编　石洪凡　李文婷
参　编　孙苏苏　陈　颖　刘旭颖　于　辉
Fuwu Liyi

出版发行	中国人民大学出版社		
社　　址	北京中关村大街 31 号	**邮政编码**	100080
电　　话	010－62511242（总编室）		010－62511770（质管部）
	010－82501766（邮购部）		010－62514148（门市部）
	010－62515195（发行公司）		010－62515275（盗版举报）
网　　址	http://www.crup.com.cn		
经　　销	新华书店		
印　　刷	北京密兴印刷有限公司	**版　　次**	2009 年 7 月第 1 版
开　　本	787 mm×1092 mm　1/16		2019 年 1 月第 3 版
印　　张	16.5	**印　　次**	2025 年 8 月第 8 次印刷
字　　数	330 000	**定　　价**	38.00 元
